职业教育汽车类专业"互联网+"创新教材

汽车性能评价与选购

主　编　鲍远通
副主编　高亚男
参　编　左明伟　刘　伟　王　亮
　　　　魏彦杰　卢得芳
主　审　侯树梅

机械工业出版社

本书主要介绍了汽车发动机性能和车辆的动力性能、燃油经济性、制动性能、操纵稳定性能、行驶性能、安全性能和舒适性能等，在介绍汽车文化的基础上，对选购汽车时需要参考的性能评价指标和主要误区进行了介绍和分析。

本书可以作为高等职业教育汽车技术服务与营销专业、汽车制造与试验技术专业、汽车运用与维修技术专业、汽车服务工程技术、汽车工程技术专业的专业教材，也可作为从事汽车发动机维修和汽车运用工程工作的技术人员和技术工人的参考书。

为了便于读者自主学习，有效地提高学习效果，编者将相关视频链接制成二维码插入书中相应位置；本书配有电子课件，凡使用本书作为教材的教师均可登录机械工业出版社教育服务网（www.cmpedu.com）注册后免费下载。咨询电话：010-88379375。

图书在版编目（CIP）数据

汽车性能评价与选购/鲍远通主编. —北京：机械工业出版社，2021.7
（2025.1重印）
职业教育汽车类专业"互联网+"创新教材
ISBN 978-7-111-68669-9

Ⅰ.①汽… Ⅱ.①鲍… Ⅲ.①汽车-选购-高等职业教育-教材 Ⅳ.①F766

中国版本图书馆 CIP 数据核字（2021）第 132670 号

机械工业出版社（北京市百万庄大街22号　邮政编码100037）
策划编辑：张双国　责任编辑：张双国
责任校对：陈　越　封面设计：王　旭
责任印制：张　博
北京建宏印刷有限公司印刷
2025 年 1 月第 1 版第 4 次印刷
184mm×260mm·14.25 印张·353 千字
标准书号：ISBN 978-7-111-68669-9
定价：46.00 元

电话服务　　　　　　　　　网络服务
客服电话：010-88361066　　机　工　官　网：www.cmpbook.com
　　　　　010-88379833　　机　工　官　博：weibo.com/cmp1952
　　　　　010-68326294　　金　书　网：www.golden-book.com
封底无防伪标均为盗版　机工教育服务网：www.cmpedu.com

前　言

汽车产业是国民经济的重要支柱，随着汽车的普及，销售服务行业需要大量高素质、高技能的了解汽车性能相关知识的应用型人才。

本书是为了贯彻《国家职业教育改革实施方案》的文件精神，结合汽车工业发展的趋势、目前各高职院校汽车专业的课程设置，适应职业教育发展，满足汽车技术服务与营销专业、汽车制造与试验技术专业、汽车运用与维修技术专业等汽车相关专业的教学需要，在市场调研的基础上组织编写的。

随着汽车技术的不断发展，不断有新技术应用于汽车领域，且汽车营销或售后专业人员已经存在从服务型到技术型转变的趋势，因此教材需要相应地改变。本书以发动机、汽车的性能为切入点，将汽车动力性能、燃油经济性、制动性能、操纵稳定性能、舒适性能与对应的评价指标有机结合起来，以理论为基础，并且深入到汽车文化及选购领域。

本书可以作为高等职业教育汽车技术服务与营销专业、汽车制造与试验技术专业、汽车运用与维修技术专业、汽车服务工程技术、汽车工程技术专业的专业教材，也可作为从事汽车发动机维修和汽车运用工程工作的技术人员和技术工人的参考书。

本书由河北石油职业技术大学鲍远通教授主编，参加编写的还有河北石油职业技术大学高亚男、左明伟、卢得芳、刘伟、王亮，浙江万里扬股份有限公司魏彦杰。其中，鲍远通编写了第一章、第二章，高亚男编写了第四章、第五章、第八章，左明伟、卢得芳、刘伟共同编写了第六章、第七章，王亮、魏彦杰共同编写了第三章。本书由河北石油职业技术大学侯树梅教授主审。

本书在编写过程中得到了教育部高职高专教学指导委员会汽车分会副主任王世震教授的大力支持和细心指导，参考了大量的国内外资料，在这里对王教授和参考资料的作者一并表示感谢。

由于编者水平有限，疏漏和不足之处在所难免，敬请广大读者和专家批评指正。

编　者

二维码索引

名　称	图　形	页码	名　称	图　形	页码
发动机工作原理		2	汽车转鼓试验台		92
发动机台架测试		49	汽车风洞流体试验		93
负载发动机燃油经济性测试		52	电动汽车电机台架试验		94
阿特金森发动机原理		59	混合动力电动汽车介绍		98
米勒循环发动机工作过程		60	斯柯达 2.0TDI 燃油经济性测试		106
汽车坡坏性速度试验		74	大众汽车燃油经济性测试		106
AMG 双增压发动机台架测试		89	湿路面车辆拐弯稳定性		118
货车转鼓试验		92	布加迪制动器性能试验		123

（续）

名　　称	图　形	页码	名　　称	图　形	页码
ABS 作用对比		135	汽车四分之一撞击试验		176
制动力分配测试		137	侧面撞击测试		176
电子车身稳定系统		155	路虎欧洲 NCAP 汽车撞击测试		176
汽车操纵稳定性和舒适性测试		166	安全气囊是如何工作的		184
车顶静压试验		174	电动汽车碰撞试验		184

目　录

第一章

汽车发动机性能的评价

发动机质量的优劣是由一系列性能指标来综合评定的，这些性能指标主要包括：

1）动力性能指标：有效功率、有效转矩、发动机转速、活塞平均速度等。

2）经济性能指标：有效热效率、有效燃油消耗率等。

3）强化指标：升功率、强化系数等。

4）有害物质排放指标：CO、HC、NO_x 和微粒等。

5）其他运行性能指标：噪声和冷起动等。

6）使用性能指标：可靠性、耐久性、维修方便性。

本章主要对汽车发动机的动力性能和经济性能进行评价，为选购合适的车用发动机提供主要依据。首先，介绍了与发动机动力性能和经济性能有关的基本概念；接着，对影响发动机性能的工作过程进行了分析，以便能够合理评价发动机性能；最后，利用发动机的特性曲线对车用发动机的动力性能和经济性能进行了较全面的评价。

第一节 发动机动力性能和经济性能的评价指标 ‹‹‹

一、四冲程发动机的示功图及实际循环

1. 示功图

发动机实际循环是由进气、压缩、做功和排气 4 个过程组成的。发动机的工作过程就是实际循环不断重复进行的过程。实际循环通常用气缸内工质（燃料-空气）的压力 p 随气缸容积 V 或曲轴转角 φ 变化而变化的图形表示，如图 1-1 所示。p-V 图中曲线所包围的面积表示工质完成一个实际循环所做的有用功，所以该图又称为示功图（图 1-1a）；p-φ 图又称为展开示功图（图 1-1b）。

2. 自然吸气四冲程发动机的实际循环

图 1-2 所示为自然吸气四冲程发动机的示功图，其实际循环进行情况如下：

（1）进气过程 为使发动机能够连续运转，发动机必须不断吸入新鲜的工质。发动机吸入新鲜工质的过程即是进气过程。进气过程中，进气门开启、排气门关闭，活塞从上止点向下止点运动，在气缸内形成真空，新鲜工质因此被吸入气缸。由于进气系统的阻力，进气终了时气缸内压力小于大气压力，为 0.075～0.09MPa；同时由于进入气缸内的工质受到气缸壁、活塞顶等高温机件及上循环残余废气余热的加热作用，进气终了温度升高到 300～380K。在图 1-2a 中，进气过程用曲线 ra 表示。

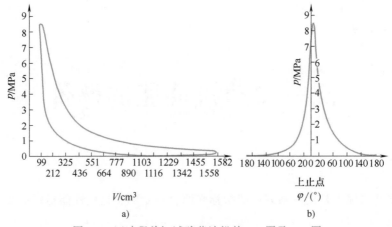

图 1-1　四冲程单缸试验柴油机的 *p-V* 图及 *p-φ* 图

a）*p-V* 图　　b）*p-φ* 图

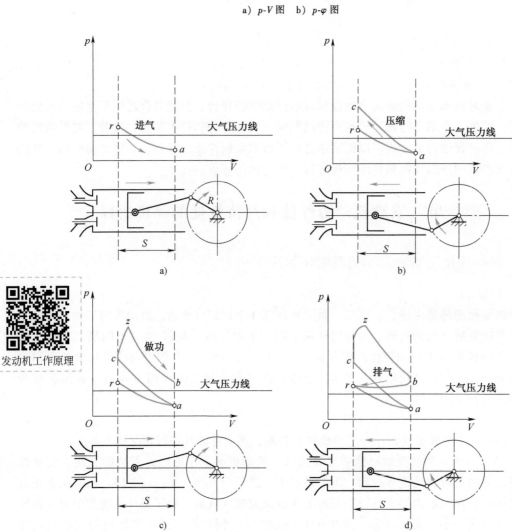

发动机工作原理

图 1-2　自然吸气四冲程发动机的示功图

a）进气过程　　b）压缩过程　　c）燃烧、膨胀过程（做功行程）　　d）排气过程

（2）**压缩过程** 为使吸入气缸内的工质能够迅速燃烧，以产生较大的压力使发动机做功，发动机必须在做功过程之前将工质进行压缩，此过程即为压缩过程。在这个行程中，进、排气门均关闭，活塞由下止点向上止点运动。在图 1-2b 中，压缩行程用曲线 ac 表示，工质受压缩的程度用压缩比 ε 表示。压缩过程是一个复杂多变的过程，其间有热交换和漏气损失。

（3）**燃烧过程** 在这个过程中，活塞位于上止点前后，进、排气门均关闭。燃烧行程的作用是将燃料的化学能转化为热能，使工质的温度和压力升高。燃烧越靠近上止点，工质放出的热量越多，热效率越高。

汽油机的燃烧过程接近定容加热循环（图 1-2c 中 cz 曲线），原因是汽油机的可燃混合气在火花塞点火之前已基本形成，火花塞在上止点前点火，火焰迅速传播到整个燃烧室，使工质的压力和温度迅速升高。

柴油机的燃烧过程接近混合加热循环，喷油器在上止点前喷油，燃油微粒迅速与空气混合，并借助于空气的热量自燃。开始时，燃烧速度很快，工质温度和压力剧增，接近定容加热；后来，一边喷油一边燃烧，燃烧速度逐渐缓慢，因活塞下移，气缸容积增大，压力升高不大，而温度继续上升，燃烧接近定压加热。

无论是汽油机还是柴油机，燃烧都不是瞬时完成的。

（4）**膨胀过程** 在这个过程中，进、排气门仍旧关闭。当活塞接近上止点时，工质燃烧放出大量的热能。高温高压的燃气推动活塞从上止点向下止点运动，通过连杆使曲轴旋转并输出机械能，除了用以维持发动机本身继续运转外，其余的都用于对外做功。在图 1-2c 中膨胀行程用曲线 zb 表示。膨胀行程比压缩行程复杂，除有热交换和漏气损失外，还有补燃。因此，膨胀过程是一个多变过程。

（5）**排气过程** 当膨胀过程接近终了时，开始排气过程，排气门开启，靠废气的压力进行自由排气；活塞到达下止点再向上止点运动时，继续将废气强制排到大气中。活塞到达上止点附近时，排气行程结束，见图 1-2d 中的曲线 br。表 1-1 列出了发动机实际循环各过程终了时工质的状态参数值。

3. 自然吸气四冲程发动机的循环指示功 W_i

循环指示功 W_i 指气缸内工质完成一个循环对活塞所做的有用功，其值用示功图来计算。如图 1-2d 所示，封闭面积 $aczba$ 表示膨胀正功和压缩负功的代数和，封闭面积 $brab$ 代表进、排气行程的泵气功。于是循环指示功 W_i 可表示为 $W_i = W_{aczba} - W_{brab}$。

表 1-1 发动机实际循环各过程终了时工质的状态参数值

发动机类型	进气终了时的压力 p_a/MPa	进气终了时的温度 T_a/K	压缩终了时的压力 p_c/MPa	压缩终了时的温度 T_c/K	最高爆发压力 p_z/MPa	最高温度 T_z/K	膨胀终了时的压力 p_b/MPa	膨胀终了时的温度 T_b/K	排气终了时的压力 p_r/MPa	排气终了时的温度 T_r/K
汽油机	$(0.8 \sim 0.9)p_0$	340~380	0.8~2.0	600~750	3.0~6.5	2200~2800	0.3~0.6	1200~1500	$(1.05 \sim 1.2)p_0$	900~1100
柴油机	$(0.85 \sim 0.95)p_0$	300~340	3.0~5.0	750~1000	4.5~9.0	1800~2200	0.2~0.5	1000~1200	$(1.05 \sim 1.2)p_0$	700~900
增压柴油机	$(0.9 \sim 1.0)p_0$	320~380	5.0~8.0	900~1100	9.0~13.0				$(0.75 \sim 1.0)p_0$	

二、发动机动力性能和经济性能的评价指标

1. 指示性能指标

指示性能指标以每循环工质在气缸内对活塞做的功为基础,用平均指示压力和指示功率评定发动机实际循环的动力性能——做功能力,用指示热效率及指示燃油消耗率评定发动机实际循环的经济性能。表 1-2 是发动机指示指标的定义及计算方法。

表 1-2　发动机指示指标的定义及计算方法

指示指标	定义	计算公式	备　注
指示功 W_i/kJ	气缸内工质完成一个循环对活塞所做的有用功	$W_i = (A_i - A_1)\,ab$	A_i——p-V 图中膨胀、压缩曲线所封闭的面积 A_1——p-V 图中排气、进气曲线所封闭的面积 a——示功图纵坐标的比例 b——示功图横坐标的比例
平均指示压力 p_{mi}/MPa	单位气缸工作容积的指示功	$p_{mi} = \dfrac{W_i}{V_s}$	V_s——气缸工作容积,单位为 L
指示功率 P_i/kW	单位时间内所做的指示功	$P_i = \dfrac{p_{mi} V_s n i}{30\tau}$	n——发动机转速,单位为 r/min i——发动机气缸数 τ——发动机冲程数,四冲程 $\tau=4$,二冲程 $\tau=2$
指示热效率 η_i	实际循环指示功与所消耗的燃料热量之比	$\eta_i = \dfrac{W_i}{Q_1} = \dfrac{3.6}{b_i h_\mu} \times 10^6$	W_i——指示功,单位为 kJ Q_1——循环加热量,单位为 kJ h_μ——燃料低热值,单位为 kJ/kg
指示燃油消耗率 $b_i/\text{g}(\text{kW}\cdot\text{h})^{-1}$	单位指示功的燃料消耗量	$b_i = \dfrac{B}{P_i} \times 10^3$	B——每小时燃油消耗量,单位为 kg/h P_i——指示功率,单位为 kW

2. 有效性能指标

有效性能指标以每循环曲轴对外输出的有效功为基础,被用来直接评价发动机实际工作性能的优劣。在通过曲柄连杆机构将指示功变为有效功的过程中,不可避免地会出现损失,这部分损失功主要用于克服运动件间的摩擦阻力和驱动各种附件等,称为机械损失功。

平均有效压力、有效功率、有效转矩和活塞平均速度用来评定发动机的动力性能,有效热效率及有效燃油消耗率用来评定发动机经济性。表 1-3 是发动机有效指标的定义及计算方法。

表 1-3　发动机有效指标的定义及计算方法

有效指标	定义	计算方法	备　注
平均有效压力 p_{me}/MPa	单位气缸工作容积输出的有效功	$p_{me} = \dfrac{W_e}{V_s} = \dfrac{30 P_e \tau}{V_s i n}$	W_e——有效功,单位为 kJ τ——发动机冲程数 V_s——发动机工作容积,单位为 L i——发动机气缸数
有效功率 P_e/kW	发动机通过曲轴对外输出的功率	$P_e = \dfrac{T_{tq} n}{9550} = \dfrac{p_{me} V_s i n}{30\tau}$	
有效转矩 $T_{tq}/\text{N}\cdot\text{m}$	发动机通过曲轴输出的转矩	$T_{tq} = \dfrac{9550 P_e}{n}$	n——发动机转速,单位为 r/min

（续）

有效指标	定义	计算方法	备 注
活塞平均速度 C_m/(m/s)		$C_m = \dfrac{Sn}{30}$	S——活塞行程，单位为 m
有效燃料消耗率 b_e/[g/(kW·h)]	单位有效功的燃料消耗量	$b_e = \dfrac{B}{P_e} \times 1000$	B——每小时的燃油消耗量，单位为 kg/h
有效热效率 η_e	有效功与所消耗燃料热量之比	$\eta_e = \dfrac{W_e}{Q_1} = \dfrac{3.6}{b_e h_\mu} \times 10^6$	h_μ——燃料的低热值，单位为 kJ/kg Q_1——循环加热量，单位为 kJ

3. 强化指标

强化指标是发动机技术和工艺水平的综合体现。表 1-4 是发动机常用强化指标的定义及计算方法。

表 1-4 发动机常用强化指标的定义及计算方法

强化指标	定 义	计算公式	备 注
升功率 P_L/(kW/L)	发动机每升工作容积所发出的有效功率	$P_L = \dfrac{P_e}{iV_s}$	用以衡量发动机排量的利用程度。不断提高升功率是汽车发动机非常重要的发展方向之一
比质量 m_e/(kg/kW)	发动机的质量与所给出的标定功率之比	$m_e = \dfrac{m}{P_e}$	表征发动机的质量利用程度和结构紧凑性 m——发动机质量，单位为 kg
强化系数	平均有效压力与活塞平均速度的乘积	$p_{me} C_m$	表征发动机的强化程度，是发动机技术进步的一个标志

表 1-5 给出了各种车用发动机动力性能和经济性能评价指标参数的大致变化范围。

表 1-5 各种车用发动机性能评价指标参数

参 数			n/(r/min)	ε	p_{me}/kPa	P_L/(kW/L)	m_e/(kg/kW)	b_e/[g/(kW·h)]	C_m/(m/s)
汽油机	摩托车	四冲程	5 000~9 000	8~11	700~1000	30~70	4~1	350~270	10~20
	轿车	自然吸气	4500~7500	8~12	800~1000	35~65	3~1	350~250	
		增压	5000~7000	7~9	1100~1500	50~100	3~1	380~280	
	货车	—	2500~5000	7~9	800~1000	20~30	6~3	380~287	
柴油机	轿车	自然吸气	3500~5000	20~24	600~800	20~30	5~3	320~240	
		增压	3500~4500	20~24	900~1200	30~40	4~2	290~240	
	货车	自然吸气	2000~4000	16~18	700~1000	10~15	9~4	240~210	
		增压	2000~3200	15~17	1000~1300	15~20	8~3	230~205	
		增压中冷	1800~2600	14~16	1300~1800	20~25	5~3	225~195	

三、机械损失及机械效率

1. 机械损失的组成

发动机的机械损失消耗了一部分指示功率，使对外输出的有效功率减少。发动机机械损失的组成及其各部分所占比例见表 1-6。由表可见，机械损失所消耗的功率占指示功率的

10%~30%，所以应降低机械损失，特别是摩擦损失，使实际循环得到的功尽可能转变成对外输出的有效功。

表 1-6　发动机机械损失的组成及其各部分所占比例

机械损失的组成	占 P_m 的百分比（%）	占 P_i 的百分比（%）
摩擦损失：	62~75	8~20
活塞及活塞环	45~60	
连杆、曲轴轴承	15~20	
配气机构	2~3	
驱动各种附件损失：	10~20	1~5
水泵	2~3	
风扇（风冷发动机）	6~8	
润滑油泵	1~2	
电气设备	1~2	
带动机械增压器损失	6~10	
泵气损失	10~20	2~4
合计		10~30

机械损失的大小可用机械损失功 W_m、机械损失功率 P_m、平均机械损失压力 p_{mm} 来表示。它们和指示指标、有效指标之间的关系可用以下公式表达：

$$W_e = W_i - W_m$$
$$P_e = P_i - P_m \tag{1-1}$$
$$p_{me} = p_{mi} - p_{mm} \tag{1-2}$$

2. 机械效率 η_m

有效功率和指示功率之比称为机械效率 η_m，其定义式为

$$\eta_m = \frac{P_e}{P_i} = \frac{p_{me}}{p_{mi}} = 1 - \frac{P_m}{P_i} = 1 - \frac{p_{mm}}{p_{mi}} \tag{1-3}$$

机械效率用于比较不同种类发动机机械损失所占比例的大小。总体上说，在标定工况下，自然吸气汽油机的机械效率为 0.8~0.9，自然吸气柴油机的机械效率为 0.78~0.85，涡轮增压柴油机的机械效率为 0.80~0.92。

3. 影响机械效率的主要因素

（1）转速 n　机械效率 η_m 随发动机转速的上升而下降，如图 1-3 所示。这是因为发动机转速上升时：

1）各摩擦副间的相对速度增加，摩擦损失增大。

2）曲柄连杆机构的惯性力增大，活塞侧压力及轴承负荷增大，摩擦损失增大。

3）进、排气流动阻力增大，泵气损失增大。

4）驱动附件消耗功增多。

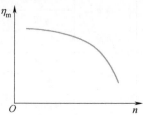

图 1-3　发动机转速对机械效率的影响

所以用提高转速的手段来强化发动机输出功率，η_m 的降低成为受到限制的主要原因之一。

（2）负荷　在发动机转速不变时，机械损失功率 P_m 近似不变。根据式 $\eta_m = 1 - P_m/(P_e + P_m)$ 可知，随着负荷 P_e 减小，η_m 下降；直到空转时，$P_e = 0$，指示功率全部用来克服机械

损失功率，即 $P_i = P_m$，故 $\eta_m = 0$。

图 1-4 所示为发动机机械效率随负荷变化的关系曲线。从图中可以看出，低负荷时的 η_m 很低。对于经常在城市行驶的汽车，其发动机大部分时间在中、低负荷下运行，η_m 较低，因此提高发动机工作时的负荷率以及降低中、低负荷时的机械损失，对改善整车及发动机的燃油经济性具有十分重要的意义。

（3）润滑油品质　在机械损失中，摩擦损失占了很大的百分比，因此改善相对运动面上的润滑条件可以显著提高 η_m。

润滑油的黏度是影响 η_m 最重要的因素。发动机在冷起动和低温下运行时，不允许润滑油的黏度过高；而在发动机已充分暖机后，不允许润滑油黏度过低，以免破坏机件表面的油膜而出现干摩擦状态。

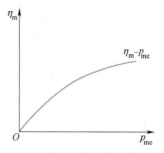

图 1-4　发动机机械效率随负荷变化的关系曲线

润滑油的黏度受温度影响，所以保持发动机正常的冷却液温度和润滑油温度以及保持正常的传热条件，对保持润滑油适当的黏度非常重要。正常的冷却液温度受沸点限制，一般以 80~95℃ 为宜；正常的润滑油温度以在 85~110℃ 范围内为宜，高品质润滑油可以在更高的温度下工作。

发动机润滑油选用的原则是：在保证各种环境和工况均能可靠润滑的前提下，尽可能选用黏度低的润滑油以减小摩擦损失，改善发动机的起动性能。

发动机润滑油分类涵盖了黏度等级和质量等级两个方面。我国从 2007 年 1 月 1 日起实施与国际接轨的汽油机润滑油标准（GB 11121—2006）和柴油机润滑油标准（GB 11122—2006）。国标润滑油的黏度等级等同于美国汽车工程师协会（SAE）标准 SAE-J 300，而质量等级参照美国石油协会（API）和国际润滑油标准化和认可委员会（ILSAC）的标准制定。

对于我国汽车发动机润滑油的质量等级，汽油机润滑油分为 SC、SD、SE、SF、SG 和 SH 6 个级别；柴油机润滑油分为 CC、CD、CE 和 CF 4 个级别。随着级别顺序的延续，润滑油质量不断提高。

润滑油的黏度等级通常用"数字"或"数字+W"表示，其中，"数字"如"30"，表示夏季用油；"数字+W"如 15W，表示冬季用油。四季通用润滑油用两组数字来标识，如"15W/40"，带 W 的第一组数字相当于冬季用油标准，其数值越小代表该润滑油的适用环境温度越低；第二组数字相当于夏季用油标准，其数值越大代表该润滑油的适用环境温度越高。常用发动机润滑油的黏度等级及使用环境温度范围见表 1-7。

表 1-7　常用发动机润滑油的黏度等级及使用环境温度范围

SAE 黏度等级	使用环境温度范围/℃	SAE 黏度等级	使用环境温度范围/℃
5W	-40 ~-10	40W	10~40
10W	-35~5	5W/30	-40~30
20W	-20~5	10W/30	-30~30
25W	-15~10	15W/40	-20~40
20	-10~30	20W/40	-10~40
30	0~30		

四、影响发动机性能指标的因素

分析上述所介绍的内容可知，发动机动力输出的过程，实质上就是进入发动机的燃料的化学能通过燃烧转化为热能，热能再转化为曲轴有效输出功的过程。因此，发动机输出功率的大小取决于 3 个方面：首先是单位时间内加入发动机的化学能的多少，即进入气缸的新鲜充量的数量，对于汽油机而言是可燃混合气量，对于柴油机而言则是新鲜空气和喷入供油量；其次是这些燃料所拥有的化学能转变为热能的效率；最后是热能转换为有效输出功的效率。分析这 3 个方面，归纳影响发动机动力性能和经济性能评价指标的主要因素如下：

1）充气效率 η_v。充气效率表征进、排气过程的影响。

2）燃料低热值 h_μ、理论空气量 L。燃料低热值和理论空气量表征燃料特性的影响。

3）过量空气系数 α。过量空气系数表征混合气形成及燃料供给方式的影响。

4）指示热效率 η_i。指示热效率表征混合气形成及燃烧过程的影响。

5）机械效率 η_m。机械效率表征机械损失的影响，在前面已介绍过。

6）发动机转速 n。

7）其他主要结构参数。其他主要结构参数有压缩比 ε、气缸数、发动机排量等。

因此，以上述主要因素对发动机性能是如何影响的作为依据，对与这些因素紧密相关的结构和系统的特点进行分析，就可对发动机的性能做出较全面的评价。

思 考 题

1. 简述发动机的实际工作循环过程。

2. 简述汽油机与柴油机工作循环的区别。

3. 为什么发动机性能指标有指示指标和有效指标之分？两种指标各在什么场合使用？

4. 发动机的动力性能和经济性能在生产和使用中主要用哪几个指标来表示？如果要进行不同机型发动机性能的对比，应使用哪些动力性能和经济性能评价指标？

5. 机械损失由哪几部分组成？所占百分比最大的是哪种损失？

6. 发动机转速和负荷是如何影响机械效率的？这一影响对发动机性能的提高和使用提出了什么要求？

7. 如何对汽车发动机的动力性能和经济性能进行较全面的评价？

第二节　发动机的换气过程 ◁◁◁

发动机排出废气、充入新鲜空气或可燃混合气的全过程称为换气过程。没有换气过程，发动机无法持续运转。每个循环进入气缸的空气量或可燃混合气量是决定发动机动力输出大小的关键因素。所以，换气过程是发动机工作过程不可缺少的组成部分，也是决定发动机动力性能和经济性能的重要环节。

合理组织换气过程，保证吸入尽可能多的新鲜充量，以获得尽可能高的输出功率和转矩；尽量减少换气损失，以降低机械损失，提高发动机经济性能；保证进气后在气缸内形成的气体运动能满足组织快速燃烧的要求，以提高热效率。

充气效率 η_v 是评价发动机换气过程完善程度和决定发动机性能的重要指标。

一、四冲程发动机的换气过程

1. 换气过程

四冲程发动机的换气过程包括从排气门开启直到进气门关闭的整个时期，占 410~480℃CA（曲轴转角）。一般将换气过程分为自由排气、强制排气、进气和气门重叠 4 个阶段。图 1-5 所示为四冲程发动机换气过程的 p-V 图。

（1）自由排气阶段　图 1-5 中，从排气门早开点 b′ 到晚关点 r′，240~260℃CA 的 b′bdrr′ 段为排气过程。排气门开启初期，缸内压力 p 远大于排气管压力 p_r，此时，尽管活塞还在下行阶段，缸内压力也在不断下降，但是压差（$p-p_r$）已足以使废气自由逸出，而不必依靠活塞排出废气。这一阶段为自由排气阶段。

自由排气阶段在下止点后 10~30℃CA 结束。自由排气阶段虽然时间不长，且气门开启的流通面积也较小，但因流速很高，排出废气量达总量的 60% 以上。

（2）强制排气阶段　自由排气阶段结束后，缸内压力大大降低，必须依靠上行活塞强制排出废气，此阶段称为强制排气阶段。因为气门流通面积减小，排气不畅，在排气后期到上止点时，缸内压力略有上升。

（3）进气阶段　图 1-5 中，从进气门早开点 d 到晚关点 a′，220~265℃CA 的 drr′aa′ 段为进气过程。进气初期，由于进气门开启面积较小，节流损失很大，活塞加速下行，导致缸内压力下降较大；随着进气门开启面积增大，进入气缸的充量增加，使缸内压力上升；进气后期，高速流入气缸的充量的气流动能转为压力能，使缸内压力有所上升。此阶段称为进气阶段。

在这一阶段，由于气体需要克服进气系统的流动阻力以及存在吸热温升等的影响，使缸内气体压力要低于进气管压力。

（4）气门重叠阶段　图 1-5 中，drr′ 段是气门重叠阶段。这是由于排气门晚关、进气门早开，存在进、排气门同时开启的现象。

2. 配气相位及其对性能的影响

进、排气门的开、关时刻及开启持续时间（用℃CA 表示），称为配气相位，常用图 1-6 所示的相位图来表示。进、排气门开关时刻与进气充量、进气阻力、换气损失等密切相关。

（1）排气早开角 γ　膨胀过程末期，缸内压力较高，如果到下止点才打开排气门，则由于开启初期气门上升缓慢，开度也小，再加上气流因惯性而不会马上高速流出，这些都会使排气不畅，排气损失和阻力增大，并间接影响进气充量。因此，要求排气门在活塞到达上止点之前提前开启，这一提前开启的角度就是排气早开角。

排气损失如图 1-7 所示。排气早开角若过大，则自由排气阶段排出气体过多，缸内压力下降太快，膨胀做功会因此而减小，此部分损失（图 1-7 中的 w 面积）称为自由排气损失。排气早开角若过小，则会增加活塞强制排气消耗的功，此部分损失（图 1-7 中的 y 面积）称为强制排气损失。

不同的排气早开角对排气损失的影响如图 1-8 所示。从图中可以看出，必然存在一个最佳的排气早开角，使总排气损失（自由排气损失与强制排气损失之和）为最小。

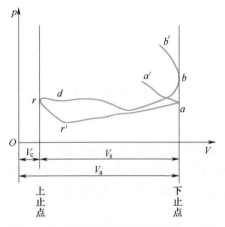

图 1-5　四冲程发动机换气过程的 $p\text{-}V$ 图

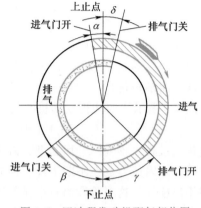

图 1-6　四冲程发动机配气相位图

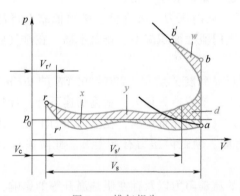

图 1-7　排气损失

w—自由排气损失　y—强制排气损失　x—自由排气损失
x+y-d—泵气损失

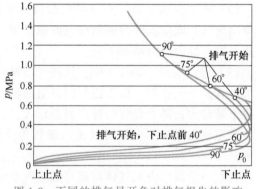

图 1-8　不同的排气早开角对排气损失的影响

最佳的排气早开角应随转速升高而适当增大。图 1-9 所示为转速对排气早开角的影响。从图中可以看出，若排气早开角不变，则转速对膨胀线影响不大，故认为自由排气损失都一样；但是，相同的自由排气时间所对应的转角，必然是高转速时大而低转速时小，即发动机高转速时，以曲轴转角计算的自由排气阶段延长，故高转速时缸内压力下降缓慢，使得强制排气损失增大，且转速越高，排气损失越大。所以，应随转速升高而适当增大排气早开角，以降低排气损失。

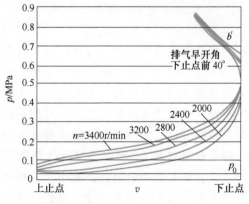

图 1-9　转速对排气早开角的影响

（2）排气晚关角 δ　如果排气门在活塞到达上止点关闭，则此时废气还具有一定向外运动的惯性。为充分利用这一惯性增大排气量，排气门可在活塞到达上止点之后适当晚关，一般在缸内压力接近排气门外背压时关闭，这样可获得最好的排气效果。这一延迟关闭的角度就是排气晚关角。

排气晚关角若过小，则排气惯性利用不足；若过大，则会因活塞下行时缸内压力小于排气管压力而使已排出的废气倒流回缸内。所以，排气晚关角有最佳值，且应随转速升高适当加大。

（3）进气早开角 α　进气门若在活塞到达上止点开启，则会因开启初期气门上升缓慢，流通截面小，以及进气气流由静止到加速的滞后影响，而使缸内真空加大，进气量减少，进气损失增大。所以要求进气门在活塞到达上止点之前适当开启一定的角度，这一角度就是进气早开角。

进气门早开时排气尚未结束，缸内压力高于进气管压力，若进气早开角过大，则会造成废气倒流进入进气管的情况；若进气早开角过小，则进气不足。所以进气早开角有最佳值，且应随转速升高适当增大。

（4）进气晚关角 β　进气门晚于活塞到达下止点而关闭的角度称为进气晚关角。进气门晚关主要是为了充分利用下止点时高速进气气流的惯性，增大进气充量。进气门若能推迟到气缸压力接近进气门外背压时关闭，则可获得最大的惯性效应。

进气晚关角若过小，则不能充分利用进气惯性；若过大，则有可能把已进入气缸的新鲜充量推回到进气管。所以，必然有一个最佳的进气门晚关角，并且由于进气气流的惯性和发动机转速成正比，进气晚关角的最佳值应随转速的升高而适当增大。

可见，进、排气的早开、晚关角度都有其特定功能和最佳角度，且最佳角度都应随转速升高而适当增大。其中，进气晚关角对进气充量影响最大，而排气早开角对排气损失影响最大，所以在确定配气相位时，应特别关注进气晚关角和排气早开角。

（5）气门重叠角 $\alpha+\delta$　排气门晚关和进气门早开必然形成气门开启重叠，其重叠开启的角度称为气门重叠角。进、排气门同时开启时，进气管、气缸、排气管互相连通。对于自然吸气的汽油机，若进气门开启太早，则会导致废气倒流进入进气管而出现回火现象，且汽油机负荷越小，节气门开度越小，进气管的真空度越大，越容易出现回火，所以，自然吸气汽油机的气门重叠角不宜过大，一般小于 40CA。对于自然吸气的柴油机，其进入进气管的为新鲜空气，且小负荷时也没有进气管真空度增大的现象，故其气门重叠角可适当增大，一般约为 60CA。对于增压柴油机，其进气管压力大于排气管压力，故可利用新鲜空气扫除缸内残余的废气，增加新鲜充量，同时可以冷却喷油器、排气门、活塞等高温零部件，降低热负荷，因此，增压柴油机的气门重叠角较大，一般为 80~140CA。

二、充气效率及其对发动机性能的影响

1. 充气效率

充气效率 η_v 是实际进入气缸中的新鲜充量与进气状态下充满工作容积的新鲜充量之比，即

$$\eta_v = \frac{m_1}{m_s} = \frac{V_1}{V_s}$$

式中　m_1、V_1——实际进入气缸的新鲜充量的质量、体积（进气状态下的当量体积）；

m_s、V_s——进气状态下充满气缸工作容积的新鲜充量的质量、体积。

所谓进气状态，对于自然吸气发动机，指当时当地的大气状态；对于增压发动机，指增压器压气机出口的气体状态。

η_v 大，代表每个循环进入气缸的新鲜充量多，则发动机的有效功率和有效转矩增大，因此，η_v 是评价发动机换气过程完善程度和决定发动机性能的重要指标。

2. 影响充气效率的因素

按照定义式，推导得 η_v 的表达式为

$$\eta_v = \xi \frac{\varepsilon}{\varepsilon-1} \frac{T_s}{p_s} \frac{p_{a'}}{T_{a'}} \frac{1}{1+\gamma} \tag{1-4}$$

$$\xi = \frac{V_{s'}+V_c}{V_a}$$

式中　$V_{s'}$——进、排气门关闭时的气缸工作容积（图 1-7）；

　　　V_c——燃烧室容积；

　　　V_a——气缸总容积；

　p_s、T_s——进气状态下气体的压力、温度；

$p_{a'}$、$T_{a'}$——进气终了时缸内气体的压力、温度；

　　　ε——压缩比；

　　　γ——残余废气系数，即进气过程结束时，缸内残余废气量与缸内新鲜充量的比值。

由式（1-4）可见，影响 η_v 的因素主要有进气状态、进气终了时缸内气体的压力和温度、配气相位、压缩比、残余废气系数。

（1）进气终了压力 $p_{a'}$　$p_{a'}$ 对 η_v 有重要影响，$p_{a'}$ 越大，η_v 值越大。

$$p_{a'} = p_s - \Delta p_a$$

式中　Δp_a——进气过程中克服进气系统流体流动阻力而引起的压降。

根据流体力学知识，流动阻力分为沿程流动阻力和局部流动阻力。沿程流动阻力是因管道壁面与流体发生摩擦而产生的，而局部流动阻力是因管道截面变化产生的分离流或涡流引起的。Δp_a 是进气管道沿程流动阻力和各部件局部阻力之和。不管是哪种流动阻力，都会随着气体流速（发动机转速）的上升成比例增大。

对于四冲程非增压发动机，其进气系统由空滤器、进气管、节气门、进气歧管、进气道和进气门等组成。由于发动机的进气管道较短，内表面光滑，故其沿程阻力较小。流动损失主要来自于空滤器、节气门、进气门等的局部阻力损失，其中，进气门处的流通截面面积最小且截面变化最大，流动损失最严重。因此，增大进气门处的流通能力并减少流动损失就成为关注的重点。减小进气门处流动阻力的主要措施如下：

1）增大进气门直径，即增大进气门处的有效流通截面面积，选择合适的排气门直径。在传统的两气门结构中，进气门直径可达活塞直径的 45%～50%，进气门比排气门大 15%～20%，受结构限制，进一步增大比例很困难。

2）为了进一步增大进气门流通截面，提高充气量，现代发动机采用了 3～5 个（每缸 2～3 个进气门，1～2 个排气门）的多气门结构。表 1-8 是几种典型的多气门和 2 气门轿车发动机动力性能比较，从表中可以看出，多气门使发动机的最大转矩、最大功率以及最高许用转速都得到了提高，发动机动力性得到了明显改善。

表 1-8　几种典型的多气门和 2 气门轿车发动机动力性能比较

品　牌	一汽捷达		法国标致		德国欧宝	
每缸气门数	2	5	2	4	2	4
$T_{tqmax}/(\text{N}\cdot\text{m})$ $(n_{max})/(\text{r/min})$	121 (2500)	150 (3900)	161 (4750)	183 (5000)	170 (3000)	196 (4800)
最大功率/kW $(n_{max})/(\text{r/min})$	53 (5000)	74 (5800)	93.5 (6000)	119 (6500)	85 (5400)	110 (6000)

多气门结构不仅能增加进气充量，还可以使火花塞或喷油器布置在燃烧室中央，这样有利于提高汽油机的压缩比或柴油机混合气的形成质量，进而提高混合气的燃烧速度，改善发动机的动力性能和经济性能。另外，多气门发动机多采用双顶置凸轮轴结构，这样可减小系统传动件的质量以适应现代发动机高转速的需求。因此，汽车发动机（特别是轿车汽油机）是否采用多气门技术是评价发动机性能的一个重要的结构指标。

目前，轿车上的多气门发动机多是 4 气门式的。这是由于气门数目的增多使整个气门机构更加复杂，并且当缸径大于 80mm 时，进气门有效流通截面面积反而会减小。

3）适当增大气门升程，合理设计凸轮形线以提高气门开启速度，从而增大气门的时间-截面值（指气门开启截面面积与其对应的开启时间的乘积），提高汽车的通过能力。

另外，适当加大气门杆身与头部的过渡圆弧、减小气门座密封面的宽度、修圆气门座密封锥面的尖角等措施，均可改善进气门处流体的动力特性，减小流动损失。

（2）进气终了温度 T_a'　进气终了温度 T_a' 高于进气状态下的温度 T_s，若 T_a' 升高，则充入气缸进气充量的工作密度减小，从而使 η_v 降低。因此，在条件允许的情况下，应力求降低 T_a'。引起 T_a' 升高的主要原因有：

1）进气过程中与高温零部件接触而引起的温升。

2）与高温残余废气混合而引起的温升。其中，高温零部件的加热是 T_a' 升高的主要原因。转速越低，每个循环的加热时间越长，T_a' 越高；负荷越高，缸壁等零部件的温度越高，T_a' 就越高。

（3）进气晚关角　ξ 反映了进气晚关角对 η_v 的影响。尽管由于进气门晚关，$\xi = V_a/V_v < 1$，但是 η_v 仍然会增大。这是因为进气门晚关，在 ξ 减小的同时，却带来了 p_a' 的增大，所以，存在一个最佳的进气晚关角使 $p_a' \cdot \xi$ 有最大值。这正与上述所描述的最佳配气相位相一致。

（4）排气晚关角（残余废气系数）　排气门晚关会减小排气阻力，减少缸内残余废气量，降低残余废气系数，由式（1-4）可知，这会间接使 η_v 提高，但相比于进气晚关角、排气晚关角对 η_v 的影响要小得多。另外，缸内残余废气量的减少对混合气的燃烧有利，特别是对改善汽油机低负荷时的工作稳定性、经济性和排放性都有好处。

除了排气门要适当晚关，同时要尽可能降低排气系统各管道的阻力，以降低残余废气系数。发动机排气系统主要由排气门、排气道、排气歧管、消声器、三元催化转化器等各种废气净化装置和连接管道组成。为了满足排放和噪声法规的要求，进一步提高催化器和消声器的性能，往往会增大排气系统的阻力。因此，发动机各种性能指标之间往往会出现冲突，需要综合考虑，有所取舍。

（5）压缩比　压缩比增大，压缩容积减小，残余废气量减少，η_v 增大。

（6）进气状态参数 p_s、T_s 进气状态参数 p_s、T_s 本身是定义充气效率的基准参数，所以，p_s 增大，T_s 降低，新鲜充量密度增大，使实际进气量增多，但不等于充气效率必然增大。由于进气充量增大，会使输出功率增加，所以人们采用增压或增压中冷的方式来提高功率。

3. 充气效率特性对发动机性能的影响

汽车发动机负荷和转速的变化范围都很宽广。不同的发动机负荷下，充气效率随发动机转速变化的规律称为充气效率特性。

对于汽油机，进入气缸的是可燃混合气，其输出转矩的大小是靠改变节气门开度以控制进入气缸的混合气量来调节的（称为量调节），所以当节气门全开时，充气量的多少就基本决定了发动机在各转速下全负荷时输出的功率和转矩，也就决定了整机的最佳动力性能。对于柴油机，尽管其动力性能是通过控制喷入气缸的燃油量而不是进气量来调节的（称为质调节），但是最大充气效率的变化规律限制了柴油机允许喷入的最大燃油量，也就限制了整机可能达到的最佳动力性。因此，不论是汽油机还是柴油机，在节气门（油门）全开时，充气效率特性的变化规律对其动力性有特别重要的意义。

在上述影响充气效率的因素中，对充气效率有重要影响的是进气终了压力、温度和进气晚关角。综合分析这些因素在不同转速时对充气效率的影响，得汽油机和柴油机的充气效率特性曲线如图1-10所示。从图中可以看出，当发动机在某一转速时，有最大的 η_v；当偏离此转速后 η_v 均下降。这是因为节气门（油门）开度一定时，随转速升高有：

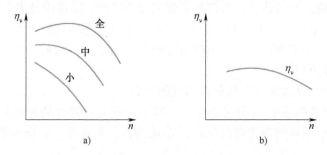

图 1-10   汽油机和柴油机的充气效率特性曲线

a）汽油机的充气效率特性曲线   b）柴油机的充气效率特性曲线

1）T_a 相对于进气温度，上升程度降低，η_v 的特性曲线略上升。

2）p_a 减小，η_v 降低，转速增大到一定程度后，η_v 的下降速度加快。

3）在某一转速时，进气晚关角充分利用了此时气流的惯性，η_v 有最大值，偏离此转速后均降低。

对于汽油机而言，由于节气门的存在，进气流动阻力较大，因此使得 η_v 随着转速的升高而较快地下降；当汽油机因部分负荷的作用而使其节气门开度变小时，进气流动阻力更大，η_v 下降更快。对于柴油机而言，由于不存在节气门，故其进气阻力比汽油机要小，曲线变化平缓，且在不同负荷下的充气效率一样。

由充气效率特性曲线可知，进气晚关角的大小基本决定了发动机在高、低速时的性能。如图1-11所示，若进气晚关角较大，则发动机的低速进气性能降低而高速进气性能得到改善，有利于最大功率的提高，但对发动机中、低速性能不利；若进气晚关角较小，则发动机低速时的 η_v 增大，有利于增大低速转矩，提高汽车的爬坡能力和低速加速能力。因此，当

发动机的配气相位是固定值时，可以通过比较
进气晚关角的大小评价发动机的性能是侧重于
高速大功率，还是偏重于低速大转矩。

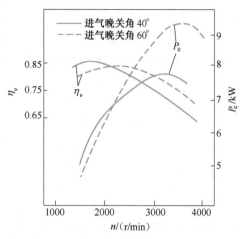

图 1-11　进气晚关角对 η_v、P_e 的影响

三、可变进气系统发动机性能的评价

1. 可变配气相位发动机性能的评价

根据上述充气效率特性曲线分析结论可
知，对于进气晚关角不变的发动机而言，其值
的选取只能是兼顾发动机在各种工况下性能的
一种折中办法，其结果是发动机性能潜力不能
得到充分的发挥。因此，电控可变配气相位技
术在汽车发动机（特别是轿车汽油机）上得
到广泛采用。

可变配气相位是指进、排气门的开启和关
闭时刻以及气门升程能随发动机的工况变化做出相应的调整，以满足发动机在不同转速和负
荷工况下对进、排气流通特性的要求。不同的汽车公司，实现可变配气相位技术的方法和机
构多种多样，但控制对象都是 4 个配气相位角度和 1 个气门升程的组合。例如：宝马的 VA-
NOS 系统和丰田的 VVT-i 系统的可变配气相位机构是在一定范围内能连续改变配气相位角；
本田的 VTEC 系统和三菱的 MIVEC 系统是通过采用两组不同的进气凸轮形线，实现进气门
正时和升程的有级可调；丰田的 VVTL-i 系统和本田的 i-VTEC 系统是连续可变配气相位及有
级可变气门升程；宝马的 Valvetronic 系统是连续可变配气相位及可变气门升程。

可变配气相位机构不仅能优化充气效率特性曲线，提高发动机的动力性能；还可以用于
减少各工况下的换气损失，提高发动机的经济性能。此外，如果进气门关闭角能在足够大的
范围内变化，则可调节进气门关闭角，取代常规的节流调节负荷，在一定程度上消除了与进
气节流相关的泵气损失，从而降低发动机的燃油消耗率，减少 NO_x 和 HC 的排放。

由于高速汽油机配气相位的设置通常偏重于高转速，进气门关闭角较大，发动机在怠速
和低速运行时，气缸内的混合气会反窜入进气管中，致使气缸内混合气燃烧不稳定，功率下
降，怠速不稳定。采用可变配气相位机构后，进气门关闭角在发动机低速运转时自动减小，
可消除上述现象，改善发动机低速和怠速工况下的性能。

2. 可变进气歧管发动机性能的评价

由于进气的间歇性和周期性，进气管道内实际上存在着压力波动（简称压力波），并且
这种压力波以当地声速在进气管内传播和来回反射，对进气造成不同程度的影响。进气管中
压力波来回传播对进气门端进气压力的影响，称为进气管的动态效应。人们希望能利用进气
管的动态效应来增加进气充量，以改善发动机的动力特性。随着电控技术的应用，这种愿望
成为了现实。这项技术被称为可变进气系统，目前在轿车汽油机上得到了广泛应用，如丰田
汽车采用的谐振控制进气系统（ACIS）、日产汽车公司采用的可变进气系统（N-VIS）、福特
汽车公司采用的可变进气控制系统（VICS）、马自达 6 的 VIS 可变进气歧管等。

在进气过程中，由于活塞下行的吸入作用，在进气门入口处形成的负压波经气道向进气
歧管传播，到达进气歧管开口处时，反射回一个波形相反的正压波。如果进气歧管的长度合

适，使负压波传播一个来回的时间和气门开启时间相一致，那么在该缸进气终了时正压波到达进气门，提高进气门处的压力，达到增压目的。这种动态效应称为惯性效应。随着转速的上升，气门开启时间缩短，为了更好地利用惯性效应，进气歧管的长度应随之变短。

另外，如果以一定长度和直径的进气歧管与一定容积的谐振箱组成谐振系统，并使其固有频率与气门的进气周期协调，那么在特定的转速下，就会在进气门关闭之前产生共振或谐振，在进气歧管内产生大幅度的压力波，使进气歧管的压力增大，从而增加进气量，达到增压目的。这种动态效应称为波动效应或谐振增压。对于谐振系统，其进气歧管短而粗，其固有频率较高，对应的谐振转速高；反之，对应的发动机转速低。

因此，为了充分利用进气动态效应，要求发动机在高转速、大负荷时装备短而粗的进气歧管；在中、低转速和中、小负荷下配用细而长的进气歧管。同时，还因为发动机在低速运转时，细的进气歧管提高了进气速度，增强了气流的惯性，使进气量增多。当发动机高速运转时，短的进气歧管进气阻力小，也使进气量增多。

（1）可变进气歧管长度　奔驰新 SLK（R171）发动机所采用的可变进气歧管长度机构采用了一个控制阀来控制进气歧管的长度，如图 1-12 所示。进气歧管被设计成与蜗牛相似的螺旋状，分布在 V 形发动机缸体中间，气流从中部进入。当发动机在 2000r/min 低转速运转时（图 1-12a），控制阀关闭，气流被迫从长歧管处流入气缸；当发动机转速上升到 5000r/min，进气频率上升，此时控制阀开启，气流绕开下部导管直接注入气缸（图 1-12b）。

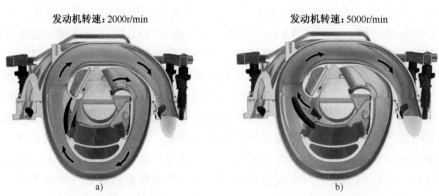

发动机转速：2000r/min　　　　　　　　发动机转速：5000r/min

a)　　　　　　　　　　　　　　　　b)

图 1-12　奔驰新 SLK（R171）发动机的可变进气歧管长度机构

上面这种方式结构简单，但是只能实现 2 级可调，这显然不能完全满足在各个转速下发动机的进气需求。解决的办法是设计一套连续可变进气歧管长度的机构。宝马 760 装配的 V12 发动机就采用了该设计（图 1-13），在进气机构中间设计了一个转子来控制进气歧管的长度，通过转子角度的变化使进气气流进入气缸时进气歧管的长度连续可变。这显然更能满足在各个转速下发动机的进气效率需求，使得发动机的动力输出更加线性，扭力分布更加均匀，燃油经济性更好。

（2）可变进气歧管长度及截面　日本马自达公司的可变进气谐振增压系统，其结构与工作原理如图 1-14 所示。该系统利用由谐振箱的容积与谐振管的长度和直径所决定的共振频率来控制进气歧管长度及截面。当与发动机气缸的工作频率一致时，与谐振箱产生共振或谐振，使压力达到最大值，恰好这时进气门关闭，从而使进气充量最大，以获得最大转矩。

图 1-14 所示谐振增压系统利用转换阀来改变谐振管的长度，以改善发动机的最大转矩及其相对应的最佳转速。

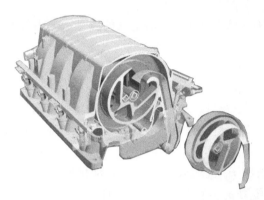

图 1-13 宝马 760 V12 发动机可变进气歧管长度机构

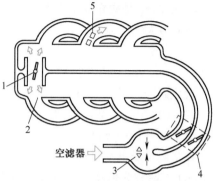

空滤器

图 1-14 可变进气谐振增压系统的结构与工作原理
1—转换阀 2—短共振管 3—长共振管
4—双节气门 5—惯性增压

当发动机高速运转时，转换阀 1 开启，由于进气歧管较短，共振转速较高，可以改善高速充气（JF 型发动机为 3500~4000r/min）。当发动机低速运转时，转换阀关闭，谐振管增长，共振转速移向低速（JF 型发动机为 2000~2500r/min），从而改善了发动机的中、低速转矩。

在 JF 型发动机上，由于利用了高速惯性充气，再加上可变谐振进气增压，使发动机获得了从低速到高速的高转矩特性。

通过上述分析可知，可变进气歧管长度及截面不仅可以提高发动机的动力性，还由于提高了发动机在中、低转速下的进气速度而增强了气缸内的气流强度，从而改善了混合气燃烧过程，使发动机在中、低速工况下的燃油经济性有所提高。

四、涡轮增压发动机性能的分析

因为随着进入缸内空气量的增多，相应地增加循环供油量，即可提高发动机的输出功率，所以人们采取可变配气相位、可变进气系统等多种技术手段来提高充气效率，增加进气量。其中，废气涡轮增压技术是发动机增加进气量、提高功率、强化发动机最有效的手段，是发动机技术的重要发展方向。目前，车用柴油机几乎都采用增压技术，车用汽油机也越来越多地采用增压技术。

废气涡轮增压就是利用高温、高压废气所含有的能量来提高进气压力，增大进气密度，进而增加进气量。这是因为燃料在发动机气缸中燃烧释放出的总热量中，只有 25%~45% 的热量转化为有效功输出，其他约 1/3 的热量通过冷却液散失到发动机外，约 1/3 的热量由废气带到发动机外。这种利用发动机废气能量实现增压的装置，称为废气涡轮增压器。

1. 增压度和增压比

增压度 φ 是指发动机增压后，在标定工况下的输出功率增值与原输出功率的比值，反映了采用增压技术后输出功率增加的程度。

$$\varphi = \frac{P_{ek} - P_{eo}}{P_{eo}} = \frac{P_{ek}}{P_{eo}} - 1 \qquad (1\text{-}5)$$

式中　P_{eo}、P_{ek}——发动机增压前、后在标定工况下的输出功率。

增压比 π_k 是指在标定工况下，增压器压气机出口处压缩后空气的压力 p_k 与压缩前压力 p_0（一般为大气压力）之比，即

$$\pi_k = \frac{p_k}{p_0} \qquad (1\text{-}6)$$

现代四冲程增压柴油机的增压度 φ 可高达300%以上，而大多数车用增压发动机的 φ 则为10%~60%。φ 值受原机型主要零件的热负荷、机械强度以及车辆对转矩适应性和瞬变工况的要求等条件的限制。

在实际增压发动机的性能分析中，增压比 π_k 应用较广。增压发动机按照 π_k 的大小，将 $\pi_k < 1.6$ 时称为低增压，对应的平均有效压力 $p_{me} = 0.7 \sim 1.0\mathrm{MPa}$；将 $\pi_k = 1.6 \sim 2.5$ 时称为中增压，对应的 $p_{me} = 1.0 \sim 1.5\mathrm{MPa}$；将 $\pi_k > 2.5$ 时称为高增压，对应的 $p_{me} > 1.5\mathrm{MPa}$。

2. 废气涡轮增压系统的基本结构及工作过程

如图1-15所示，废气涡轮增压器主要组成元件是涡轮和压气机，其他组成部分有支承装置、密封装置、冷却系统以及润滑系统。废气在涡轮中流过，沿圆周方向流入，沿轴向流出；新鲜空气在压气机中流过，沿轴向流入，沿圆周方向流出。

废气涡轮增压器的工作原理如图1-16所示，发动机每个气缸排出的高温高压废气流过排气总管后，进入涡轮并膨胀做功，推动涡轮高速旋转，做功后的低温低速废气流出涡轮；涡轮将其获得的机械功用以驱动同轴的压气机工作，使流过压气机的空气压力提高，同时空气的温度上升；压力升高后的空气经过进气总管、进气歧管流入气缸，进气压力由 p_0 提高到 p_k。

将增压后的空气进行冷却后再进入气缸，以提高空气密度，进一步增加进气量，同时降低了发动机的热负荷和排气温度，这项技术称为增压中冷。布置在压气机出口和进气道之间的装置称为中冷器，冷却介质可以是冷却液或空气。

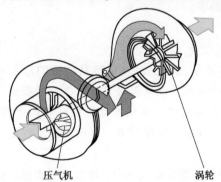

压气机　　　　　涡轮

图1-15　涡轮增压器的结构示意图

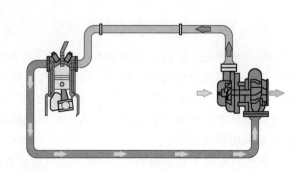

图1-16　废气涡轮增压器的工作原理

3. 涡轮增压柴油机的性能分析

（1）涡轮增压柴油机的性能优势

1）提高了动力性能。在发动机排量和质量基本不变的条件下，涡轮增压使发动机的有效功率大幅度提高，比质量、升功率和平均有效压力等指标得到显著的改善，发动机的动力性能大幅度提高。

2）改善了燃油经济性。由于利用废气能量提高了进气压力，增加了一项泵气功，使得涡轮增压发动机的指示热效率 η_i 高于自然吸气发动机；由于指示功率 P_i 的大幅度上升，使其机械效率 η_m 有所提高。根据 $\eta_e = \eta_i \eta_m$ 知，增压柴油机的有效热效率有较大幅度的提高，从而使其燃油经济性相对于自然吸气发动机有明显的提高。

3）改善了排放性能。增压柴油机通常在较充裕的过量空气下工作，使发动机高负荷冒烟的可能性以及排放 CO、HC 等有害成分大为减少。若采用增压中冷技术，则 NO_x 的排放会明显降低。

4）降低了燃烧及排气噪声。发动机增压后，由于进气压力和温度升高，压缩终点的压力和温度也升高，燃烧滞燃期缩短，缸内压力的升高率下降，其结果使燃烧噪声降低；由于排气可在涡轮中进一步膨胀，所以排气噪声有所降低。

5）降低了制造成本。增压发动机的比质量下降，使发动机单位功率的制造成本下降，材料利用率提高。

（2）涡轮增压柴油机存在的问题

1）热负荷和机械负荷增大。发动机增压后，缸内压力和温度都上升，机械负荷和热负荷都增大，增压发动机的可靠性和使用寿命会因为热负荷和机械负荷的增大而受到影响。

2）低速转矩特性下降。发动机低速运转时，由于增压压力下降，致使循环供气量不足，转矩的增量明显比高速时低，造成低速时转矩降低，影响汽车的加速性能和爬坡能力。

3）加速性能变差。发动机加速过程中，气流响应需要一定时间，加上增压器叶片本身有较大的惯性，使得增压器对突变负荷的响应能力变差，致使发动机的加速性能变差。

4）起动困难。发动机起动时，因无高温排气，涡轮无法工作，无法建立增压压力，而增压发动机的压缩比较小，造成发动机着火、起动困难。

（3）涡轮增压柴油机性能改进的方法　　目前，改善增压发动机低速转矩特性和加速性能的主要方法有：高速、高负荷工况下，放掉压气机后一部分增压空气或放掉涡轮前一部分废气以限制增压压力过高，图 1-17 所示为涡轮增压废气旁通系统示意图；低速、低负荷工况下，调整可变涡轮喷嘴环的截面面积来提高涡轮效率，从而改善发动机低速工况的性能，图 1-18 所示为可变几何截面涡轮的结构示意图。

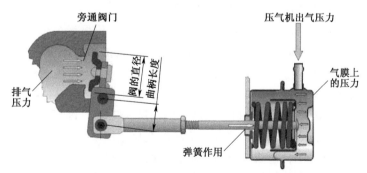

图 1-17　涡轮增压废气旁通系统示意图

4. 涡轮增压汽油机性能的分析

随着电控技术的发展，汽油机增压得到了越来越广泛的应用。汽油机增压后，在保证输出功率和转矩不变的前提下，可减小发动机排量，从而可以减小整机的外形尺寸和比质量，

a)   b)

图 1-18　可变几何截面涡轮的结构示意图

增大升功率，既提高了发动机本身的燃油经济性，又通过降低发动机质量来提高整车的使用经济性。若发动机同时降低转速，则可以进一步减少摩擦损失和泵气损失，节能效果更明显；同时使可靠性及使用寿命提高，维修费用降低。表 1-9 是增压和自然吸气汽油机动力性参数比较。

表 1-9　增压和自然吸气汽油机动力性参数比较

品牌	一汽速腾		雪铁龙 C2	上海通用乐风	北京现代雅绅特
进气方式	自然	涡轮增压	自然	自然	自然
排量/L	2.0	1.4	1.36	1.399	1.399
最大转矩/(N·m) (转速)/(r/min)	170 (4000)	220 (1750~3500)	120 (3400)	128 (4000)	125 (4700)
最大功率/kW (转速)/(r/min)	85 (5200)	96 (5000)	56 (5300)	69 (6000)	70 (6000)
升功率/(kW/L)	42.5	70	41.00	49.33	50.00

从原理上说，汽油机涡轮增压与柴油机涡轮增压没有本质的区别。但是由于以下原因，将涡轮增压技术应用到汽油机上，遇到了诸多难题。

1）汽油机增压后，压缩终了的温度、压力都升高，致使爆燃的倾向增大。为此必须采用降低压缩比、推迟点火等相应措施，其结果是使汽油机的热效率降低、排温升高。因此，增压汽油机的增压比一般小于 2，功率增加最大幅度为 50%，燃油经济性没有得到明显改善。但是，采用增压、减小排量而保持输出功率不变，则可以较大幅度地改善燃油经济性。

2）热负荷加重。由于受爆燃限制，汽油机的压缩比下降，因而燃烧的膨胀比较小，致使排气温度较高；其次，因为汽油机混合气浓度的变化范围窄（$\alpha = 0.85 \sim 1.05$），与柴油机相比，燃烧时的过量空气少，造成单位数量混合气的放热量大，再加上汽油机为了避免新鲜混合气的流失，不能用加大扫气量来冷却受热零件，因此使汽油机增压后的热负荷问题比柴油机严重。

3）动态响应延迟加大。增压发动机当节气门开度突然变大，要求混合气量迅速变化时，增压器供气往往跟不上，反应严重滞后，导致加速性能变差。

4）车用汽油机的转速和功率范围宽广，进气流量变化范围更大，因而覆盖的压气机工况范围更大，这就要求压气机同时具有宽流量范围和宽高效率区的高性能，这使得汽油机的增压器技术难度加大。

虽然汽油机增压存在以上的诸多技术难题，但随着汽油机电控技术的进步，汽油机增压得到了越来越广泛的应用。解决汽油机增压应用问题的主要措施有：

1）应用电控技术可有效地解决汽油机增压的诸多难题，如电控可变涡轮喷嘴环截面、电控放气阀有效地改善了涡轮增压汽油机的动态响应特性；电控爆燃、电控 EGR 等技术的应用，对防止爆燃和降低热负荷都是有效的。

2）应用增压中冷技术可有效提高涡轮增压汽油机的动力性能、降低燃料消耗率，同时对消除爆燃、降低热负荷以及减少 NO_x 排放都是有利的。

3）采用增压压力控制系统，如进气和排气放气、节流控制等装置，可以减小涡轮入口处或进入汽油机缸内的气流量，从而降低增压比，避免爆燃和过高热负荷，并有利于高、低速转矩特性的控制。

五、汽车发动机进、排气系统对发动机性能的影响

发动机进、排气系统对发动机性能的影响可由充气效率 η_v 的大小及其变化规律来反馈。

1）在整个运转范围内，有足够高的充气效率 η_v 保证发动机的动力性能。评价发动机进、排气系统应具有以下基本特点：进、排气管道流通截面的大小、形状和走向无急剧变化，并布置在发动机的两侧；多气门结构；合理的配气相位。

2）良好的充气效率特性，保证发动机低速大转矩、高速大功率，满足汽车的低速加速性能、爬坡性能以及高速动力性能。评价发动机进气系统应至少采用一种可变技术，如可变配气相位或可变进气歧管等。另外，采用可变技术能使发动机的经济性得到改善。

3）发动机进气系统采用废气涡轮增压或增压中冷技术，是发动机强化的有效手段之一。

思　考　题

1. 什么是发动机的换气过程？合理组织换气过程的目的是什么？

2. 进、排气门为什么要早开、晚关？进、排气门早开、晚关角对发动机的性能有何影响？为什么这 4 个相位角都有最佳值，且最佳值随转速的升高而增大？

3. 影响充气效率的主要因素有哪些？它们是如何影响发动机性能的？

4. 充气效率特性曲线有何特点？进气门晚关角是如何影响充气效率特性曲线的？为了提高发动机高速运转时的输出功率，进气门晚关角要相应地增大，为什么？

5. 什么是可变配气相位？它影响发动机的什么性能？

6. 什么是可变进气歧管？发动机高、低转速运转下如何改变进气歧管的长度？

7. 为什么汽油机采用涡轮增压的比例越来越高？涡轮增压汽油机是如何解决应用中存在的相关问题的？

第三节　燃料的特性及其对发动机的影响　◀◀◀

燃料是发动机产生动力的来源。燃料热值，特别是可燃混合气的热值，是决定发动机输

出功率大小的主要因素之一。燃料的种类及其物理、化学特性直接影响发动机的着火、燃烧和负荷调节的方式，这些反过来又会对发动机的充气效率、混合气浓度以及循环热效率产生重大影响，从而影响发动机的性能。因此，为了更好地评价发动机性能，就必须对其所用燃料的特性有一些基本的了解。

评价燃料物理、化学特性的指标非常多，一类是与燃料物理特性相关的指标，如密度、黏度、蒸气压、沸点、馏程、凝点等；一类是与燃料的化学特性相关的指标，如燃料热值、混合气热值、着火温度、十六烷值、辛烷值等。本节主要介绍对汽车发动机性能有重要影响的常用燃料——柴油和汽油的物理、化学特性。表 1-10 是常用液体燃料及气体燃料的物理、化学特性指标。

表 1-10 常用液体燃料及气体燃料的物理、化学特性指标

理化特性指标		燃料					
		汽油	轻柴油	甲醇	乙醇	天然气	液化石油气
分子式		含 C_3-C_{11} 的 HC	含 C_{15}-C_{23} 的 HC	CH_3OH	C_2H_5OH	主要成分是 CH_4	主要成分是 C_3H_8
相对分子量		114	170	32	46	16	44
液态密度/（kg/L）		0.70~0.75	0.82~0.88	0.78	0.80	0.42	0.54
沸点/℃		30~200	175~360	64.8	78.5	−161.5	−42.5
理论空气量	kg/kg	14.9	14.5	6.52	9.05	17.4	15.8
	kmol/kg	0.515	0.50	0.223	0.310	0.595	0.541
自燃温度/℃		220~260	200~220	470	420	632	504
闪点/℃		−45	50~65	11	13	−162	−73.3
燃料低热值/（MJ/kg）		43.5	42.5	19.66	26.77	50.5	46.39
汽化热/（kJ/kg）		310	270	1109	904	510	426
混合气热值/（kJ/m³）		3750	3750	3557	3660	3230	3490
辛烷值	RON	90~106	—	114	111	130	96~111
	MON	81~89	—	95	94	120~130	89~96

一、柴油的使用特性

汽车柴油机为高速机，使用轻柴油。对柴油机性能有重要影响的柴油性能如下。

1. 自燃性

燃料在无外源点火的情况下能够自行着火的性能称为燃料的自燃性。对柴油机来说，其着火方式是压燃着火，所以自燃性是其最重要的性能之一。它直接影响柴油机工作的粗暴性和起动性。自燃性好的燃料着火落后期短，在着火落后期内形成的混合气少，着火后压力升高速度慢，工作柔和；而且，使用自燃性好的燃料，发动机的冷起动性能能得到改善。

评价柴油自燃性好坏的指标是十六烷值。柴油的十六烷值的测定是在专门单缸试验机上按规定的条件进行的。试验时选用由正十六烷和 α-甲基萘混合制成的混合液，其中正十六烷容易自燃，将它的十六烷值定为 100；α-甲基萘不容易自燃，将其十六烷值定为 0。当被测柴油的自燃性与所配制的混合液的自燃性相同时，混合液中正十六烷的体积百分数就定为该种燃料的十六烷值。

十六烷值过高或过低，对燃烧都不利。若十六烷值过高，则燃料分子量加大，使燃料蒸发性变差、黏度增加，导致燃烧不完全，燃料经济性变差，排气冒黑烟；若十六烷值太低，则会使柴油机工作粗暴，难起动。一般情况下，高速柴油机采用十六烷值为 40~50 的柴油，而低速柴油机采用十六烷值为 30~40 的柴油。

2. 蒸发性

燃料由液态转化为气态的性能称为燃料的蒸发性。评定柴油机蒸发性的指标是馏程。燃料是成分复杂的混合物，所以其沸点不是一个常数，而是在一定的范围内。馏程就是燃油馏出某一百分比的温度范围。

燃料馏出 50% 的温度低，说明轻馏分多，蒸发性好，易于形成可燃混合气；90% 和 95% 馏出温度标志柴油中所含重质成分的数量，90% 和 95% 馏出温度高，标志着柴油中难蒸发的重馏分多，混合气形成困难，燃烧不及时、不完全。所以高速柴油机使用轻馏分多的柴油，但若轻馏分过多，因轻质燃料容易蒸发，在着火前形成大量油气混合物，一旦着火压力猛增，则会使柴油机工作粗暴。

3. 燃料流动性

黏度是燃料流动性的尺度。它影响柴油的喷雾质量。当其他条件相同时，黏度越大，雾化质量越差，燃油越不易与空气均匀混合，使燃烧不完全，燃油消耗率增加，排气冒烟。可是，由于喷油泵柱塞偶件用柴油润滑，所以柴油应具有一定的黏度。柴油黏度过低时，柱塞偶件磨损加大，通过柱塞副的燃油漏泄会增加。

4. 低温流动性

评价柴油低温流动性的指标是凝点。凝点是指柴油失去流动性开始凝结的温度，燃油凝点的高低影响燃油在发动机中的正常使用和储运过程，因而是燃油的一个重要参数。我国柴油的牌号是以其凝点大小命名的。根据 GB 252—2015 规定，普通柴油按凝点的不同分为 5 号、0 号、-10 号、-20 号、-35 号、-50 号 6 个牌号，使用环境温度分别不低于 8℃、4℃、-5℃、-14℃、-29℃、-44℃。选用柴油时，应按最低环境温度高出凝点 6℃ 以上进行选择。

二、汽油的使用特性

汽油对汽油机性能有影响的主要是其抗爆性和蒸发性。

1. 抗爆性

汽油机的着火方式是利用火花塞电火花点燃可燃混合气。但是，在燃烧过程中，若离火花塞最远的末端混合气自燃着火，则将会带来很大危害。燃料的抗爆性即燃料对汽油机发生自燃现象（称为爆燃）的抵抗能力。辛烷值是评价汽油抗爆性的指标。

燃料的辛烷值是在专门的单缸试验机上按规定条件进行测定的。测定时，用易爆燃的正庚烷（辛烷值定为 0）和抗爆性好的异辛烷（辛烷值定为 100）的混合液与被测的汽油作比较。当混合液与被测汽油在专用发动机上的抗爆程度相同时，则混合液中异辛烷含量的体积百分数就是被测汽油的辛烷值。汽油的辛烷值高，则其抗爆性好，有利于提高发动机的压缩比。

由于试验方法的不同，燃料辛烷值有马达法辛烷值（MON）和研究法辛烷值（RON）两种。我国车用汽油是以研究法辛烷值来标号的。现行国标（GB 17930—2015）规定的汽油有 89 号、92 号、95 号 3 个牌号，其含义是汽油的研究法辛烷值分别为 89、92、95。

另一种燃料抗爆性评价指标是抗爆指数 A，其定义是 $A=(MON+RON)/2$。90 号、93 号汽油的抗爆指数分别是 85、88。

2. 蒸发性

馏程是评价汽油蒸发性的指标。在汽油规格中，常用汽油的 10%、50%、90% 等馏分的馏出温度来评定。

10% 馏出温度标志着起动性能。汽油机使用 10% 馏出温度低的汽油，容易起动。但此温度过低，会使汽油在输送管路中形成气阻，使发动机熄火。10% 馏出温度不高于 70℃。

50% 馏出温度标志着汽油的平均蒸发性。它影响着发动机的暖机时间、加速性能和工作稳定性。若此温度低，则可以使暖机时间缩短，并且当发动机由低负荷向高负荷过渡时，能够及时供给所需浓混合气，使发动机加速性能良好。50% 馏出温度不高于 120℃。

90% 馏出温度标志着燃料中含有难于挥发的重质成分的数量。若此温度低，则表明燃料中重质成分少，挥发性好，有利于完全燃烧；若此温度过高，则因汽油中重质成分较多而导致汽化不良，使燃烧不完全，造成排气冒烟和积炭。90% 馏出温度不高于 190℃。

三、燃料特性对汽油机和柴油机的影响

表 1-10 给出了汽油和柴油的成分及其主要性能指标，可以看出，汽油和柴油的沸点与着火温度有很大差异。由于燃料的理化特性存在较大的差异，使汽油机和柴油机在混合气形成方式、着火方式、燃烧方式以及负荷调节方式上存在着本质的差别，并由此导致了两种发动机的性能差异。

1. 对混合气形成方式的影响

汽油的沸点低（30~200℃）、蒸发性好，在常温下易于在缸外与空气形成均匀的预混合气。柴油的沸点高达 175~360℃，不适于在缸外预混合，因此，柴油机采用燃料缸内高压喷射，与空气雾化混合形成混合气，由于混合时间短、混合不充分，所以油气混合不均匀。

2. 对着火、燃烧方式的影响

对于在汽油机缸外预先形成的均匀混合气，若同时着火，缸内压力升高过快，近似于炸弹爆炸，这是不允许的，因此采用了电火花强制点火的着火方式，着火后形成的火焰在混合气中传播，将所有混合气逐渐燃烧。这种燃烧方式称为预混合燃烧，即着火前燃料气体或燃料蒸气与氧化剂（空气）已按一定比例形成预混合气。

由于柴油的着火温度低，在压缩接近终了时，缸内温度要高于柴油的着火温度，此时若将柴油高压喷入气缸，则柴油很快会自行着火，这种自燃着火方式称为压燃。在开始喷油到自燃的较短时间内，缸内形成的适合于燃烧的预混合气量并不多，故缸内压力升高的速度得到缓解。因此，柴油机适合采用压燃的着火方式，不必设置点火系统。柴油机在初期着火燃烧后，紧接着进行的燃烧过程是边喷油、边扩散、边蒸发、边混合、边燃烧。柴油机的这种燃烧方式称为扩散燃烧，即着火前燃料与氧化剂（空气）是互相分开的，着火后燃料边蒸

发、边与空气混合、边燃烧。

两种燃烧方式的主要特点对比如下：

1）扩散燃烧时，由于燃料与空气边混合、边燃烧，因而燃烧速度取决于油气的混合速度；预混合燃烧时，因燃烧前已均匀混合，燃烧速度主要取决于化学反应速度，即取决于混合气温度和浓度。

2）扩散燃烧时，为保证燃烧完全，一般要求空气过量，过量空气系数 $\alpha \geq 1.2$（定义见本节四），并且在总体的空燃比大于 100 的条件下也能稳定燃烧；预混合燃烧时，一般 $\alpha = 0.8 \sim 1.2$，可燃混合气浓度范围小，难以稀燃。

3）扩散燃烧时，混合气浓度和燃烧温度分布极不均匀，易发生局部高温缺氧现象，产生炭烟；预混合燃烧时，由于混合气混合均匀，一般不产生炭烟。

4）扩散燃烧时，由于有炭烟产生，碳粒的燃烧会发出黄色或白色的强烈辐射光，因此也称为有焰燃烧；预混合燃烧时，无碳粒燃烧问题，火焰呈均匀透明的蓝色，因此也称为无焰燃烧。

5）预混合燃烧由于燃烧前已形成可燃混合气，有回火的危险；扩散燃烧一般无此隐患。

3. 对负荷调节方式的影响

混合气形成方式的不同带来了负荷调节方式的不同。汽油机在点火前形成的是混合均匀的油气混合气，它能被点燃的浓度变化范围较小（过量空气系数 $\alpha = 0.4 \sim 1.4$），因此，汽油机一般靠改变节气门的开度控制进入气缸混合气量的多少来调节负荷，这种调节方式称为量调节。

对于柴油机，循环喷油量可以在较大的范围内变化，喷入气缸的油束内都有适合着火的混合气，因此，柴油机可以依靠改变循环喷油量的多少来调节负荷。由于混合气的循环进气量基本保持不变，所以其平均浓度会随着负荷的变化而变化。这种依靠改变循环喷油量（即改变混合气浓度）来调节负荷的方式，称为质调节。

四、过量空气系数及空燃比

1. 理论空气量 L_0

理论空气量 L_0 是指 1kg 燃料完全燃烧所必需的最少空气量。理论空气量的计算是根据燃料中可燃成分完全燃烧的化学反应方程式及燃料与空气的组成成分而进行的。

发动机燃料的主要成分是碳、氢、氧，其他成分很少，可以略去不计。设 1kg 燃料中有 g_C kg 的 C，g_H kg 的 H 和 g_O kg 的 O，即

$$g_C + g_H + g_O = 1$$

空气的主要成分是氧和氮。按质量计算，空气中含氧量约为 23.2%，含氮量约为 76.8%；按体积计算，含氧量占 21%，含氮量占 79%。

燃料中的 C、H 完全燃烧的化学反应方程式分别是：

$$C + O_2 = CO_2$$

$$H_2 + \frac{1}{2}O_2 = H_2O$$

按照化学反应的当量关系，计算出 1kg 燃料完全燃烧所需的理论空气量 L_0 为

$$L_0 = \frac{1}{0.23}\left(\frac{8}{3}g_C + 8g_H - g_O\right) \text{kg/kg 燃料} \tag{1-7}$$

$$L_0 = \frac{1}{0.21}\left(\frac{g_C}{12} + \frac{g_H}{4} - \frac{g_O}{32}\right) \text{kmol/kg 燃料} \tag{1-8}$$

几种主要液体燃料的理论空气量见表 1-10。

2. 过量空气系数 α

在发动机工作过程中，实际所供给的空气量往往并不等于理论空气量。燃烧 1kg 燃料实际供给的空气量 L 与燃烧 1kg 燃料理论上需要的空气量 L_0 之比称为过量空气系数，以 α 来表示，即

$$\alpha = \frac{L}{L_0} \tag{1-9}$$

当 $\alpha = 1$ 时称为标准混合气，$\alpha < 1$ 时称为浓混合气，$\alpha > 1$ 时称为稀混合气。α 值的大小与发动机的类型、混合气形成方法、燃料种类、发动机工况及功率调节的方法有关。

柴油机的 α 值总是大于 1，以保证喷入气缸的柴油能完全燃烧。在吸入空气量一定的情况下，α 小意味着可以向气缸内多喷油，缸内空气利用率高，发动机可以发出较大的功率，所以 α 是反映混合气形成和燃烧完全程度及整机性能的一个重要参数，应该在保证发动机经济性较高的前提下力求减小 α 值。减小 α，对高速小型柴油机来说主要受燃烧完全程度的限制；对于大型及增压柴油机来说主要受热负荷的限制。柴油机在全负荷时 α 的一般数值如下：

低速柴油机　　 $\alpha = 1.8 \sim 2.0$

高速柴油机　　 $\alpha = 1.2 \sim 1.5$

增压柴油机　　 $\alpha = 1.7 \sim 2.2$

对于汽油机，由于燃烧时用的是预先混合好的均匀混合气，α 值变化范围较小，一般 $\alpha = 0.85 \sim 1.1$。

3. 空燃比

混合气浓度除了用 α 表示外，还可用空燃比 A/F 来表示。它们之间的关系为

$$\frac{A}{F} = \alpha L_0 \tag{1-10}$$

五、燃料热值与混合气热值

1. 燃料热值

1kg 燃料完全燃烧释放出的热量称为燃料的热值，单位为 kJ/kg。在高温的燃烧产物中，水以蒸汽形式存在，水的汽化热不能被利用，只有待冷却之后才能释放出来。故将水的汽化热计算在内的燃料热值称为燃料的高热值，不包括水的汽化热的燃料热值称为燃料的低热值。发动机排气温度较高，水的汽化热不能利用，因此，发动机应用燃料的低热值。

2. 混合气热值

可燃混合气的热值是指燃料的低热值 h_μ 与单位燃料形成可燃混合气数量之比，以 h_m（kJ/kmol）表示：

$$h_{\mathrm{m}} = \frac{h_{\mu}}{\alpha L_0 + \dfrac{1}{m_{\mathrm{T}}}} \qquad (1\text{-}11)$$

式中　m_{T}——燃料相对分子量。

由此可见，当发动机排量和进气条件一定时，每循环加给工质的热量取决于单位可燃混合气的热值，即取决于燃料的热值和过量空气系数 α 值，而不仅仅是燃料的热值。几种常见液体燃料及气体燃料的热值及其所形成可燃混合气的热值见表 1-10。

思　考　题

1. 对柴油机性能有重要影响的柴油性能指标有哪些？有什么影响？
2. 对汽油机性能有重要影响的汽油性能指标有哪些？有什么影响？
3. 可燃混合气的浓与稀可以用哪几个指标表示？各指标的含义是什么？彼此间如何换算？
4. 混合气热值和燃料热值有什么区别？每循环加给工质的热量取决于哪种热值？
5. 柴油和汽油特性的不同如何导致了柴油机和汽油机结构的不同？

第四节　柴油机混合气的形成与燃烧　◀◀◀

燃烧过程及燃烧特性对柴油机的动力性、燃油经济性、排放特性和振动噪声等外在性能有着重要影响。本节首先介绍柴油机的燃烧过程及其对主要性能的影响，接着介绍和燃烧过程紧密相关的燃油喷射、混合气形成和燃烧室的基本特点，以便能够根据柴油机的结构参数及特点对其性能做出基本评价。

一、燃烧过程及其对发动机性能的影响

柴油机的燃烧过程可分为 4 个阶段，即着火落后期（也称为滞燃期）、速燃期、缓燃期和后燃期，如图 1-19 所示。

1. 着火落后期

从喷油始点 A 到气缸压力线脱离压缩线（见图中虚线）而开始急剧上升的 B 点所对应的时期，称为着火落后期或滞燃期。随着压缩过程的进行，缸内空气压力和温度不断升高，在上止点附近气体温度高达 600℃ 以上，高于燃料在当时压力下的自燃温度。在上止点前 A 点被喷入气缸的柴油，经历了一系列复杂的理化过程，包括雾化、蒸发、扩散、与空气混合等物理准备阶段以及着火前的化学准备阶段，直到 B 点在空燃比、压力、温度等条件合适的地方，多点同时着火，缸内压力和温度急剧升高，并脱离压缩线。

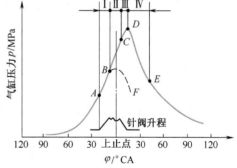

图 1-19　柴油机的燃烧过程

Ⅰ—着火落后期　Ⅱ—速燃期　Ⅲ—缓燃期　Ⅳ—后燃期

对发动机性能的影响：着火落后期长短会影响此阶段内的喷油量以及所形成预混合气的

数量，直接影响到速燃期的燃烧，从而影响柴油机的动力经济性、排放特性以及噪声振动。

2. 速燃期

压力急剧上升的 BC 阶段，称为速燃期。在这一阶段中，由于在着火落后期内形成的可燃预混合气几乎同时着火，而且是在活塞靠近上止点附近、气缸容积较小的情况下发生，因此缸内压力和温度升高得特别快，并达到最高燃烧压力 p_{max}。一般用平均压力升高率 $\Delta p / \Delta \varphi$ 来表示压力升高的急剧程度，即

$$\frac{\Delta p}{\Delta \varphi} = \frac{p_C - p_B}{\varphi_C - \varphi_B} \qquad (1-12)$$

式中　　p_C、p_B——速燃期终点和始点气体压力，单位为 MPa；

　　　　φ_C、φ_B——速燃期终点和始点相对于上止点的曲轴转角，单位为°CA。

对发动机性能的影响：较高的 $\Delta p / \Delta \varphi$ 对发动机的动力性和经济性都有益。但是，$\Delta p / \Delta \varphi$ 过大会使柴油机工作粗暴；噪声及振动明显增大；运动零件受到过大冲击负荷作用，发动机的使用寿命缩短；同时，过大的 $\Delta p / \Delta \varphi$ 使缸内温度明显升高，使有害排放物 NO_x 生成量增多。为了保证柴油机运转平稳及抑制 NO_x 排放量，$\Delta p / \Delta \varphi$ 不应大于 0.4MPa/°CA。

p_{max} 越大，热效率越高，但也会使机械负荷、噪声及 NO_x 排放量增多。柴油机的 p_{max} 一般为 6~9MPa，增压柴油机的 p_{max} 有可能会增大到 10~15MPa。为了获得更好的动力性和经济性，一般 p_{max} 应在上止点后 10°~15°曲轴转角时出现。

噪声大、振动大一直是柴油机引人关心的问题。工作粗暴的主要原因是着火落后期内形成的可燃混合气过多，而可燃混合气形成的数量主要受着火落后期长短、着火落后期喷入燃油量的多少、缸内气体运动以及燃烧室形状等多种因素的影响。影响着火落后期长短的主要因素是燃烧室气体的温度和压力，温度和压力越高，着火落后期越短。另外，燃料的十六烷值越高，着火落后期越短。目前，柴油机电控燃油喷射技术能对着火落后期内喷入的燃料量做出精确控制，从而降低柴油机的工作粗暴程度。

3. 缓燃期

从压力急剧升高的终了点 C 到最高燃烧温度的 D 点，称为缓燃期。在此期间，参与燃烧的是速燃期内未燃烧的燃料和后续喷入的燃料，放出大量热量，使气体温度升高到最大值。但由于燃烧是在气缸容积不断增大的情况下进行的，因此燃烧必须速度很快才能使气缸压力稍有上升或几乎保持不变。

对发动机性能的影响：若缓燃期过长，则会使一部分燃料的燃烧远离上止点，释放出的热量利用率降低，从而使发动机的经济性和动力性变差，因此，缓燃期要越短越好；在缓燃期喷入的燃料若喷到高温废气区，则燃料会因高温缺氧裂解而形成炭烟；即使是燃料喷到有氧的地方，由于气缸中温度很高，化学反应很快，着火落后期短，喷入燃料很快着火燃烧，这时如果氧气渗透不充分，过浓的混合气容易裂解形成炭烟。所以，柴油机随着负荷的增大，在缓燃期喷入的燃油量增多，到一定程度后，排气冒黑烟。对于柴油机而言，在整个燃烧过程中总体空气是过量的，只是混合不均匀造成局部缺氧而生成炭烟。

缓燃期的燃烧是扩散燃烧，因此缩短缓燃期以及减少炭烟排放的方法就是加快油气混合的速度。

4. 后燃期

从缓燃期的终点 D 到燃料基本完全燃烧的 E 点，称为后燃期。在柴油机中，由于燃烧

时间短促，燃料和空气的混合不均匀，总有一些燃料不能及时烧完，而是拖到膨胀线上继续燃烧，特别是高速、高负荷时，由于过量空气少，混合气形成和燃烧时间更短，后燃现象比较严重，有时甚至一直延续到排气过程中。

对发动机性能的影响：在后燃时期，因为活塞在下行，燃料在较低的膨胀比下放热，所放出的热量不能有效利用，增加了散热损失，使柴油机的经济性下降。此外，后燃还增加了活塞组热负荷以及使排气温度升高。因此，应尽量缩短后燃期，减少后燃所占的百分比。

通过上述燃烧过程的分析可知，要想获得良好的动力性、经济性以及较低的排放和噪声振动，需要通过燃油喷射、气体运动以及燃烧室形状三者之间的合理配合来实现。

二、燃油喷射与雾化

目前，柴油机的燃油供给系统是传统机械式燃油供给系统和电控燃油喷射系统并存，但不论哪种喷油系统，都要满足以下基本的要求：

1）能产生足够高的喷油压力，以保证燃料良好的雾化及混合燃烧。

2）实现所要求的喷油规律，以保证合理的燃烧放热规律和良好的综合性能。

3）精确控制每个循环的喷油量和喷油时间，并且保证各缸之间的均匀性。

4）在各种工况下避免出现不利的异常喷射现象。

1. 燃油喷射过程

燃油喷射过程是指从喷油泵开始供油直到喷油器停止喷油的全过程。图 1-20b 表示了柴油机燃油喷射过程中喷油泵端燃油压力、喷油器端燃油压力和喷油器针阀升程的变化情况。一般将整个燃油喷射过程分为 3 个阶段，即喷射延迟阶段、主喷射阶段和滴漏阶段。

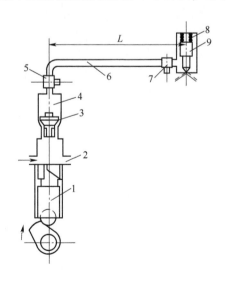

a)

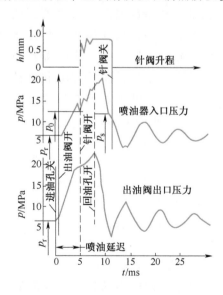

b)

图 1-20　燃油的喷射过程

1—喷油泵柱塞　2—进、回油孔　3—出油阀　4—出油阀弹簧

5、7—压力传感器　6—高压油管　8—针阀弹簧　9—喷油器针阀

（1）**喷油延迟阶段**　从喷油泵出油阀打开（供油始点）到喷油器的针阀开始升起（喷油始点）为止，这一阶段称为喷油延迟阶段。在该阶段，受压缩的燃油打开出油阀，进入高压油管，产生压力波并以声速沿高压油管向喷油器端传播，当喷油器端的燃油压力超过针阀开启压力时，针阀升起，开始喷油。供油始点和喷油始点一般用其相对于压缩上止点的曲轴转角表示，分别称为供油提前角和喷油提前角。两者之差称为喷油延迟角，表征喷油延迟阶段时间的长短。发动机转速越高、高压油管越长，则喷油延迟角越大。

（2）**主喷射阶段**　从喷油始点到喷油器端燃油压力开始急剧下降为止，这一阶段称为主喷射阶段。由于喷油泵柱塞持续供油，喷油泵端压力和喷油器端压力都保持较高的水平，同时喷油器针阀达到并保持最大升程，绝大部分燃油在这一阶段以高的喷射压力和良好的雾化质量喷入气缸，其喷油持续时间取决于循环供油量和喷油速率。

（3）**滴漏阶段**　从喷油器端燃油压力开始急剧下降到针阀完全落座（喷油终点）为止，这一阶段称为滴漏阶段。由于喷油泵的回油孔打开和出油阀减压容积的卸载作用，喷油泵端燃油压力带动喷油器端压力急剧下降，当喷油器端燃油压力低于针阀开启压力后，针阀落座，停止喷油。这期间还有少量燃油从喷孔喷出，由于喷油压力降低，燃油雾化不良，故应缩短该阶段，减少该阶段的喷油量，喷油彻底结束。

2. 供油规律和喷油规律

如图 1-21 所示，供油规律是单位时间内（或 1°喷油泵凸轮轴转角内）喷油泵的供油量随时间（或喷油泵凸轮转角）的变化关系。它完全是由喷油泵柱塞的几何尺寸和运动规律确定的。喷油规律是喷油速率即单位时间内（或 1°喷油泵凸轮轴转角内）喷油器喷入燃烧室内的燃油量随时间（或喷油泵凸轮转角）的变化关系。供油规律与喷油规律之间存在着明显的差别，除了供油始点与喷油始点不同外，喷油持续时间也比供油持续时间长，最大喷油速率比最大供油速率低，曲线形状有一定的变化。

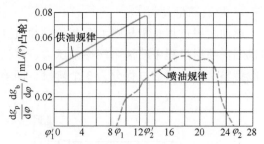

图 1-21　供油规律和喷油规律的比较

注：喷油器 ZSOSJ，$n_p = 750 r/min$

3. 燃油的雾化及油束特性

燃油经喷孔喷出时，在气缸中被分散成微粒的过程称为燃油的雾化或喷雾。将燃油喷射雾化，可以大大增加燃料蒸发的表面积，增加燃料与氧接触的机会，以达到迅速混合的目的。

当燃油从喷孔高速喷出时，由于空气阻力及高速流动时的内部扰动，燃油被粉碎成细小油滴，这些大小不同的油滴形成圆锥状的喷注，也称为油束（图 1-22）。在油束的中心部分是油滴密集且具有很高速度的粗油滴，越向外围油滴越细，速度越小。外部细小油滴最先蒸发并与空气形成混合气。油束本身的特性可用喷雾圆锥角、射程及雾化质量来说明。

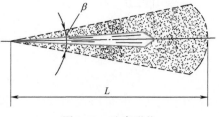

图 1-22　油束形状

（1）**喷雾圆锥角 β**　喷雾圆锥角表示油束的紧密程度，β 大说明油束松散，油滴细。它主要取决于喷油器的喷孔尺寸和形状。

（2）油束射程 L　油束射程是指油束的贯穿距离，亦称为贯穿力。L 的大小对燃料在燃烧室中的分布有很大影响，如果燃烧室的尺寸小而射程大，那么就有较多的燃油喷到燃烧室壁上；反之，如果射程过小，则燃料不能很好地分布在燃烧室中，燃烧室中的空气将得不到充分利用。因此油束射程必须根据混合气形成方式的不同要求与燃烧室相互配合。

（3）雾化质量（雾化特性）　雾化质量表示燃料喷散雾化的程度，一般指喷散的细度和均匀度。燃料喷散得越细、越均匀，说明雾化质量越好。喷散细度可以用油束中油粒的平均直径来表示，平均直径越小，则喷雾越细；喷散的均匀度可用油粒的最大直径与平均直径之差来表示，直径差越小，则喷雾越均匀。图 1-23 表示这种雾化质量的曲线，也称为雾化特性曲线，其横坐标是油粒直径，纵坐标是某一直径的油粒占全部油粒的百分数。曲线越窄、越靠近纵坐标轴，则表示油粒越细、越均匀。一般减小喷孔直径、增大喷油压力、增大缸内压力都会使油粒直径减小。

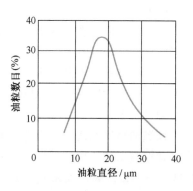

图 1-23　雾化特性曲线

三、电控燃油喷射系统

1. 燃油喷射系统的类型和特点

柴油机电控燃油喷射系统的发展经历了第 1 代位置控制式、第 2 代时间控制式及现在广泛应用的第 3 代压力-时间控制式 3 个阶段。第 1 代位置控制式的典型产品主要有电控直列泵、电控分配泵；第 2 代时间控制式产品有电控直列泵、电控分配泵、电控单体泵、电控泵喷嘴；第 3 代时间-压力控制式产品有电控共轨。

（1）位置控制式电控燃油喷射系统　这种系统的特点是不改变传统喷油系统的结构与工作原理，只是用电控装置取代机械式调速器和提前器，对直列泵的油量调节齿杆和 VE 泵的溢流环套以及油泵驱动轴和凸轮轴的相互位置进行低频连续调节，以实现油量和定时的控制，所以称为位置控制式系统。

位置控制式电控燃油喷射系统生产继承性强，安装方便，但它显然只是对传统喷油系统的初步电控化改造。由于未变更原有的喷油装置，喷油特性也未改变，因此位置控制式电控燃油喷射系统一般不可能对喷油率和喷油压力进行调控。此外，由于位置控制式系统不是直接改变喷油量和喷油定时，中间环节多，控制响应慢，因此做不到各缸的分缸调控。

（2）时间控制式电控燃油喷射系统　这种系统借助电子控制手段控制高压油路泄压电磁阀的开闭时刻进而控制喷油量，而不对喷射压力或其他参数进行调节，因控制对象——泄压电磁阀的开闭时刻是时间量而得名。这种系统的特点是利用高速强力溢流电磁阀来直接控制喷油始点和喷油量，通过变更电磁阀升程来实现喷油率的控制。

这种系统仍保持传统的柱塞往复运动脉动供油方式，但柱塞只起加压、供油作用，取消了齿杆、齿圈、柱塞斜槽甚至出油阀等调节油量的装置与机构，而直接由电磁阀控制喷油量和喷油定时。由于供油泵结构简化，泵体及柱塞副的刚度加强，因此该系统的承压能力相应提高。

与位置控制式电控喷射系统相比，时间控制式电控喷射系统具有控制精度高、响应速度快、控制自由度大、可对各缸的喷油量和喷油定时分别进行调节等优点，喷油泵的机械结构得到了简化和强化，系统的机械和液力特性得到了改善，适用于高压喷射。该系统存在的主要不足是：喷射压力仍然和发动机转速紧密联系，低速时喷射压力低，喷射稳定性较差，喷油量难以实现更精确的控制；难以实现多次喷射，发动机的燃烧噪声没有得到明显的改善。

（3）时间-压力控制式电控燃油喷射系统（共轨系统）　这种系统不再应用传统柱塞脉动供油原理，而是在高压油泵和喷油器之间安装油压稳定装置（共轨），即先将燃油以高压状态储存在这个被称为共轨的容器中，然后通过精确控制共轨中的燃油压力和喷油脉宽，实现对喷油量的精确控制。由于喷油量的控制必须依赖于同时控制喷油压力和喷油时刻，因此这种方式称为时间-压力控制式。时间-压力控制式电控燃油喷射系统的典型结构是如图1-24所示的共轨系统。

该燃油喷射系统主要由燃油箱、滤清器、输油泵、高压油泵、共轨管、电控喷油器等组成，其控制系统由电控单元、传感器和执行器组成。传感器、执行器的种类及功能分别见表1-11、表1-12。高压油泵（柱塞泵或转子泵）把来自低压输油泵的燃油泵入共轨油道，通过设置在高压油泵上的电磁阀控制和调节共轨中的压力，然后通过精确控制安装在喷油器上的电磁阀的开闭实现燃油的高压喷射。

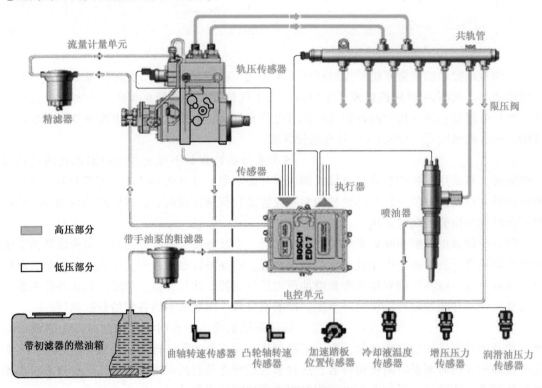

图1-24　高压共轨燃油喷射系统

共轨喷油系统所具有的显著特点如下：

1）喷油压力与发动机转速无确定关系，只取决于共轨管中按要求调整的压力，因而彻底解决了传统喷油泵高、低速时喷油压力差别过大、性能难以兼顾的固有矛盾。

表 1-11 传感器的种类及功能

种 类	功 能
曲轴位置传感器	精确计算曲轴位置,用于喷油时刻和喷油量计算、转速计算
凸轮轴位置传感器	气缸判别
进气温度传感器	测量进气温度,修正喷油量和喷油正时,过热保护
增压压力传感器	监测进气压力,调节喷油控制,与进气温度传感器集成在一起
润滑油压力和温度传感器	测量润滑油压力和温度,用于喷油的修正和发动机的保护
冷却液温度传感器	测量冷却液温度,用于冷起动、目标急速计算等,同时用于修正喷油提前角、最大功率保护等
共轨压力传感器	测量共轨管中的燃油压力,保证油压控制稳定
节气门位置传感器	将驾驶人的意图送给控制器 ECU
车速传感器	提供车速信号给 ECU,用于整车驱动控制,由整车提供
大气压力传感器	用于校正控制参数,集成在 ECU 中

表 1-12 执行器的种类及功能

种 类	功 能
燃油计量阀	控制高压油泵进油量,保持共轨压力满足指令需求
喷油器电磁阀	精确控制喷油提前角、喷油量
继电器	用于空调压缩机、排气制动和冷起动装置的控制
指示灯	故障指示、冷起动指示等
转速输出线	用于向仪表板转速表提供数据
CAN 总线	用于与整车动力总成、ABS、ASR、仪表、车身等系统的联合控制
K 线(ISO K-Line)	用于故障诊断和整车标定

2）从根本上解决了传统喷油泵脉动供油时输出的峰值转矩过大,凸轮轴瞬间转速变化太快,不能稳定控制小喷油量的矛盾。这对预喷射的实现至关重要。

3）可以实现更高的喷射压力,其喷射压力可比传统直列泵高出一倍,目前已达 220MPa。

4）可以实现多次喷射,有利于降低燃烧时的压力升高率,从而降低燃烧噪声和振动。

5）可以柔性调节喷油率、喷油定时和喷油量,从而改善发动机全工况范围内的综合性能。

6）其多次喷射能力为 NO_x 吸附还原式催化转化器和柴油机微粒捕集器等排气后处理系统的燃油后喷射提供了可能。

7）安装方便,不需要对发动机缸体进行大的改变即可取代原有的燃油喷射系统。

2. 对柴油机喷射系统的控制

（1）转速控制 采用电子调速器代替机械调速器。只要更换软件即可轻易变动其调速特征,也能轻易地在全程式或两极式之间转换,还能具有低速、急速恒速的特点与超速保护的功能。由于电子调速器中没有飞锤等零件,因而有很高的敏感性。急速电子控制还能实现温度补偿。

（2）对各种转速下最大喷油量的控制

1）转矩校正。通过电子装置可以方便地调整柴油机的转矩曲线,改变最大转矩值及最大转矩时的转速。

2）进气压力变动补偿。用压力传感器将进气管中的压力变化转换成电信号，输入电控系统后可以及时调节喷油外特性，当因海拔升高、空滤器阻塞或涡轮增压器转速低造成气缸压力低时，自动减少喷油量，避免柴油机排气冒黑烟，这些情况消除后喷油量又自动恢复，保持原有的输出水平。

3）进气温度、冷却液温度及润滑油温度补偿。当这些温度提高时，进气充量减少，为了减少柴油机排气冒黑烟或过热，电控系统收到这些信号后就会减少喷油量。在起动时，如果冷却液温度或油温低，则应增加喷油量。

4）增压柴油机进气流量补偿。通过转速传感器和涡轮增压器出口压力传感器测得的超速信号和压力信号估算出进入柴油机的空气量，根据该空气量的多少，电控系统实时调节喷油最大限制量。这样可以提高柴油机加速过程开始时不排气冒黑烟的转矩，改进柴油机的加速性能。

5）柴油机低油压保护。当润滑油压力过低时，电控系统将柴油机最高转速限制与最大喷油量限制都适当降低，保证在此工况下运转柴油机不出问题；当润滑油压力为零时，电控系统将喷油量减为零，柴油机停止运转。

6）增压器工作状态保护。增压器工作是否正常，可由增压器压力传感器检测出来。当增压压力 p_k 因增压器超速、中冷器压力太高或爆发压力过高而超过极限值时，电控系统便自动使喷油量减少；当增压压力 p_k 过低，造成空气不足，使排气温度过高时，增压压力传感器会检测出这种情况，通过电控系统使喷油量减少。

（3）喷油定时的电子控制　这种控制除了根据柴油机转速与负荷来确定喷油时刻外，还要根据柴油机的冷却液温度、大气压力和瞬时状态加以校正，使其性能比机械式自动提前器优越。

四、柴油机混合气的形成

柴油机所用的燃料是柴油。因为柴油不易蒸发，所以柴油机采用内部混合的方式形成可燃混合气，也就是借助喷油设备（喷油泵、喷油器）将燃油在接近压缩终点的时刻喷入气缸。柴油通过喷油器的高压喷射，分散成数以万计的细小油滴，其直径为 $1 \times 10^{-3} \sim 5 \times 10^{-3}$ mm。这些细小油滴在气缸中与高温高压的热空气混合，经过一系列物理化学准备，然后着火燃烧。混合与燃烧是重叠进行的，一边喷油、一边燃烧。为了保证柴油机良好的性能，燃烧必须在上止点附近迅速完成，不得延长。为此，要求喷油持续时间只有 $15° \sim 35°$ 曲轴转角，对转速为 1500r/min 的柴油机来说，也就是只有 $0.0017 \sim 0.004$ s。在这样极短时间内，如果不采取适当的措施来保证及时形成可以迅速燃烧的混合气，那么要获得良好的燃烧过程是不可能的。所以柴油机的混合气形成与燃烧是紧密联系的，混合气形成对燃烧过程有决定性的影响。在柴油机发展过程中，人们提出了各种不同的混合气形成方式，但基本上是如下两种形式。

1. 空间雾化混合

将燃料喷向燃烧室内，形成雾状混合物。为了使混合均匀，要求喷出的燃油与燃烧室形状相配合，并能充分利用燃烧室中空气的运动。

2. 油膜蒸发混合

将大部分燃油喷射到燃烧室壁面上，形成一层油膜，油膜受热汽化蒸发，在燃烧室中强烈的旋转气流作用下，燃料蒸气与空气形成均匀的可燃混合气。

在小型高速柴油机中，燃油或多或少会喷到燃烧室壁面上，所以这两种混合方式都兼而有之，只是多少、主次有所不同。目前，多数柴油机仍以空间雾化混合为主，球形燃烧室柴油机则以油膜蒸发混合为主。

五、运转因素对燃烧过程的影响

1. 燃料性质的影响

柴油是在 533~623K 的温度范围内由石油中提炼出的碳氢化合物，其中碳、氢、氧的质量分数分别为 87%、12.6%、0.4%。影响燃烧过程的主要指标是柴油的自燃性及蒸发性。

柴油机工作时，柴油被喷入燃烧室后，并非立即着火，而是要经过一段时间进行燃烧前的物理和化学准备。这个准备阶段称为着火落后期。若落后期过长，则在燃烧前燃烧室内积存的柴油过多，导致燃烧开始后气缸内压力升高过快，使曲柄连杆机构承受较大的冲击力，加速磨损，同时气缸内发出很响的敲击声，即发动机工作粗暴。发火性好的柴油的滞燃期短，可使柴油机工作柔和，且可在较低的温度下自燃，有利于起动。柴油的自燃性用十六烷值表示，十六烷值越高，自燃性越好；但十六烷值高的柴油，其凝点也高，因而其蒸发性差。故通常车用柴油的十六烷值应在 40~50 范围内。

蒸发性是由燃油的蒸馏试验确定的，需要测定的馏程是 50% 馏出温度、90% 馏出温度及 95% 馏出温度。同一相对蒸发量的馏出温度越低，表明柴油蒸发性越好，越有利于可燃混合气的形成和燃烧。应注意的是，不同燃烧室结构对柴油蒸发性要求不同。在采用预燃室或涡流室燃烧室结构的柴油机中可燃用重馏分柴油，而采用用直喷式燃烧室的柴油机要求燃用轻馏分柴油。

2. 负荷的影响

当负荷增加时，循环供油量增加（空气量基本不变），过量空气系数 α 减小，单位容积内混合气燃烧放出的热量增加，引起缸内温度上升，缩短了着火延迟期，使柴油机工作柔和。图 1-25 所示为负荷对着火延迟期的影响。但是，由于循环供油量加大以及喷油延续角增大，使总的燃烧过程延长，并且 α 减小，不完全燃烧现象增加，都会导致效率降低。负荷过大，α 值太小，因空气不能满足需要，燃烧恶化，排气冒黑烟，使柴油机的经济性进一步下降。

3. 转速的影响

转速增加，使空气的涡流运动加强，有利于燃油蒸发、雾化以及与空气的混合。但若转速过高，则会由于 η_v 的下降和循环供油量的增加，α 减小，且燃烧过程所占曲轴转角可能加大，而导致热效率下降；若转速过低，则会由于空气涡流减弱，使热效率降低。

4. 供油提前角的影响

供油提前角对发动机性能有很大影响。若增大供油提前角不适当，则燃料将被喷入压力和温度都不够高的压缩空气中，使着火延迟期延长，故 $\Delta p / \Delta \varphi$ 和 p_z 值上升，使柴油机工作粗暴，并且会使其怠速不良，也难于起动。此外，过大的供油提前角还会增加压缩负功，使油耗增加，

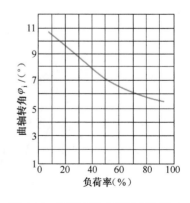

图 1-25　负荷对着火延迟期的影响

功率下降。如果供油提前角太小，则燃油不能在上止点附近迅速燃烧，补燃增加，此时虽然 $\Delta p/\Delta \varphi$ 和 p_z 值较低，但排气温度升高，冷却系统热损失增加，会使发动机热效率显著下降。

对于每一种工况，均有一个最佳供油提前角与其相匹配，此时功率最高耗油率最小（图 1-26），但往往噪声和污染较大。故选择柴油机供油提前角时须根据柴油机机型、转速、油耗、排污以及噪声等由大量试验确定，其大致范围是 15°~35° 曲轴转角。

六、柴油机性能特点以及在乘用车上的应用

1. 柴油机的性能特点

（1）动力强劲　在较低的发动机转速下即可达到较大的转矩输出，整车动力强劲，加速性好。

（2）经济性好　较低的油耗，较低的燃油价格。若将火花点火式发动机（汽油机）的燃油消耗定为 100%，则与之相比，直喷汽油机（FSI）的油耗降低 15%~20%；压燃发动机（IDI Diesel）的油耗降低 25%~30%；涡轮增压直喷柴油发动机（TDI）的油耗降低 40%~45%。

（3）利于环保　直喷柴油发动机的燃烧效率通常高于 40%，而汽油发动机仅为 30% 左右。柴油机的尾气排放对温室效应影响小。

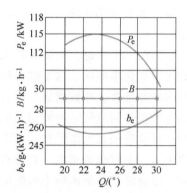

图 1-26　6120 型柴油机的供油提前角调整特性（$n = 2000\text{r/min}$）

2. TDI 柴油机在乘用车上的应用

TDI 柴油机（Turbocharged Direct-injection Diesel Engine）即涡轮增压直喷柴油发动机。TDI 柴油机的燃油被直接喷射到燃烧室内，其燃烧效率高达 43%（非直喷柴油发动机通常为 35%，而汽油发动机仅为 30%）。TDI 柴油机在较低的转速下就能提供最大的转矩，具有强劲的转矩输出特性和极好的储备功率，同时还具有优异的排放特性，通常其 CO_2 排放量与传统的柴油机相比低 15%，与汽油机相比低 30%。

（1）4 气门和涡旋进气系统　奥迪 TDI 柴油机的 4 气门和涡旋进气系统如图 1-27 所示。

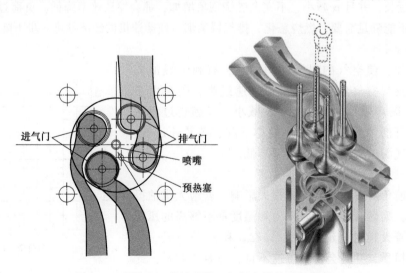

进气门　　排气门　　喷嘴　　预热塞

图 1-27　奥迪 TDI 柴油机的 4 气门和涡旋进气系统

这种系统将喷嘴中央布置并对称布置涡旋气道和大的气门进气截面，在保证充气效率的前提下合理组织了气体运动，加速了混合气的形成，提高了燃烧速度，保证了最佳的燃烧过程，使发动机具有较高的转矩和功率输出，以及较低的排放污染。

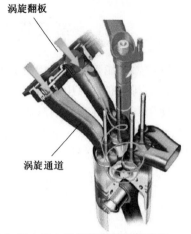

涡旋翻板

涡旋通道

（2）涡旋翻板　在涡旋进气系统的进气管上布置了涡旋翻板（图1-28）。涡旋翻板关闭，则在低负荷工况下强烈的涡旋作用可使燃烧室的燃烧更加充分，从而降低排放，增大转矩输出，提高车辆的加速性能。涡旋翻板半开，则形成涡流，使燃油混合更加充分。涡旋翻板完全打开，当进气道打开时，吸入的空气大量涌入，从而增加了发动机的功率，提高了车辆的高速行驶性能并降低了其排放。

图 1-28　进气管道的涡旋翻板

（3）部分奥迪 TDI 柴油机的转矩/功率特性曲线　如图 1-29 所示。

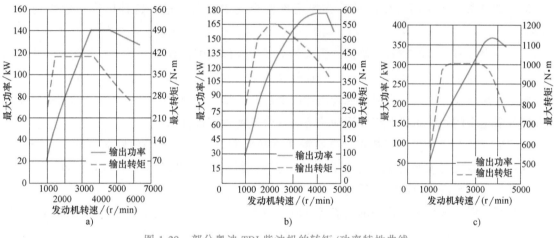

图 1-29　部分奥迪 TDI 柴油机的转矩/功率特性曲线

a）2.7L V6 TDI 柴油机（A6L 轿车）　b）3.0L V6 TDI 柴油机（Q7 轿车）　c）6.0L V12 TDI 柴油机（Q7 轿车）

思 考 题

1. 简述柴油机混合气形成的两个基本方式和特点。
2. 绘制柴油机燃烧过程的 p-φ 图，并简述各个时期的划分。
3. 简述着火延迟期 τ_i 对柴油机性能的影响。
4. 简述喷油规律对发动机性能的影响。
5. 引起柴油机工作粗暴和噪声的原因是什么？如何改善？
6. 如何选定最佳供油提前角？它对柴油机的动力性、经济性以及排污和噪声有何影响？
7. 简述柴油机燃烧室的分类及适用范围。
8. 直喷式燃烧室的特点有哪些？
9. TDI 柴油机的典型技术特点有哪些？TDI 柴油机有哪些性能优势？

第五节　汽油机混合气的形成与燃烧 ◄◄◄

缸内燃料能否完全燃烧决定了产生热量的多少和排出废气的成分，而燃烧持续时间关系到热量的利用和缸内压力的变化，所以，燃烧过程直接影响内燃机的动力性、经济性、排放以及使用寿命等。在影响燃烧过程的因素中，混合气形成质量和燃烧系统是两个重要因素。近几十年来，人们从以上两个方面出发，研究了汽油喷射混合气形成和各种新型燃烧系统，改善了汽油机的燃烧过程，使发动机性能得到很大的提高。

一、汽油机的燃烧过程及其对发动机性能的影响

1. 预混合燃烧的特点

汽油机的燃烧属于预混合燃烧方式，即预先形成的均质混合气通过火花点火形成火焰核心后，火焰核心顺序点燃周围的混合气，随着燃烧的进行和热量的释放，未燃混合气的温度和压力不断上升，燃烧逐渐加速，直到结束。可以看出，预混合燃烧方式的特点是火花点火和点火后形成的火焰在均质预混合气中向前推进，这种燃烧现象称为火焰传播。

正在进行着燃烧的球状火焰面称为火焰前锋面。以火焰前锋面为界面，其前方是未燃的混合气，后面是已经燃烧的气体。火焰前锋面在法线方向上相对于未燃混合气的移动速度称为火焰传播速度。因此，预混合燃烧的速度取决于火焰传播速度，即化学反应的速度。影响火焰传播速度的因素主要有气体运动状态、混合气浓度和温度。

（1）气体运动状态　可燃混合气在静止或层流状态下，其火焰前锋面很薄，参与燃烧的混合气少，此时火焰传播速度小于 1m/s，其传播速度主要取决于混合气浓度和温度。这种速度不能满足高速汽油机的需要。

当可燃混合气具有较强烈的紊流运动时，可大大地加快火焰传播速度。在实际的汽油机中，缸内气体非静止或层流状态，而是无序的、各种大小漩涡不断形成、发展和消失的紊流运动，火焰传播速度达 50~80m/s。这是因为：

1）紊流运动可使火焰前锋表面扭曲，甚至分隔成许多火焰中心，使火焰前锋燃烧区加厚（图 1-30），火焰传播速度加快。

2）紊流运动加速了火焰前锋面内的传热传质过程和化学反应速度，使火焰传播速度加快。

（2）混合气浓度　混合气成分不同，火焰传播速度也明显不同。图 1-31 中曲线所示为实验所得火焰传播速度与过量空气系数 a 的关系。可以看出，$a = 0.85 \sim 0.95$ 时，火焰传播速度最大，功率也最大，此混合比为功率混合比。$a = 1.03 \sim 1.1$ 时，火焰传播速度较大，氧气充足，燃烧充分，汽油机经济性最好，故此混合比为经济混合比。$a = 1.3 \sim 1.4$ 时，火焰前锋传播速度迅速降低，甚至不能传播，此混合比为火焰传播下限。$a = 0.4 \sim 0.5$ 时，混合气过浓，氧气太少，火焰不能传播，此混合比为火焰传播上限。

（3）混合气温度　混合气温度越高，火焰传播速度越快。

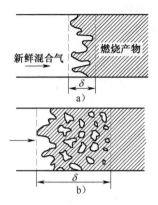

图 1-30　在不同紊流作用下的火焰前锋

a) 紊流较弱　b) 紊流强烈

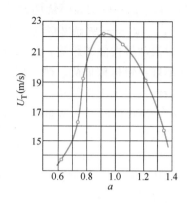

图 1-31　混合气成分对火焰传播的影响

2. 汽油机的燃烧过程及其对发动机性能的影响

用 $p\text{-}\varphi$ 图来描述汽油机燃烧过程及其对发动机性能的影响，如图 1-32 所示。一般将汽油机的燃烧过程分为 3 个阶段，即着火延迟期（Ⅰ）、明显燃烧期（Ⅱ）和后燃期（Ⅲ）。

（1）着火延迟期（图 1-32 中Ⅰ段）　着火延迟期是指从火花塞点火的 1 点到气缸压力线脱离压缩线（图 1-32 中虚线）而急剧上升的 2 点所对应的时期，其长短可用时间或曲轴转角来表示。一般汽油机的着火延迟期为 $10\sim20\text{℃A}$。火花塞跳火后，电火花的高能量使电极附近的混合气被点燃，形成火焰中心。在此阶段，气缸压力较压缩压力没有明显变化。

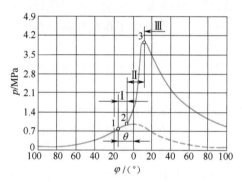

图 1-32　汽油机的燃烧过程

影响着火延迟期长短的因素有混合气成分（$a=0.8\sim0.9$ 时最短）、开始点火时气缸内气体的热力状态、缸内气体流动状态、火花能量、残余废气量等。可见，对于每一个循环，着火延迟期的长短都会有变动。为保证发动机性能应尽量缩短着火延迟期，并保持稳定。

对发动机性能的影响：着火延迟期的长短对汽油机性能的影响不大，这一点与柴油机不同。

（2）明显燃烧期（图 1-32 中Ⅱ段）　明显燃烧期是指从火焰核心（图 1-32 中 2 点）形成到出现最高爆发压力（图 1-32 中 3 点）为止的阶段。在此阶段，火焰前锋从火焰中心开始层层向未燃混合气体传播，烧遍整个燃烧室。由于绝大部分燃料在此阶段燃烧，此时活塞靠近上止点，因此压力升高很快，并达到最高燃烧压力 p_{max}。因此，用最高燃烧压力 p_{max} 及压力升高率 $\Delta p/\Delta\varphi$ 来评价燃烧速度。很明显，p_{max} 和 $\Delta p/\Delta\varphi$ 是与发动机性能密切相关的两个燃烧特性参数。

压力升高率 $\Delta p/\Delta\varphi$ 表征缸内压力变化的急剧程度。

$$\frac{\Delta p}{\Delta\varphi}=\frac{p_3-p_2}{\varphi_3-\varphi_2}$$

（1-13）

式中　p_3、p_2——明显燃烧期的终点和始点气体压力，单位为 MPa；

　　　φ_3、φ_2——明显燃烧期的终点和始点相对于上止点的曲轴转角，单位为°CA。

对发动机性能的影响：$\Delta p/\Delta\varphi$、p_{max} 越高，会使循环指示功增加，汽油机的动力性和经济性越好；但机械负荷、热负荷、NO_x 排放量、燃烧噪声会随之增加；另外，过大的压力升高率会使汽油机工作粗暴。

p_{max} 出现的时间非常重要，若出现过早，则混合气着火必然过早，引起压缩过程负功增加；若过晚，则循环热效率下降，同时散热损失上升。p_{max} 出现的位置可用点火提前角（图 1-32 中的 θ）来控制。若着火延迟期较长，则适当增大点火提前角，即提前点火，保证 2 点出现的位置相对稳定，由此使 p_{max} 对应的角度相对稳定。

明显燃烧期占 20~30°CA。一般汽油机的 $p_{max}\leqslant5.0$MPa，并且 p_{max} 出现在上止点后 12~15°CA；$\Delta p/\Delta\varphi=0.2~0.4$MPa/(°CA)。

（3）后燃期（图 1-32 中Ⅲ段）　后燃期指从最高压力出现点（图 1-32 中 3 点）到燃料基本上完全燃烧为止的阶段。在此阶段，参加燃烧的是火焰前锋扫过后未完全燃烧的燃料、壁面附近的未燃混合气以及高温分解的燃烧产物（CO、H_2）。

对发动机性能的影响：由于燃烧已远离上止点，燃烧放热量得不到充分利用，且会使排气温度升高，因此为了保证较高的循环指示功，提高发动机性能，此阶段越短越好。

3. 燃烧速度

燃烧速度是指在单位时间内所燃烧的混合气量，可以表达为

$$\mathrm{d}m/\mathrm{d}t=\rho_T v_T A_T \tag{1-14}$$

式中　ρ_T——未燃混合气密度；

　　　v_T——火焰传播速度；

　　　A_T——火焰前锋面积。

由式（1-14）可以看出，影响燃烧速度的因素除了火焰传播速度外，还有火焰前锋面积和未燃混合气密度。增加可燃混合气的密度，可提高燃烧速度，故增大压缩比和增加进气压力可以提高燃烧速度。在火焰传播过程中，火焰前锋扫过的面积和燃烧室的形状有紧密的关系，因此，设计合理的燃烧室形状可以调整燃烧速度，从而改善发动机的性能。

二、汽油机的不正常燃烧——爆燃

1. 爆燃的表现

爆燃是汽油机最主要的一种不正常燃烧方式，常在压缩比过高和大负荷时出现。爆燃发生时，缸内压力曲线出现高频大幅度波动（图 1-33），同时发动机会发出一种高频金属敲击声，因此也称爆燃为敲缸。

汽油机爆燃时出现的外部特征：发出金属敲击声；冷却液过热，气缸盖温度上升；轻微爆燃时，发动机功率略有增加；强烈爆燃时，发动机功率下降，油耗增加，排气冒黑烟并带有火星。

2. 爆燃产生的原因

在火焰传播过程中，处于最后燃烧位置上的未燃混合气（称为末端混合气）受到压缩和热辐射的作用，其压力和温度上升，燃前化学反应加速，如果这一反应过于迅速，则在火焰前锋尚未到之前，末端混合气已经开始自燃。由于这种着火方式类似柴油机，即多点同时着火，因此放热速率极快，使局部温度和压力陡增，产生压力冲击波，冲击波猛烈撞击缸

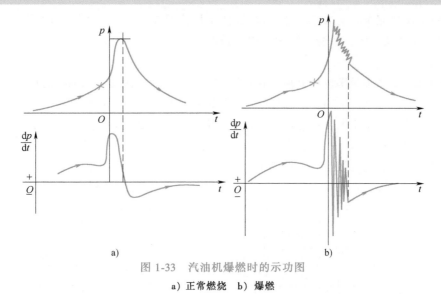

图 1-33　汽油机爆燃时的示功图

a）正常燃烧　b）爆燃

壁，发出尖锐的敲缸声。强烈爆燃时，火焰传播速度可达 800~1000m/s。

3. 爆燃的危害

爆燃发生时，由于冲击波反复撞击缸壁，破坏缸壁表面的附着气膜和油膜，使得传热增加，缸盖、活塞顶的温度升高，冷却系统过热，功率降低，油耗增加，甚至造成活塞、气门烧坏，轴瓦破裂等严重危害。

总之，爆燃会给汽油机带来极大危害，因此为防止爆燃，汽油机的压缩比一般不超过 11，这是汽油机热效率低于柴油机的主要原因。

4. 影响爆燃的因素

如果由火焰中心形成到火焰前锋传播到末端混合气为止所需的时间为 t_1，由火焰中心形成到末端混合气自燃所需时间为 t_2，则由于爆燃是在火焰前锋尚未到达时末端混合气发生自燃引起的，因而不发生爆燃的充分必要条件是 $t_1<t_2$。凡是使 t_1 减少和 t_2 增加的因素均可抑制爆燃倾向，反之，均可使爆燃倾向增加。

（1）缩短 t_1 的措施　提高火焰传播速度；燃烧室的形状紧凑、气缸直径不能过大，减小火焰传播距离。

（2）延长 t_2 的措施　采用辛烷值高的燃料，抗爆性好；采用导热性能好的材料，合理的燃烧室设计，冷却末端混合气；降低火焰传播速度，以降低燃烧室温度，从而降低末端混合气的受热程度，达到延迟 t_2 的目的。

从上可知，减少爆燃的最有使效方式是使用高辛烷值的汽油，适当减小点火提前角，优化燃烧室设计，减小压缩比。在提高汽油机性能的前提下不出现爆燃，实际中采用的主要措施是使用高辛烷值的汽油、适当增大压缩比、优化燃烧室设计、点火提前角爆燃控制相结合。

三、使用因素对燃烧过程的影响

1. 混合气浓度

在 $a=0.8~0.9$ 时，着火落后期最短，火焰传播速度最大，此时 p_{max}、$\Delta p/\Delta \varphi$、T_{max}、P_e 均达最大值，但爆燃倾向大，同时由于燃烧不完全，燃油消耗率 b_e 较高。在 $a=1.03~$

1.1 时，由于燃烧完全，b_e 最低，但此时缸内温度高且空气充足，因此 NO_x 排放量大。使用 $a<1$ 的浓混合气工作，燃烧不完全，CO 排放增多。

2. 点火提前角

在汽油机上，当保持节气门开度、转速和过量空气系数一定时，汽油机的有效功率、燃油消耗率等指标随着点火提前角改变而变化的关系称为点火提前角调整特性，如图 1-34 所示。对应于发动机的每一个工况，都存在一个最佳点火提前角与之相对应，此时，发动机的功率最大，燃油消耗率最低。这是因为若点火提前角过大，会引起压缩负功增大，使得功率减小，且爆发压力和末端混合气温度上升，爆燃倾向增加；若点火提前角过小，由于燃烧不及时，致使爆发压力和温度下降，传热损失增多，排气温度升高，功率和热效率降低，但爆燃倾向减小。

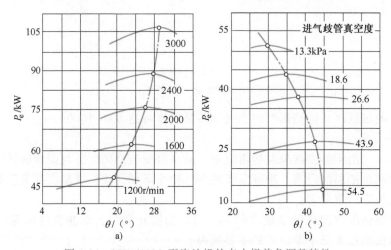

图 1-34　25Y-6100Q 型汽油机的点火提前角调整特性

a）节气门全开时　b）$n=1600r/min$

3. 转速

转速增加时，气缸紊流增强，火焰传播速度大体与转速成正比例增加，因而以秒计的燃烧过程缩短，但由于循环时间亦缩短，以曲轴转角计燃烧时间增加，因此随着转速的增加，最佳点火提前角相应增大（图 1-34）。转速增加，火焰传播速度增加，爆燃倾向减小。

4. 负荷

负荷减小时，节气门开度减小，进入气缸的新鲜混合气量减少，而残余废气量基本不变，残余废气系数增大，对混合气的稀释作用增强，使得着火延迟期延长，火焰传播速度减慢，燃烧恶化，因此 p_{max}、$\Delta p/\Delta \varphi$、T_{max} 均下降，相对散热损失增加，因而 b_e 增加。因此，随着负荷的减小，为了改善发动机的性能，要增大最佳点火提前角（图 1-34）。负荷减小时，由于残余废气的稀释作用增强，气缸内的温度、压力下降，故爆燃倾向减小。

电控汽油机根据点火时刻 MAP 图来精确控制点火提前角，基本保证在各转速、负荷下都有最佳点火提前角。

四、汽油机的混合气形成

1. 对混合气形成的基本要求

（1）形成均质混合气　尽管汽油本身具有良好的挥发性，但是由于发动机转速高，为了能在较短的时间内形成均匀的可燃混合气，在汽油机中仍然需要合适的燃油雾化方式、足够的雾化混合时间以及合理的气流运动。

（2）具有良好的响应特性　汽油机工况变化范围很宽，因此，混合气形成速度要能跟上工况变化的需要，即响应特性要好。

（3）适应不同工况对混合气浓度的要求　汽油机在大负荷时要求大功率，所以此时要能提供浓混合气；在中、低等负荷时，需考虑燃油经济性，因此要能提供稀混合气；起动和怠速工况时，由于吸气量少，流速小，发动机温度低，汽化条件差，残余废气对可燃混合气的稀释作用明显，因此，也要求提供浓混合气。但是，现在的电控汽油机为了满足排放要求，安装了三元催化转化器，为使转化效率达到最大，要求使用标准混合气，即 $\alpha = 1$，为此，$\alpha = 1$ 是现代汽油机部分负荷时最常用的混合气浓度。

2. 混合气的形成方式

汽油机混合气的形成方式主要有两类：一类是传统化油器式混合气形成方式，即利用化油器在气缸外部形成可燃混合气；一类是汽油喷射式混合气形成方式，即利用喷油器将燃油喷入进气管、进气道或气缸内形成混合气。目前，电控汽油喷射混合气形成方式已取代化油器式混合气形成方式。

电控燃油喷射按喷射位置的不同可分为缸内直喷（GDI）和进气道喷射，其中进气道喷射可分为单点喷射和多点喷射。

1）单点喷射是在节气门上方，利用一个喷油器集中喷射，燃料喷入后随空气流进入进气歧管内，然后分配到各个气缸。这种混合气形成方式在 20 世纪 90 年代末逐渐被多点喷射取代。

2）在多点喷射中，各缸喷油器通常是将燃料直接喷射到高温的进气门背面，以促进燃油蒸发。多点喷射具有空燃比控制精度高、过渡工况响应速度快等优点，是目前汽油机最广泛应用的混合气形成方式。

3）缸内直喷（GDI）汽油机采用类似于柴油机的供油技术，通过一个高压油泵提供 4～20MPa 的喷油压力，将汽油供给位于气缸内的电磁燃油喷嘴，然后通过 ECU 控制喷嘴将燃料在最恰当的时间直接注入燃烧室，形成混合气。由于缸内直喷混合气形成方式能够实现稀薄燃烧，提高燃油经济性，满足节能需要，因此，缸内直喷（GDI）是未来汽油机混合气形成的主流方式。

五、缸内直喷汽油机性能介绍

以降低汽油机的油耗和排放为目标，人们在混合气形成和燃烧方式上不断探索，目前，主要有两种新技术实用化：

① 缸内直喷混合气形成方式+分层稀薄燃烧，可以节油 20% 以上，动力提高 10% 左右。

② 缸内直喷混合气形成方式+均质当量比燃烧，节油 5%，动力提高 5% 左右。

1. 缸内直喷分层稀薄燃烧汽油机

（1）稀薄燃烧　当 $A/F > 14.8$ 时称为稀混合气，其燃烧称为稀薄燃烧。

1）均质稀薄燃烧。对于均质稀混合气，随着混合气变稀，油耗和排放均显著降低；但是若混合气继续变稀，着火和燃烧变得不稳定，油耗和排放开始上升；一般稳定燃烧界限可扩展至 $A/F = 17$。为此，为提高稀燃界限，人们提出分层给气稀薄燃烧方式。

2）分层给气稀薄燃烧。合理组织燃烧室内的混合气分布，以保证即使在平均$A/F > 20$的条件下在火花塞周围也能形成易于着火的浓混合气，而在周边区域是较稀的混合气或空气，在两者之间，为了有利于火焰传播，混合气从火花塞开始从浓到稀逐步过渡。这种分层燃烧的汽油机可稳定工作在$A/F = 20 \sim 25$的范围内，燃油消耗率降低13%左右，NO_x的排放量有显著降低。

3）缸内直喷分层给气稀薄燃烧。采用缸内直喷分层给气稀薄燃烧，可以进一步提高稀薄燃烧程度，降低油耗。目前，已商品化的缸内直喷分层稀薄汽油机可在$A/F \geqslant 25 \sim 50$的范围内稳定工作，燃油消耗率较传统汽油机可改善20%以上。

（2）缸内直喷分层稀薄混合气的形成　缸内直喷是将燃油直接喷入气缸，为了形成分层稀薄混合气，燃油在压缩后期喷入燃烧室，从喷油到点火的时间很短，同时缸内气体压力高，喷雾油滴的扩散和蒸发被限制在缸内局部区域，利用特殊形状的燃烧室内部形状或气体运动将燃料输送到火花塞附件，点火时燃烧室内可以形成火花塞附近浓而周围稀的分层混合气。

（3）缸内直喷分层稀燃汽油机的工作模式　如图1-35所示，在怠速和低负荷时，采用分层稀薄燃烧；在部分负荷时采用均质稀混合气；在中、高负荷时采用均质标准混合气，适应发动机不同工况对混合气浓度的需要，保证发动机性能。

（4）典型缸内直喷稀薄燃烧系统介绍

1）三菱公司GDI发动机。图1-36给出了三菱汽车公司于1996年在世界上最先商品化的GDI发动机的结构，主要设计参数见表1-13。该发动机采用立式进气道以保证高度的滚流及充气系数；滚流与单坡屋顶型的弯曲顶面活塞所形成的燃烧室配合，在火花塞周围形成浓混合气；使用旋流式广角度的喷油器，喷射压力为5.0MPa，保证喷油雾化质量。

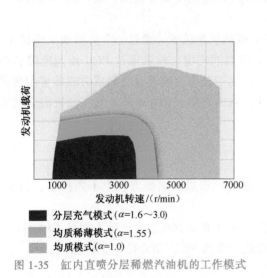

分层充气模式（$\alpha = 1.6 \sim 3.0$）
均质稀薄模式（$\alpha = 1.55$）
均质模式（$\alpha = 1.0$）

图1-35　缸内直喷分层稀燃汽油机的工作模式

立式进气管
高压燃料泵
高压旋流喷油器
弯曲顶面活塞

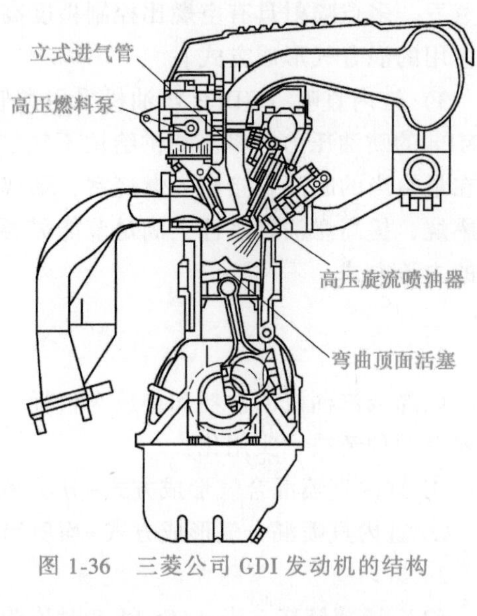

图1-36　三菱公司GDI发动机的结构

表1-13　三菱公司GDI发动机主要设计参数

型　　号	4G93 缸内直喷	4G93 传统型
缸径×冲程/mm	81.0×89.0	81.0×89.0

（续）

型　号		4G93 缸内直喷	4G93 传统型
总排气量/mL		1834	1834
气缸数		直列 4 气缸	直列 4 气缸
进、排气阀	形式	DOHC	DOHC
	阀数	吸气 2 阀,排气 2 阀	吸气 2 阀,排气 2 阀
压缩比		12.0	10.5
燃烧室		单坡屋顶型(弯曲顶面活塞)	单坡屋顶型
进气道		立式	普通方式
燃料供给方式		缸内直接喷射	进气道喷射
喷油压力/MPa		5.0	0.33

　　三菱汽车公司 GDI 发动机相对于传统的进气道喷油发动机，可以在 $A/F = 40$ 以上的稀燃条件下稳定工作，中小负荷时的油耗比标准混合气工作的进气道喷油发动机省油 35%。同时，在 $A/F = 40$ 的稀燃条件下，NO_x 的排放量可降低 60% 以上。由于采用稀燃方式并能保证燃烧安定性，急速时的稳定工作转速可由 750r/min 降低到 600r/min，急速省油 40%。

　　2）丰田 D-4 缸内直喷稀燃发动机。丰田公司在 1996 年开发成功并商品化的 D-4 缸内直喷稀燃发动机燃烧系统示意图如图 1-37 所示。通过安装在进气道上的电子涡流控制阀 E-SCV 可形成不同角度的斜向进气涡流。燃烧室为半球屋顶形，活塞顶部设有唇形凹坑，与进气涡流旋向以及喷油时间和喷油方向相配合，在火花塞周围形成较浓的易点燃混合气区域。为抑制扩散燃烧所形成的黑烟，采用高压（8~13MPa）旋流喷油器，可实现高度微粒化。为控制分层燃烧时 NO_x 的产生，采用了电控 EGR 系统。装有紧凑偶合三效催化器和吸附还原型稀燃主催化器。

　　在装用 D-4 发动机、质量为 1250kg 的自动变速器轿车上所做的日本 10.15 工况试验中，实现了 17.4km/L 的低燃油消耗率，比同排量的传统汽油机轿车省油 35%。

　　3）大众汽车公司的 FSI 发动机。大众汽车公司的 FSI（Fuel Stratified Injection）汽油机燃烧系统如图 1-38 所示，具有以下结构特点：

　　① 利用安装在进气歧管的翻板来改变缸内气体流动，优化混合气的形成过程，同时减小低负荷时的进气节流损失。发动机低速时关闭翻板（图 1-38a），将进气道流通截面下半部分遮挡，空气经进气道上半部分高速进入气缸，产生强滚流，到压缩行程末期形成强湍流，从而加快燃烧速度，提高热效率。中高转速时翻板完全打开（图 1-38b），进气道获得全部流通截面积，获得高的充气量来实现目标功率。

　　② 采用多孔式喷油器，喷油器布置在进气侧。

　　③ 燃烧系统的特点是采用双滚流混合气形成方式。低负荷时，可燃混合气仅在进气门一侧的滚流区形成；中负荷时，喷油可到达包括排气门在内的区域，混合气在两个滚流区都可生成。

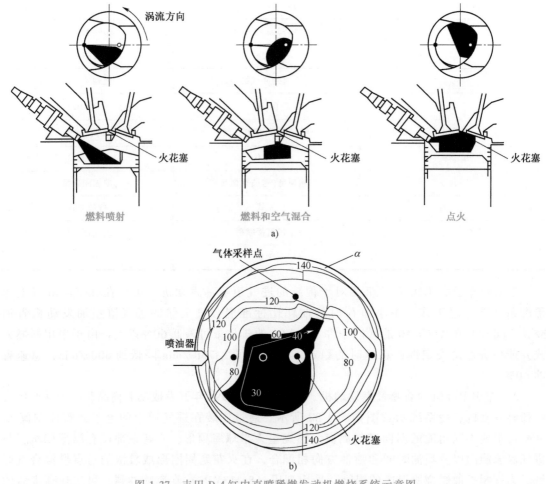

图 1-37 丰田 D-4 缸内直喷稀燃发动机燃烧系统示意图

a) 燃烧混合过程 b) 缸内混合气浓度分别

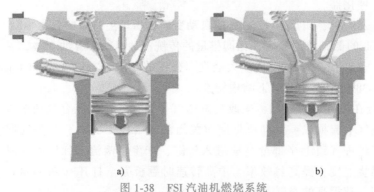

图 1-38 FSI 汽油机燃烧系统

　　大众公司的 FSI 汽油机工作模式分 3 种情况：分层稀燃模式、均质稀燃模式和均质燃烧模式，在不同的工况下采用不同的空燃比。

　　① 分层稀燃模式：过量空气系数 α 在 1.6~3 之间。在低负荷时，节气门接近全开，进气歧管翻板关闭，吸入的空气通过进气道上部进入气缸，在压缩行程上止点前 60CA 至

45℃A 用 5~10MPa 压力将燃油喷入燃烧室，特别的活塞顶设计使吸入的空气与喷入的燃油形成滚流，仅在火花塞周围形成达到理论空燃比的、足以燃烧的混合气，来引燃整个燃烧室内的混合气，而在燃烧室的其他区域则为富含空气的稀薄混合气，从而形成稀薄燃烧。

② 均质稀燃模式：过量空气系数 $\alpha = 1.55$。在转速低于 3750r/min 或发动机负荷低于 40% 时，进气歧管翻板关闭，节气门接近打开，在进气行程 60℃A 时将燃油喷入气缸，喷雾油滴在缸内经历了进气和压缩两个行程，点火时燃烧室内形成的是均匀稀混合气。

③ 均质燃烧模式：过量空气系数 $\alpha = 1$。在转速高于 3750r/min 或发动机负荷高于 40% 时，进气歧管翻板打开，节气门开度由加速踏板决定，在进气行程中将燃油喷入气缸，形成均质混合气。

（5）缸内直喷稀燃的优点及其存在的问题　GDI 分层稀燃最大的优点是可以大幅度降低发动机在低速低负荷时的油耗，其主要原因分析如下：

1）燃油在缸内汽化吸热，降低缸内温度，使高负荷爆燃倾向减小，压缩比可适当增大（一般可由 10 增大到 12），由此使燃油消耗率改善 5%。

2）部分负荷时由于取消节气门节流，可减小泵气损失 15%。

3）压缩比提高可使燃烧放热速率提高，燃油消耗率改善 2%~3%，而怠速时改善 10% 以上。

GDI 分层稀燃存在的问题有：

① 无法使用传统的三元催化转化器，而稀燃催化剂的开发尚不成熟，因而 NO_x 排放量增加。

② 中、小负荷下，有时组织不好会使未燃 HC 排放较多。

③ 在低负荷、过渡工况和冷起动的情况下，GDI 发动机的微粒排放量比进气道喷射发动机有明显的增加。

2. 缸内直喷均质当量比燃烧汽油机

鉴于缸内直喷稀薄燃烧存在难以解决的排放问题，缸内直喷均质当量比燃烧方式的汽油机应用越来越多。采用这种方式的汽油机在所有工况下，燃油都是在进气过程中喷入气缸，由于喷雾油滴在缸内经历进气和压缩两个行程，点火时燃烧室内形成的是均质混合气，并保持其过量空气系数 $\alpha = 1$，以满足三元催化转化器的要求。

这种燃烧方式同样由于燃油在缸内汽化吸热，因此降低了缸内温度，使高负荷爆燃倾向减小，压缩比适当提高 1~2 个单位，由此使燃油消耗率改善 5%~10%。同时，由于使用的是标准混合气，因此与进气道喷射汽油机一样，能满足严格的排放法规，而不需做出特别的改进。

目前，在国内广泛应用缸内直喷均质当量比燃烧方式的汽油机主要是大众的 TSI 发动机，及应用了涡轮增压和缸内直喷技术的各种排量的发动机。

六、混合气形成方式和燃烧室对汽油机性能的影响

燃烧过程直接影响汽油机的动力性、经济性、排放、噪声振动以及使用寿命，而影响燃烧过程的主要因素是燃烧室的结构特点、燃油供给系统的特点，所以应围绕燃烧过程的影响因素，对燃烧室性能和混合气形成方式进行分析，从而对发动机性能进行初步的评价。

1. 混合气形成方式

与进气道喷射相比，缸内直喷具有空燃比控制更精确、响应速度快的优点，同时可以燃用更稀薄的混合气，由此带来的优势是进气道喷射不能比的。因此，缸内直喷是未来汽油机混合气形成的主流方式。

2. 燃烧室

根据燃烧室设计要求，对典型燃烧室的性能进行分析，从而评价发动机的性能；另外，根据是否适合组织稀薄燃烧来评价燃烧室结构的技术先进性。

思 考 题

1. 说明汽油机燃烧过程各阶段的主要特点，以及对它们的要求。

2. 爆燃燃烧产生的原因是什么？它会带来什么不良后果？目前发动机上主要采用什么措施避免出现爆燃？

3. 汽油机几种典型燃烧室的优、缺点及使用场合有哪些？

4. GDI 分层稀燃和 GDI 均质燃烧各有什么特点？目前国内汽油机主要采用哪种方式？哪些轿车将这种汽油机作为动力输出源？

第六节　汽车发动机特性的分析与评价　<<<

在汽车行驶过程中，由于车速和行驶阻力的不断变化，发动机的转速和负荷也在相应地变化，以满足汽车不同工况的需要；另外，随着转速和负荷的改变，发动机的工作过程也会发生变化。因此，发动机在不同使用条件下具有不同的特性。评价和选用发动机时必须全面考察其在各种工况下的性能，这样才能判断该发动机是否能满足汽车不同工况的要求。

一、发动机的工况和特性

1. 工况

发动机的运行情况简称工况。工况用功率 P_e（负荷）和转速 n 来表示。发动机在一定的负荷和转速下运转就形成了发动机的一个运行工况。此时，发动机的输出功率、转速应该与发动机所带动的工作机械要求的功率、转速相适应。发动机在运行过程中，若转速和输出功率保持不变，则发动机的运行工况为稳定工况；若转速或负荷随时间在发生变化，则该运行工况为动态工况，如汽车起步、加减速时发动机就在动态工况下运行。

由式 $P_e = \dfrac{p_{me} V_s i n}{30\tau} \times 10^{-3} = \dfrac{\pi n T_{tq}}{30} \times 10^{-3}$ 可知，发动机在转速保持不变的条件下运行时，其输出功率 P_e 和平均有效压力 p_{me}、输出转矩 T_{tq} 成正比，也与汽油机的节气门开度、柴油机的油量调节拉杆位置和循环供油量有确定的单值比例关系。所以，发动机的负荷既可以用输出功率 P_e 表示，也可以用上述参数来表示。

2. 发动机的工况类型

以功率和转速为坐标构成的平面代表了发动机运行的所有工况。但是，发动机实际工作的区域与其所配套的机械装置有关，其工况变化规律取决于其驱动的工作机械的工作情况。根据发动机配套机械装置运行的特点，发动机实际工作区域分为以下 3 种类型。

（1）点工况　点工况是指发动机只在某一个固定工况点下工作，如图 1-39 所示的点①。水库抽水用发动机可以认为是按点工况运行。

（2）线工况　线工况是指发动机只在某一个确定的线段上工作，有两种常见情况：一种是发动机运行在转速近似保持不变而功率改变的调速线上，如图 1-39 所示的曲线②，如发电机组等固定作业机组，为了保证频率的稳定性，发动机转速要尽可能保持不变，功率则随发电机负荷大小而发生变化，可由零变到最大；一种是带动螺旋桨工作的船用主机，发动机输出功率和转速成三次方关系，即 $P_e = kn^3$，如图 1-39 中曲线③所示的螺旋桨运行工况。

（3）面工况　发动机的转速和功率都独立地在很大范围内变化，发动机实际工作区域为某一确定面积。各种陆上运输车辆（如汽车）行驶时，由于车速与行驶阻力不断变化，则发动机的转速和负荷相应变化，发动机的运行工况范围很广，属于面工况运行，如图 1-39 中的阴影面积表示。阴影面的各条界限含义如下：

1）上限曲线 a 是发动机在各种转速下所能输出的最大功率，到标定点 A 为止。

2）右侧曲线 b 是发动机各种负荷条件下的最高转速限制线。

3）左侧曲线 c 是发动机最低稳定工作转速。

4）横坐标上的曲线 d 是各种加速踏板位置下的空转怠速线。此时，发动机输出有效功率为零，发动机的指示功率和机械损失功率相平衡。

5）曲线 e 是汽车挂档下坡制动时倒拖发动机所需要的功率。曲线 e 不属于发动机的正常工作范围。

汽车发动机运行工况范围宽广，常常选用几个典型工况点的性能指标来近似反映发动机全工况的情况。常用典型工况点为图 1-39 所示的标定工况点 A、最大转矩工况点 B、最低稳定怠速工况点 C、最高空转工况点 D。汽车发动机铭牌和说明书上一般标出的就是上述典型工况点的指标。

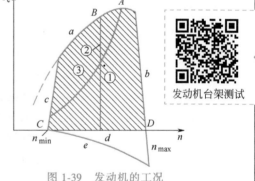

发动机台架测试

图 1-39　发动机的工况

3. 发动机的功率标定

发动机铭牌上规定的最大输出功率 P_{emax} 及其对应转速 n 所确定的工况称为标定工况或额定工况。标定工况并不是发动机所能达到的极限最大功率点，而是根据发动机用途、使用特点，综合考虑各种性能要求和使用寿命后，人为规定的一个限制使用的最大功率点。

同一台发动机用于配套不同工作机械时，其标定功率是不一样的。在标定功率下使用的时间越长，标定功率应越小。

4. 发动机的特性

在一定条件下，发动机的性能指标随调整参数及工况参数而变化的关系称为发动机特性。其中，随着调整参数变化而变化的称为调整特性，如汽油机点火提前角调整特性、柴油机供油提前角调整特性等；随着工况参数（负荷和转速）变化而变化的称为性能特性。发动机性能特性主要有 3 种基本类型：

1）转速不变，性能指标随负荷变化而变化的负荷特性。

2）节气门或油量调节拉杆位置不变，性能指标随转速变化而变化的速度特性。

3）性能指标随转速和负荷变化而变化的万有特性。

发动机性能特性常用曲线表示，称为特性曲线。发动机特性曲线是综合评价发动机动力性和经济性的主要依据之一。通过这些特性曲线可以直观地判断发动机的经济工作区域以及输出动力的大小，同时可以判断发动机和汽车底盘配套的合理性；此外，通过对特性曲线的形状及影响因素的分析，可以指出改善特性曲线的方向，以进一步提高发动机的性能来满足汽车使用的要求。

发动机的动力性和经济性指标通常用平均有效压力 p_{me}、有效转矩 T_{tq}、有效功率 P_e 和有效燃油消耗率 b_e、每小时耗油量 B 表示。这些指标与发动机工作过程参数的关系见下列各式：

$$p_{me} = k \frac{\eta_\nu}{\alpha} \eta_i \eta_m \tag{1-15}$$

$$P_e = k_1 \frac{\eta_\nu}{\alpha} \eta_i \eta_m n \tag{1-16}$$

$$T_{tq} = k_2 \frac{\eta_\nu}{\alpha} \eta_i \eta_m \tag{1-17}$$

$$b_e = k_3 \frac{1}{\eta_i \eta_m} \tag{1-18}$$

$$B = k_4 \frac{\eta_\nu}{\alpha} n \tag{1-19}$$

式中　k、k_1、k_2、k_3、k_4——常数；

η_ν——充气系数；

η_i——指示热效率；

η_m——机械效率；

α——过量空气系数；

n——发动机转速。

对于柴油机，可以用式（1-20）～式（1-22）对其 P_e、T_{tq}、B 进行分析。

$$P_e = k_5 \Delta b \eta_i \eta_m n \tag{1-20}$$

$$T_{tq} = k_6 \Delta b \eta_i \eta_m \tag{1-21}$$

$$B = k_7 \Delta b n \tag{1-22}$$

二、发动机的负荷特性

在发动机转速保持不变时，其性能指标随负荷变化而变化的关系称为负荷特性，以曲线表示，称为负荷特性曲线。汽车在阻力变化的路面上保持等速行驶时，可认为发动机按负荷特性运行。此时，必须通过改变发动机节气门（油门）开度来调整有效转矩的输出，以适应外界阻力的变化，保持发动机转速不变，从而保持汽车行驶速度不变。

负荷特性曲线的横坐标为负荷，纵坐标主要是有效燃料消耗率 b_e、每小时耗油量 B，因此，负荷特性曲线一般主要用来分析发动机的燃油经济性。另外，根据需要还可以绘出排气温度、噪声、排放等的负荷特性曲线。

1. 汽油机的负荷特性

（1）定义　当汽油机的转速保持不变而逐渐改变节气门开度时，有效燃料消耗率 b_e、每小时耗油量 B 随功率 P_e（或转矩 T_{tq}、平均有效压力 p_{me}）变化而变化的关系称为汽油机的负荷特性。

在测取汽油机的负荷特性时，除保持转速不变外，各工况均要调整到各自的最佳点火提前角和理想过量空气系数，同时按规定保持冷却液温度、油温、油压等参数在合理的范围内。

（2）特性曲线形状分析　由式（1-18）可知，b_e 只取决于 η_i、η_m 的变化规律。由式（1-19）可知，B 和 η_ν、α 的变化有关。

1）指示热效率 η_i 总体上随负荷增大而变大，在高、低负荷两端均呈下降趋势（图1-40）。这是因为在中、小负荷工况下，随着节气门开度的增大，缸内循环进气量增加而使残余废气量相对减少，从而使燃烧速度加快；加上随负荷增大，过量空气系数变大，使燃烧完全；同时随着负荷的增大，温度上升，燃料汽化条件得到改善，以及传热损失减少，均使指示热效率 η_i 逐渐增大。在大负荷工况下（节气门开度大于 85%），由于大功率的要求，过量空气系数逐渐减小到 $0.85 \sim 0.95$，混合气过浓而导致燃烧不完全，致使指示热效率 η_i 减小。

2）由式 $\eta_m = 1 - \dfrac{P_m}{P_m + P_e}$ 可知，发动机空转时有效功率 $P_e = 0$，$\eta_m = 0$；转速不变时，机械损失 P_m 变化不大，机械效率 η_m 随负荷（有效功率 P_e）的增大而增大（图1-40）。

3）按照理论混合气的要求，在息速、低负荷工况时供给过量空气系数 $\alpha = 0.6 \sim 0.9$ 的浓混合气；随着负荷增大，供给的混合气逐渐变稀，中负荷工况时供给 $\alpha = 1.05 \sim 1.10$ 的经济混合气；大负荷工况时混合气变浓，供给 $\alpha = 0.85 \sim 0.95$ 的功率混合气。对于安装氧传感器和三元催化转化器的电控汽油机，则要求大部分负荷都要供给 $\alpha = 1$ 的标准混合气。

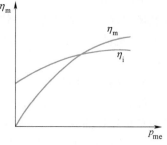

图 1-40　汽油机 η_i、η_m 随负荷的变化

4）转速不变，随着节气门开度增大，进气流动阻力减小，充气效率 η_ν 大致成正比增大。

综合过程参数 η_i、η_m、η_ν、α 随负荷变化的规律，可以得知汽油机的负荷特性曲线（图1-41）具有以下特点：

1）空转时 b_e 无穷大（由于 $\eta_m = 0$），之后随着负荷增大而快速下降（由于 η_i 和 η_m 上升），直到 80% $\sim$ 85% 负荷时达到最小值，此后随着负荷继续增大，由于混合气变浓而有所回升。

2）每小时耗油量 B 正比于 $\dfrac{\eta_\nu}{\alpha}$，由于受过量空气系数 α 的影响而呈凹升的趋势，在大负荷工况下由于混合气的加浓，使得 B 迅速增加。

2. 柴油机负荷特性

（1）定义　当柴油机转速保持不变而移动喷油泵供油拉杆或齿条改变循环供油量 Δb 时，有效燃料消耗率 b_e、每小时耗油量 B 随功率 P_e（或转矩 T_{tq}、平均有效压力 p_{me}）变化而变化的关系称为柴油机的负荷特性。

在测取柴油机的负荷特性时，除保持转速不变外，各工况的供油提前角都要调整到最佳值，且冷却液温度、油温、油压等参数均应保持正常。

（2）特性曲线形状分析　由式（1-18）可知，b_e 取决于 η_i、η_m 的变化规律。由式（1-22）可知，B 只与 Δb 的变化有关。

1）随着负荷增加，Δb 在不断增大，混合气在逐渐变浓，超过一定负荷后，会引起燃烧完全程度下降，η_i 也随之下降；负荷过大时，混合气加浓到一定程度后混合更加不充分、不完全燃烧加剧，η_i 下降速度加快（图 1-42）。

2）机械效率 η_m 的变化趋势及原因与汽油机相同（图1-42）。

3）循环供油量 Δb 随着负荷增大近似呈线性增加。

综合 η_i、η_m 和 Δb 随负荷变化的规律，可以得知柴油机的负荷特性曲线（图1-43）具有以下特点：

1）有效燃油消耗率 b_e 特性曲线从总的变化趋势来看，与汽油机有相似之处，但是由于 η_i 和 η_m 变化趋势正好相反，所以柴油机的 b_e 曲线变化较平缓，在中等负荷区域有较宽阔的平缓段，直到 80%～90% 负荷时达到最低值。此后，随着负荷继续增加，由于燃烧恶化而上升。另外，若继续增大循环供油量 Δb，则随着燃烧恶化，b_e 继续上升到点 2 时，排烟将达到国家法规的烟度限值，此点称为炭烟极限。非增压高速柴油机使用中的最大功率受法规的烟度限值限制。发动机的标定功率应定在最低有效燃油消耗率点和炭烟极限点之间。再增大供油量，燃烧更加恶化，b_e 持续上升，到极限功率值点 3。

2）由于 Δb 的曲线与负荷基本呈线性关系，所以曲线 B 的大部分区段近似呈线性变化，但大负荷后由于燃烧恶化，曲线 B 上升得更快。

3. 负荷特性的评价

1）同一转速下的最低油耗率 b_{emin} 越小，曲线变化越平坦，燃油经济性越好。

2）发动机要尽可能经常在最经济的 80%～90% 负荷率区域工作，以改善发动机的燃油

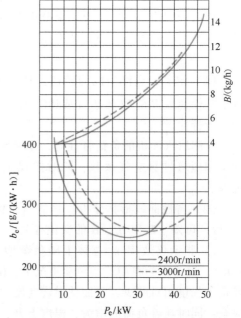

图 1-41　N489 型汽油机的负荷特性

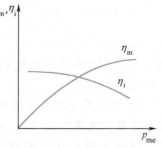

图 1-42　柴油机 η_i、η_m
随负荷的变化

经济性。

3）汽油机的 b_e 比同负荷的柴油机要高。

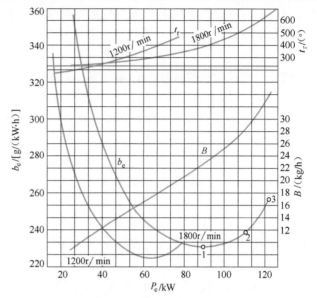

图 1-43 6135Q 柴油机负荷特性

三、发动机的速度特性

若汽油机保持节气门开度不变或柴油机保持供油拉杆位置不变，发动机性能指标随转速变化的关系称为发动机的速度特性。每一个节气门开度或供油拉杆位置对应一条速度特性曲线。节气门或供油拉杆固定于标定工况位置时对应的速度特性曲线称为全负荷速度特性曲线，又称为外特性曲线；低于标定工况位置时对应的速度特性曲线称为部分负荷速度特性曲线。外特性曲线决定了发动机各转速下对应的最大功率和最大转矩，所以外特性曲线代表了发动机的最佳动力性。

外特性曲线因试验条件的不同而分为两种：

1）发动机仅安装维持运转所必需的附件（试验时不安装风扇、空滤器以及消声器等）时输出的校正有效功率称为总功率。

2）试验时发动机安装全套附件时输出的校正有效功率称为净功率或使用外特性曲线。

速度特性曲线的横坐标为转速，纵坐标主要是动力性指标（有效转矩 T_{tq}、有效功率 P_e）和经济性指标（有效燃料消耗率 b_e）。另外，根据需要可以绘出排气温度、噪声、尾气排放等的速度特性曲线。

1. 汽油机的速度特性

在测取汽油机的速度特性时，除了保持节气门开度不变外，点火提前角、过量空气系数要按理想值调整，并保持冷却液温度、油温、油压等在正常工作范围。

由式（1-16）～式（1-18）知，有效转矩 T_{tq}、有效功率 P_e、有效燃料消耗率 b_e 取决于 η_i、η_m、η_v、α 随转速的变化。η_i、η_m、η_v、α 随转速的变化规律如图 1-44 所示。

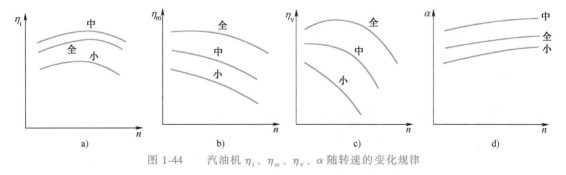

图 1-44 汽油机 η_i、η_m、η_v、α 随转速的变化规律

（1）指示热效率 η_i 指示热效率曲线具有中间平坦、两头略低的特点。这是因为当转

速低时，缸内气流扰动减弱，火焰传播速度减慢，同时在低转速时，气缸漏气及热损失增大，导致 η_i 低。高转速时，燃烧所占曲轴转角增大，等容度减小，η_i 降低。

（2）充气效率 η_v　在某一中间转速时 η_v 有最大值，此时是利用惯性进气的最好时机，当转速低于或高于此转速时，η_v 都下降。随着节气门开度的减小，进气节流损失增大，引起 η_v 降低；且随着转速的提高，η_v 下降的速度加快。

（3）过量空气系数 α　在节气门开度一定时，α 值基本不随转速变化而变化。

（4）机械效率 η_m　随着转速提高，因机械损失功增大而使 η_m 降低。在小负荷、节气门开度较小时，除了整体上因节气门开度减小而使 η_m 降低外，也因 η_v 随转速上升而急剧下降，致使同转速下的负荷降低得更快，从而使曲线变陡。

综合 η_i、η_m、η_v、α 的变化规律，可以得知汽油机的速度特性曲线（图1-45）具有以下特点：

1）有效转矩 T_{tq} 曲线主要受 η_v、η_m 的影响，在某一转速有最大值，此后随着转速的上升，由于 η_i、η_m、η_v 均下降，致使 T_{tq} 曲线快速下降。部分负荷速度特性 T_{tq} 曲线由于 η_v 的影响，节气门开度越小，T_{tq} 随转速增加而下降得越快，且最大转矩点都向低转速方向移动。

2）由 $P_e = T_{tq} \cdot n / 9550$ 可知，有效功率 P_e 曲线先随转速升高而增大，直到转矩达到最大值以后，P_e 上升变得较平缓；到一定转速时 $T_{tq} \cdot n$ 达到最大值，P_e 达到最大值；此后转速再增加，已抵不过 T_{tq} 的下降，故 P_e 开始下降。节气门开度减小时，各自的最大功率点都向低转速方向移动。

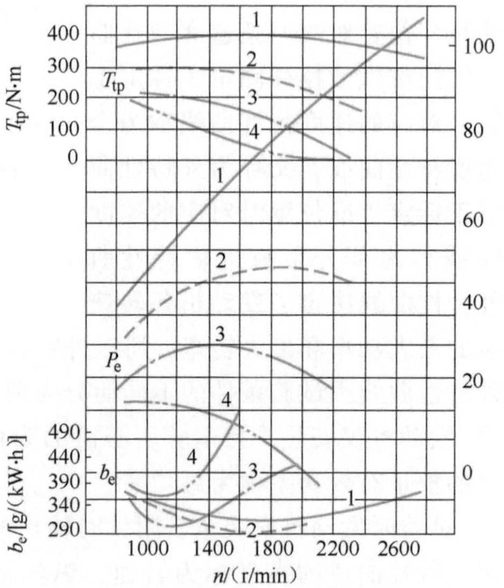

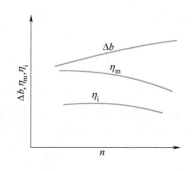

图1-45　25Y-6100型汽油机的速度特性曲线
1—全负荷　2—75%负荷　3—50%负荷　4—25%负荷

3）综合 η_i、η_m 的变化，有效燃油消耗率 b_e 在中间某一转速时最低。当转速高于此转速时，η_i、η_m 随转速上升同时下降，b_e 增加。当转速低于此转速时，η_i 上升弥补不了 η_m 的下降，b_e 也上升。节气门开度越小，b_e 曲线的弯曲度越大。

2. 柴油机的速度特性

在测取柴油机的速度特性时，除了保持油量调节拉杆位置不变外，供油提前角要调整到最佳状态，冷却液温度、油温、油压要保持在正常工作范围。

由式（1-20）、式（1-21）和式（1-18）可知，有效转矩 T_{tq}、有效功率 P_e、有效燃料消耗率 b_e 取决于 Δb、η_i、η_m 随转速的变化。Δb、η_i、η_m 随转速的变化规律如图1-46所示。

1）循环供油量 Δb 随转速的上升而增加。

2）指示热效率 η_i 曲线呈中间略凸、两头低的形状。

图1-46　Δb、η_i、η_m 随转速的变化规律

这是由于低速时，燃油喷射压力低、缸内气体流动减弱对混合气及燃烧不利，再加上传热损失增加等因素的影响，使 η_i 下降。高速时，由于循环供油量 Δb 的增加、充气效率降低致使混合气变浓，燃烧恶化，以及喷油持续角增大而导致燃烧效率降低，都使 η_i 下降。

3）机械效率 η_m 随转速的升高而减小。

综合 η_i、η_m、Δb 的变化规律，可以得知柴油机的速度特性曲线（图1-47）具有以下特点：

1）由于 Δb 和 η_i 的变化趋势相反，η_i 曲线呈中间略凸、两头低的形状，使得有效转矩 T_{tq} 曲线低速有上升趋势、高速均略为下降，总体上变化较平坦。随着油量调节拉杆调节量的减小，Δb 减小，但 Δb 随转速的变化趋势基本相似，因此，部分负荷速度特性 T_{tq} 的变化基本与外特性上的 T_{tq} 平行。

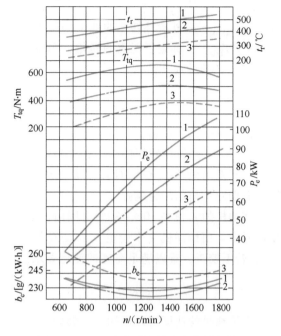

图 1-47 6135 型柴油机的速度特性曲线

2）由于 T_{tq} 曲线变化较平坦，故 P_e 曲线变化取决于转速，随转速升高而成正比例增加。

3）有效燃油消耗率 b_e 曲线在某一转速时最低，但是整体曲线变化不大。

3. 汽油机、柴油机速度特性的区别

1）汽油机的 T_{tq} 曲线随转速上升而下降得较快，特别是小负荷时下降更快；柴油机的 T_{tq} 曲线总体上变化平坦。

2）汽油机外特性上的 P_e 曲线存在最大值点，一般将标定功率点设在 P_e 最大值点附近；柴油机达到 P_e 最大值点所对应的转速很高，所以其标定功率点并非为外特性曲线 P_e 的极值点。

3）柴油机的 b_e 曲线较汽油机的平坦。

4. 速度特性的评价

外特性曲线代表了发动机的最佳动力性，标定功率的大小及其对应转速的高低是发动机最佳动力性的评价标准之一，而更为关键的是外特性曲线上的转矩输出。对于汽车发动机而言，一般要求低转速段的转矩要高一些，这不仅有利于汽车加速和爬坡能力的提高，而且在碰到短距离阻力过大时，有可能在不换档的条件下，利用低速时的较大转矩和整车运动件的动能使发动机不歇火，有利于提高汽车的工作效率。对于这种能力用以下两个指标来评价。

（1）转矩储备系数 μ 和转矩适应性系数 K

$$\mu = \frac{T_{tqmax} - T_{tqb}}{T_{tqb}} \times 100\% \tag{1-23}$$

$$K = \frac{T_{tqmax}}{T_{tqb}} \tag{1-24}$$

式中　T_{tqmax}——外特性转矩曲线上的最大转矩，单位为 N·m；

　　　T_{tqb}——标定工况点的转矩，单位为 N·m。

（2）转速适应系数 K_n

$$K_n = \frac{n_b}{n_{tq}} \tag{1-25}$$

式中　n_b——标定转速；

　　　n_{tq}——外特性转矩曲线上最大转矩点对应的转速。

汽车发动机的 K_n 越大且 μ 或 K 值也越大时，汽车在不换档的情况下，其爬坡能力以及克服短期超负荷的能力越强。

汽油机的 μ 值在 10%～30% 范围内，K 值在 1.2～1.4，$K_n = 1.6～2.5$，可以满足汽车的使用要求；而柴油机（未校正）的 μ 值在 5%～10% 范围内，K 值只有 1.05 左右，$K_n = 1.4～2.0$，若不校正，难以满足车辆的使用要求。

四、柴油机的调速特性

由柴油机的速度特性可知，其转矩曲线变化平坦，当外界阻力发生变化时，其自动保持稳定工作的能力较弱，转速变化较大。对于车用发动机，如果驾驶人未能及时通过加速踏板控制油量调节拉杆随负荷变化而改变供油量，那么，可能会在高速时因转速过高而出现"飞车"现象或怠速时因转速过低而出现熄火。

因此，为了保证发动机怠速稳定和高速不飞车，在柴油机上必须安装调速器，使加速踏板位置不变且随负荷变化能自动调节油量调节拉杆而改变供油量，从而使柴油机稳定工作时转速保持在极小的变化范围内。

在加速踏板位置保持不变而调速器起作用时，柴油机性能指标（主要指 T_{tq}）随转速变化的关系称为调速特性。根据调速范围的不同，调速特性分为全程式调速特性和两极式调速特性。

（1）全程式调速特性　调速器在发动机处于任何工况下均能起到调速作用，此时的调速特性为全程式调速特性，相应的调速器为全程式调速器。工程机械、拖拉机上安装有全程式调速器，重型载货汽车的柴油机常用全程式调速器。

图 1-48 所示为 6120 柴油机的调速特性。每一个加速踏板位置所对应的曲线都由调速特性曲线（1、2、3、4 曲线）和部分外特性曲线组成。当加速踏板保持在某一位置不动时，在调速段（如曲线 2）上，调速器随着负荷的变化自动调节供油量而转速并没有太大变化；随着负荷增大直到油量调节拉杆被调速器拉到最大供油量位置，柴油机按外特性曲线运行。

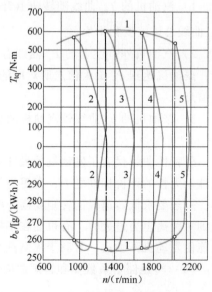

图 1-48　6120 柴油机的调速特性

1—外特性　2~5—调速特性

对全程式调速器而言，加速踏板可以处在怠速和标定转速之间任一位置，每一位置对应一个调速转速，所以全程式调速特性理论上可以有无数条调速段。

（2）两极式调速特性　大多数中、小型车用柴油机安装有两极式调速器，此调速器只在最低转速和最高转速时起作用，以避免高速"飞车"和怠速熄火，而在中间转速时则由驾驶人直接控制供油量。安装两极式调速器的柴油机的调速特性如图 1-49 所示。

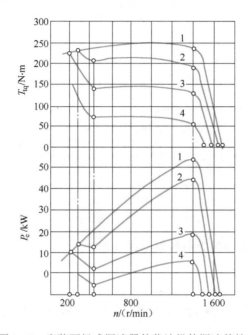

图 1-49　安装两极式调速器的柴油机的调速特性

五、发动机的万有特性

负荷特性曲线和速度特性曲线只能反映转速和负荷两者之一保持不变时发动机性能指标的变化规律，若用来分析转速和负荷都变化时发动机的综合性能，显然不方便且不直观，而车用发动机的工况恰恰是面工况，即转速和负荷同时发生变化。为此，需要使用转速和负荷同时发生变化的万有特性来分析发动机性能，该特性能在一张图中比较全面地表现发动机的综合性能。

应用最广泛的万有特性曲线是以转速为横坐标，以平均有效压力 p_{me}（或转矩 T_{tq}）为纵坐标，在图上绘出的许多等油耗曲线和等功率曲线。万有特性曲线实质上是通过多条负荷特性曲线或速度特性曲线用作图法得到的。图 1-50 所示为发动机万有特性曲线的实例。发动机万有特性曲线具有以下特点：

1）万有特性曲线的上边界是发动机外特性的 p_{me} 或 T_{tq} 曲线，如图 1-50 中的粗实线；左、右边界是最低稳定转速和最高转速。

2）由于 $P_e \propto p_{me} \cdot n$，因此，等功率曲线是一组双曲线，如图 1-50 中的虚线。

3）图 1-50 中的细实线及数字表示等油耗曲线。可以看出，最内层的等油耗曲线是最经济的区域，油耗率最低；曲线越往外，油耗率越高，经济性越差。如图 1-50 所示，燃油消耗率由 $206g/kW \cdot h$ 向外逐渐增大到 $282g/kW \cdot h$。

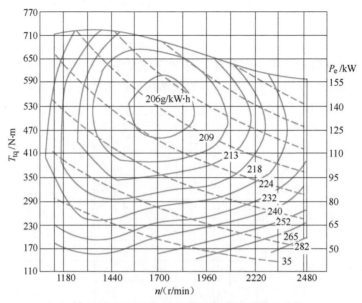

图 1-50　EQD6102-1 型柴油机的万有特性曲线

4）比较汽油机和柴油机的万有特性曲线可知，柴油机的 b_e 远远低于汽油机，尤其是在部分区域。此外，汽油机运转的转速范围要远远大于柴油机。

第七节　混合动力电动汽车发动机关键技术　◀◀◀

一、常规发动机的不足

1）具有怠速工作工况。

2）采用奥托循环，部分负荷燃油消耗率高，泵气损失大，膨胀比小。

3）通过加浓混合气满足输出功率增加，浓混合气并不能完全被利用，部分混合气变为 HC 排放物被排到大气中或者在催化转化器中被氧化掉，降低了燃油利用率。

4）为满足整车动力性要求，发动机后备功率大，大部分时间工作于低负荷非经济区域。

二、混合动力电动汽车发动机技术要求

1）由于电机驱动系统的参与，发动机的工作过程有了优化的基础，可采用小径的曲轴。

2）采用阿特金森循环或米勒循环，设计小的燃烧室，显著降低排气损失和节流损失。

3）使用怠速停机技术及小排量设计。

混合动力电动汽车主要要求是省油，所以采用阿特金森循环的发动机成为混合动力电动汽车发动机主流。由于其低速起步动力不足，因此传统车型发动机上用阿特金森循环的特别少，而混合动力电动汽车因为还有一套电动系统，在起步的时候电动机介入工作，可以忽略阿特金森发动机的缺点。

混合动力电动汽车在车辆起步阶段由电动机驱动，电动机低速转矩大，使汽车加速快，以此来弥补阿特金森循环发动机的动力性不足缺陷；车辆中高速匀速行驶时，阿特金森循环的发动机热效率高，可以提高燃油的经济性。

三、阿特金森循环

传统发动机在一个循环内有进气—压缩—做功—排气 4 个行程，这种循环的发动机是奥托在 1876 年发明的，因此这种发动机的循环方式被命名为奥托循环。

1882 年英国工程师詹姆斯·阿特金森制造了一款发动机，这款发动机（图 1-51）与当时的奥托循环发动机不同的是，活塞在压缩行程和做功行程的位移是不相等的。这种设计用不同的连杆机制协同工作，产生更长的做功行程，有效利用了燃烧后的废气高压，燃油效率也比奥托循环高。阿特金森循环的核心理念是：要提高热效率（也就是省油），必须要让做功行程大于压缩行程（也就是点火后推动活塞往回走的路程要大于点火前活塞压缩混合气的路程）。

阿特金森循环的工作原理：

1）和奥托循环基本相同，循环中做功行程要大于其他 3 个行程，膨胀比大于压缩比。

2）阿特金森循环用更少的混合气获得了与奥托循环同样的机械能，其发动机的热能转换效率更高。

阿特金森发动机原理

图 1-51　早期的阿特金森循环发动机

阿特金森循环的不足：

1）有着复杂的连杆机构，因此体积难以控制，不易维护。

2）由于进气行程小于做功行程，在车辆起步时，因无法获得足够的混合气导致低矩不足，存在功率偏低的问题，特别是低速大负荷下更加明显。

3）由于做功行程较长，所以该结构无法应用在高速发动机中。

四、米勒循环

1947 年，美国工程师拉尔夫·米勒设计出的新发动机舍弃了复杂的连杆结构，采用改变配气相位来实现做功行程大于压缩行程，发动机在进气行程活塞到达下止点后，进气门通常会延时关闭，将一部分的空气排出到进气歧管中，压缩比比膨胀比小。米勒循环工作原理如图 1-52 所示。

米勒循环发动机
工作过程

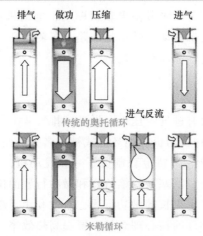

图 1-52　米勒循环工作原理

米勒循环发动机压缩比高、膨胀行程长，可提高发动机的热效率，改善燃油经济性，但低矩不足，一般与奥托循环或者是电机搭配使用。奥托循环和米勒循环压缩比和膨胀比如图 1-53 所示。

米勒循环发动机中气体压缩前的体积并不等于缸内容积，其实际体积是进气门关闭瞬间，活塞顶部到气缸顶部的容积。马自达轿车的创驰蓝天发动机就是通过这种方式来改变压缩比的。

对比常规发动机，米勒循环进气门晚关，将吸入气体部分反流排出，排气门晚开，使做功时间加长。如图 1-54 所示，1-2-3-4 为传统发动机 PV 图，6-2-3-5 为阿特金森/米勒循环 PV 图，阴影部分可以理解为阿特金森/米勒额外的活塞行程及其利用的能量。

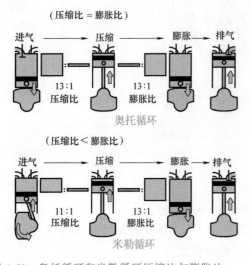

图 1-53　奥托循环和米勒循环压缩比与膨胀比

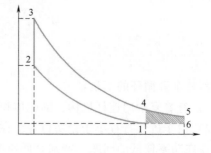

图 1-54　米勒循环 PV 图

五、阿特金森发动机

阿特金森发动机利用进气门晚关而不是节气门来控制负荷，进气门晚关时刻是由气缸内充气量的多少来决定的。由负荷的大小来确定气门的关闭时刻，减小了进气过程的泵气损失和压缩行程压缩功。膨胀比大于压缩比能够更大程度地将热能转换为机械能，提高发动机的指示热效率，降低燃油消耗。另外，进气门晚关将使实际压缩比减小，缸内燃烧温度降低，有利于改善氮氧化物的排放。

　　阿特金森循环发动机具有较高的热效率，降低了两方面的损耗：一是部分负荷时在最佳膨胀比状态工作，燃料的热效率高；二是进气行程中没有节气门的截留作用，减少了泵气损失，但存在功率偏低的缺点，尤其是低速低负荷下更加明显。

　　混合动力电动汽车在低速小负荷下使用电机驱动，发挥电动机低速大转矩的特点，避开了阿特金森发动机低速小负荷的缺点，使发动机主要工作在中高速下，充分发挥阿特金森发动机热效率高的优点，可提高整车的燃油经济性和排放性。

　　阿特金森/米勒循环发动机的主要缺点有：

　　（1）低速转矩差　　在低速时，本来就稀薄的混合气在"反流"之后变得更少，这让该类发动机低速转矩表现很差，用于车辆起步显然动力不够。

　　（2）活塞行程长　　较长的活塞行程确实可以充分地利用燃油的能量，提升经济性，但也因此限制了转速的升高，加速性能也变差，并且升功率会很低。

六、大众 BUDACK 循环

　　德国大众汽车公司在 EA888 发动机上使用了类似米勒循环的技术，取名为 BUDACK 循环（图 1-55）。

　　BUDACK 循环工作原理：进气门早关，避免了米勒循环把混合气推回进气歧管的过程，某种程度上减少了燃油浪费。

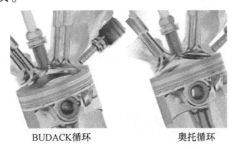

BUDACK循环　　　　　　奥托循环

图 1-55　大众 BUDACK 循环

思　考　题

　　1. 在 P_e-n 或 T_{tq}-n 工况图上绘出面工况的各限制线，并标出常用的典型工况点。

　　2. 什么是汽车发动机的标定工况？轿车汽油机和重型载货汽车柴油机在确定标定工况时的出发点是什么？对两种发动机而言，哪种发动机的标定功率更接近发动机的极限最大功率？

　　3. 绘出汽油机和柴油机的负荷特性曲线，标明及解释各参数。汽油机和柴油机负荷特性曲线的总体变化趋势是什么？两者有什么差别？

　　4. 绘出汽油机和柴油机的外特性曲线，标明及解释各参数。在外特性曲线中，为什么柴油机的转矩曲线比汽油机的平坦？这对实际使用有何影响？

　　5. 在全负荷运转时，汽油机比柴油机的经济性差，是为什么？在部分负荷运转时，汽油机比柴油机的经济性更差，是为什么？

　　6. 试述转矩储备系数和转速适应性系数的定义。

　　7. 绘出全程式调速器的调速特性曲线，标明及解释各参数。

第二章

汽车动力性能的评价

汽车的动力性是指汽车在良好路面上直线行驶时，由汽车受到的纵向外力决定的、所能达到的最高平均行驶速度。汽车运输效率的高低主要取决于汽车的动力性。动力性好，汽车就会有较高的行驶速度、较好的加速能力和上坡能力。提高汽车的平均行驶速度，就会提高汽车的运输效率。所以，动力性是汽车各种性能中最基本、最重要的性能。

通过本章的学习应达到以下学习目标：

1）掌握汽车动力性评价的指标及其内涵，熟悉汽车的受力分析。

2）掌握各种阻力的分析方法及影响因素。

3）掌握汽车行驶的基本原理、驱动与附着条件，能够利用汽车行驶的基本原理来理解汽车的加速、减速、匀速运动等现象。

4）掌握行驶阻力与行驶阻力平衡图、动力特性图、功率平衡图，学会利用平衡图分析汽车的动力性能指标。

5）掌握影响动力性的主要因素，能够分析档位数和传动比如何影响汽车动力性。

6）了解汽车动力性检测方法，检测设备的基本结构、原理以及使用方法。

第一节　汽车动力性能分析的基本理论知识　◀◀◀

一、汽车的驱动力

1. 汽车驱动力的概念

在汽车行驶中，发动机发出的有效转矩 T_{tq} 经传动系统传给驱动车轮。如果变速器传动比为 i_g、主减速比为 i_0、传动系统的机械效率为 η_T，则传到驱动轮上的转矩 T_t 为 $T_t = T_{tq} i_g i_0 \eta_T$。如图 2-1 所示，作用在驱动轮上的转矩 T_t 会产生一个对地面的圆周力 F_0，地面对驱动轮作用一个反作用力 F_t，F_t 和 F_0 大小相等、方向相反。F_t 即为驱动汽车行驶的外力，称为汽车的驱动力。如果驱动轮的半径为 r，则

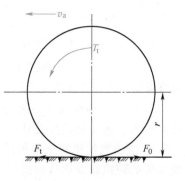

图 2-1　汽车的驱动力

$$F_t = \frac{T_{tq} i_g i_0 \eta_T}{r} \tag{2-1}$$

2. 汽车驱动力图

根据发动机使用外特性确定的汽车驱动力 F_t 与车速 v_a 之间的函数关系曲线（即 $F_t\text{-}v_a$ 曲线），称为汽车驱动力图。它直观地显示变速器处于各档位时，汽车驱动力随车速变化的规律。

已知发动机使用外特性曲线（图2-2）、传动系统的传动比及机械效率、主减速比、车轮半径等参数时，驱动力图的作法如下：

1）从发动机使用外特性曲线的转矩曲线上取若干点（n，T_{tq}）。

2）根据选定的不同档位传动比，按式（2-1）计算出驱动力 F_t 的值。

3）根据转速 n、变速器传动比 i_g 及主减速比 i_0，计算出与所求 F_t 对应的速度：

$$v_a = 0.377\frac{rn}{i_g i_0} \tag{2-2}$$

4）建立 $F_t\text{-}v_a$ 坐标，选好比例尺，对每个档位，将计算出的值（v_a，F_t）分别描点并连成曲线，即得驱动力图（图2-3）。

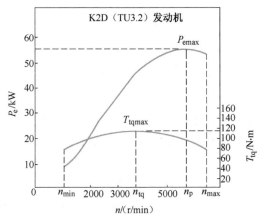

图2-2　汽油机使用外特性曲线中的功率及转矩曲线

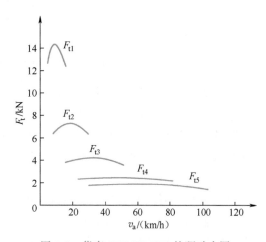

图2-3　货车 NKR552/555 的驱动力图

3. 传动系统的机械效率 η_T

发动机发出的功率 P_e 经传动系统传到驱动车轮的过程中，要克服传动系统各部件的摩擦而有一定的损失。若损失的功率为 P_T，则传到驱动轮的功率为 $P_e - P_T$，传动系统的机械效率 η_T 为

$$\eta_T = \frac{P_e - P_T}{P_e} = 1 - \frac{P_T}{P_e}$$

传动系统的功率损失由传动系统中各部件——变速器、万向节、主减速器等的功率损失组成。其中，变速器和主减速器的功率损失所占比例最大，其余部件的功率损失较小。

损耗的功率含机械损失功率和液力损失功率。机械损失功率是指齿轮传动副、轴承、油封等处的摩擦损失，其大小和啮合齿轮的对数、传递的转矩等因素有关；液力损失功率是指消耗于润滑油的搅动、润滑油与旋转零件之间的表面摩擦等功率损失，其大小和润滑油的品质、温度、箱体内的油面高度，以及齿轮等旋转零件的转速有关。液力损失随传动零件转速的提高、润滑油面高度及黏度的增大而增大。

传动系统的机械效率是在专门的实验装置上测试得到的。图 2-4 所示为解放牌 4t 载货 CA10B 汽车在变速器 IV、V 档的传动效率。试验结果表明，该变速器 IV 档（直接档）工作时，啮合齿轮没有传递转矩，因此比 V 档（超速档）时的传动效率高；同一档位下，传递转矩增大时，液力损失所占比例减少，传动效率提高；在同一档位、同一转矩下，转速低时搅动润滑油损失减小，传动效率比高速时高。

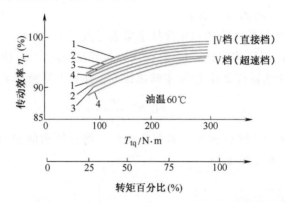

图 2-4　解放牌 4t 载货 CA10B 汽车在变速器 IV、V 档的传动效率

1—1200r/min　2—1600r/min　3—1900r/min　4—2000r/min

对于变速器所有的档位来说，较高的档位，传动效率较高，直接档的传动效率最高，所以应尽可能采用高速档行驶，最好为直接档。

在进行汽车动力性计算时，传动效率常视为常数。采用有级机械变速传动系统的轿车取 0.9~0.92，单级主减速器货车取 0.9，双级主减速器货车取 0.85，4×4 货车取 0.85。

4. 驱动轮的半径 r

（1）自由半径　车轮无载荷情况下的半径，以 r_0 表示，通常指标准充气压力下的半径。

（2）静力半径　汽车静止时，车轮只承受法向载荷，轮胎产生径向变形。此时，车轮中心至轮胎与道路接触面间的距离称为静力半径，以 r_s 表示。驱动轮的静力半径小于其自由半径，它取决于法向载荷、轮胎的径向刚度以及支承面的刚度。

（3）滚动半径　汽车运动时，滚动的车轮除承受法向载荷外，还受转矩作用，轮胎产生径向和切向变形。此时，车轮中心至轮胎与道路接触面间的距离称为滚动半径，以 r_r 表示。滚动半径以车轮转动圈数与车轮实际滚动距离 S 之间的关系来换算，即

$$r_r = \frac{S}{2\pi n}$$

式中　n——车轮转动圈数；

　　　　S——车轮实际滚动距离。

静力半径 r_s 用于汽车的动力学分析，而滚动半径 r_r 用于汽车的运动学分析，但在一般的分析中常不计其差别，统称为车轮半径，即认为

$$r_s = r_r = r$$

二、汽车的行驶阻力

汽车在水平道路上等速行驶时，必须克服来自地面的滚动阻力 F_f 和来自空气的空气阻

力 F_w；当汽车在坡道上上坡行驶时，还必须克服重力沿坡道的分力，即坡度阻力 F_i；另外，汽车加速行驶时还需要克服加速阻力 F_j。因此，汽车行驶的总阻力为

$$\sum F = F_f + F_w + F_i + F_j$$

在上述各种阻力中，滚动阻力和空气阻力是在任何行驶条件下均存在的，坡度阻力和加速阻力仅在一定行驶条件下存在。汽车在水平道路上等速行驶时没有坡度阻力和加速阻力。

1. 滚动阻力

汽车行驶时，车轮与地面在接触区域的径向、切向和侧向均产生相互作用力，轮胎与地面亦存在相应的变形。无论是轮胎还是地面，其变形过程必然伴随着一定的能量损失，这些能量损失是使车轮转动时产生滚动阻力的根本原因。

（1）滚动阻力损失的组成　车轮滚动的能量损失由三部分组成，即消耗于轮胎变形和路面变形的能量损失以及轮胎与路面间的摩擦损失。汽车大多数行驶在坚硬路面上，此时滚动阻力主要是由轮胎变形引起的。汽车在松软路面上行驶时，滚动阻力主要来自路面的塑性变形，其次是轮胎变形。车轮滚动时，胎面与路面接触部位的相对滑移引起的摩擦阻力消耗的能量一般比较小。

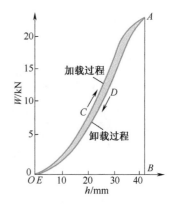

图 2-5　9.00-20 轮胎的径向变形曲线

（2）轮胎滚动时的弹性迟滞损失　图 2-5 所示为弹性轮胎在坚硬路面上受径向载荷时的变形曲线。由图可见，加载变形曲线 OCA 与卸载变形曲线 ADE 并不重合，则可知加载变形与卸载变形不是可逆过程，存在着能量损失。面积 $OCA-BO$ 表示加载过程中，地面对轮胎所做的功；面积 $ADEBA$ 表示卸载过程中，轮胎恢复变形时释放的功。两面积之差 $OCADEO$ 表示加载过程与卸载过程的能量损失，这一部分能量消耗于轮胎各组成部分相互间的摩擦，以及橡胶、帘线等物质分子间的摩擦，最后转化为热能而散发到大气中。这种损失称为弹性物质的迟滞损失。

（3）轮胎的弹性迟滞损失表现为阻碍车轮滚动的阻力偶　当车轮静止时，地面对车轮的法向反作用力的分布是前后对称的，合力通过车轮中心（图 2-6a）；当车轮滚动时，在法线 n-n' 前、后相对应点 d 和 d' 变形相同（图 2-6b），但是由于弹性迟滞损失现象，处于压缩过程的前部 d 点的地面法向反作用力大于处于恢复过程的后部 d' 点的地面法向反作用力，这可以从图 2-6c 中看出。设取同一变形 δ，压缩时受力为 CF，恢复时受力为 DF，而 CF > DF。这样，地面对车轮的法向反作用力分布前后不对称，其法向反作用力的合力 F_{Z_1} 相对车轮中心线前移了一段距离 a（图 2-7a），a 值随弹性损失的增大而增大。合力 F_{Z_1} 和车轮所承受的径向载荷 W 大小相等、方向相反。

由于弹性迟滞现象，使 F_{Z_1} 的作用点相对于车轮中心线向前移了一段距离 a，而形成一个滚动阻力偶矩 $T_{f_1} = F_{Z_1} a$（图 2-7b），阻碍车轮滚动。

（4）滚动阻力系数与滚动阻力的计算　图 2-7a 是从动轮在硬路面上滚动时的受力情况。如果将 F_{Z_1} 平移至与车轮的中心线重合，则从动轮在硬路面上滚动时的受力情况如图 2-7b 所示，即滚动时有滚动阻力偶矩 $T_{f_1} = F_{Z_1} a$ 阻碍车轮滚动。由图 2-7 可知，要使车轮等速滚动必须在车轮中心加一个推力 F_{P_1}，它与地面切向反作用力 F_{X_1} 构成一个力偶矩来克服上述

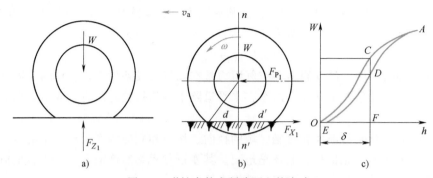

图 2-6 弹性车轮在硬路面上的滚动

滚动阻力偶矩。由平衡条件得

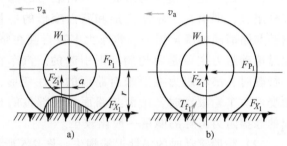

$$F_{P_1} r = T_{f_1}$$

$$F_{P_1} = \frac{T_{f_1}}{r} = F_{Z_1} \frac{a}{r}$$

令　　　$f = \dfrac{a}{r}$，且　$F_{Z_1} = W_1$

则　　　$F_{P_1} = W_1 f$ 或 $f = \dfrac{F_{P_1}}{W_1}$

图 2-7 从动轮在硬路面上滚动时的受力情况

式中，f 称为滚动阻力系数。可见，它是车轮在一定条件下滚动时所需要的推力与车轮载荷之比，也就是单位汽车重力所需的推力。换言之，滚动阻力等于滚动阻力系数与车轮载荷的乘积，以 F_f 表示。

$$F_f = Wf$$

显然

$$F_f = \frac{T_f}{r}$$

需要指出，滚动阻力只是一个计算值，与推动车轮滚动所需推力大小相等；用滚动阻力代替滚动阻力偶矩的作用，有利于动力性分析的简化。

图 2-8 所示为驱动轮在坚硬路面上等速滚动时的受力情况。

图中，W_2 是驱动轮的法向载荷；F_{X_2} 为道路对车轮的切向反作用力，是由驱动力矩 T_t 的作用产生的；F_{P_2} 为车架通过悬架给车轮轴施加的反推力；法向反作用力 F_{Z_2} 由于轮胎弹性迟滞损失，使其作用线前移一段距离 a，即在驱动轮上同样作用有滚动力偶矩 T_{f_2}。根据驱动轮的平衡条件得

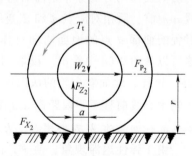

图 2-8 驱动轮在坚硬路面上等速滚动时的受力情况

$$F_{X_2} r = T_t - T_{f_2}$$

故

$$F_{X_2} = \frac{T_t}{r} - \frac{T_{f_2}}{r} = F_t - F_{f_2}$$

由上式可见，真正作用在驱动轮上驱动汽车行驶的力为地面对车轮的切向反作用力

F_{X_2}，其数值等于驱动力 F_t 减去驱动轮滚动阻力 F_{f_2}。

整车的滚动阻力可引用上面推导出的公式，将汽车在水平路面上直线行驶的滚动阻力写成

$$F_f = Gf \qquad (2-3)$$

式中　　G——汽车重力，单位为 N；

　　　　f——滚动阻力系数。

（5）滚动阻力系数的影响因素　　滚动阻力系数的数值由试验测定，其数值与道路路面的种类与状况、轮胎的结构、材料和胎压以及行驶速度等有关。

1）路面种类及其状态对滚动阻力系数的影响。坚硬、平整而干燥的路面，其滚动阻力系数最小。若路面不平，滚动阻力系数将成倍增长。这是因为路面不平引起的轮胎和悬挂机件的附加变形及减振器内产生的阻力要多消耗能量。松软路面的塑性变形使滚动阻力系数增大很多。表 2-1 列出了车速为 50km/h 时，汽车在各种路面上行驶时的车轮滚动阻力系数值。

表 2-1　滚动阻力系数 f 的值

路面类型	滚动阻力系数	路面类型	滚动阻力系数
良好的沥青或混凝土路面	0.010~0.018	雨后压紧土路	0.050~0.150
一般的沥青或混凝土路面	0.018~0.020	泥泞土路	0.100~0.250
碎石路面	0.020~0.025	干砂路面	0.100~0.300
良好的卵石路面	0.025~0.030	湿砂路面	0.060~0.150
坑洼的卵石路面	0.035~0.050	结冰路面	0.015~0.030
干燥压紧土路	0.025~0.035	压紧雪道	0.030~0.050

2）轮胎的结构和材质对滚动阻力系数的影响。在保证轮胎具有足够的强度和使用寿命的前提下，采用较少的帘布层可使胎体减薄，从而可相应地降低滚动阻力系数。采用高强力粘胶帘布、合成纤维帘布或钢丝帘布均可减少帘布层数。子午线轮胎的滚动阻力系数较小（图 2-9a）。在松软路面上行驶的汽车，采用大直径宽轮缘的轮胎，其与路面的接触面积增加，减小路面变形，因而其滚动阻力系数较小。

3）轮胎气压对滚动阻力系数的影响。在坚硬路面上行驶的汽车，轮胎气压低时，轮胎变形较大，滚动时的迟滞损失增大，滚动阻力系数相应增大。随着轮胎气压升高，坚硬路面上的滚动阻力系数逐渐减小，如图 2-9b 所示。在松软路面上行驶的汽车，降低轮胎气压可增大轮胎与地面的接触面积，减小轮胎对地面的单位压力，减小土壤变形，轮辙深度变浅，因而由于土壤变形而引起的滚动阻力减小，滚动阻力系数较小。但过多地降低轮胎气压，致使轮胎变形过大，则由于轮胎变形而引起的滚动阻力急剧增大，滚动阻力系数增大，故在松软路面上行驶的轮胎，对于一定的使用条件有一个最佳轮胎气压值与之对应。

4）汽车行驶速度对滚动阻力系数影响很大。图 2-9a 说明，当车速低于 100km/h 时，滚动阻力系数逐渐增大但变化不大；当车速高于 140km/h 时，滚动阻力系数随车速的提高而增大较快；当车速高到一定数值（如 200km/h 左右）时，滚动阻力显著增加，此时轮胎发生驻波现象，轮胎周缘不是圆形，出现明显的波浪状。出现驻波后，不但滚动阻力显著增大，轮胎的温度也迅速升高，使轮胎胎面与帘布层脱落，儿分钟就会出现爆破现象。

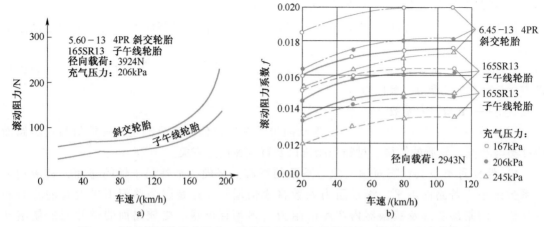

图 2-9　轿车轮胎的滚动阻力、滚动阻力系数与轮胎结构、胎压、车速的关系

在进行动力性分析时，一般取良好硬路面的滚动阻力系数值。若无试验得到的准确的滚动阻力系数值，可利用经验公式大致估算。

货车轮胎气压高，行驶速度低，其估算公式为

$$f = 0.0076 + 0.000056v_a$$

对于轿车，当车速 $v_a < 50km/h$ 时，$f = 0.0165$；当 $v_a > 50km/h$ 时，可用下式估算：

$$f = 0.0165[1 + 0.01(v_a - 50)]$$

2. 空气阻力

汽车直线行驶时受到的空气作用力在行驶方向上的分力称为空气阻力，用 F_w 表示。

（1）空气阻力的组成　空气阻力可分为压力阻力和摩擦阻力两部分。作用在汽车外形表面上的法向压力的合力在行驶方向上的分力称为压力阻力；由于空气的粘性在车身表面产生的切向力的合力在行驶方向上的分力称为摩擦阻力。

压力阻力分为四部分：形状阻力、干扰阻力、内循环阻力和诱导阻力。形状阻力与车身主体形状有很大关系，流线型越好，形状阻力越小；干扰阻力是车身表面突起物（如后视镜、门把手、驱动轴等）引起的阻力；内循环阻力是发动机冷却系统、车内通风等空气流经车体内部时形成的阻力；诱导阻力是空气升力在水平方向上的投影。

对于一般轿车，这几部分阻力的比例大致为：形状阻力占 58%，干扰阻力占 14%，内循环阻力占 12%，诱导阻力占 7%，摩擦阻力占 9%。空气阻力中，形状阻力占的比重最大，所以，改善车身流线形状是减小空气阻力的关键。因此随着车速的不断提高，人们对轿车和货车的形状越来越重视。

（2）空气阻力的计算　在汽车行驶速度范围内，空气阻力 F_w 的计算公式为

$$F_w = \frac{C_D A v_r^2}{21.15} \tag{2-4}$$

式中　v_r——汽车与空气的相对速度，在无风时即为汽车的行驶速度 v_a，单位为 km/h；

　　　A——迎风面积，汽车在垂直于行驶方向的平面上的投影面积，单位为 m^2；

　　　C_D——空气阻力系数。

式（2-4）表明，空气阻力与速度的平方成正比，汽车行驶速度越高，空气阻力越大，空

气阻力相对于滚动阻力的比率就显著增大。现代汽车的行驶速度都很高,因而空气阻力对汽车的动力性和燃料经济性的影响日益受到重视。因为空气阻力与 C_D 及 A 成正比,而迎风面积 A 受到汽车乘坐使用空间的限制不易进一步减小,所以降低空气阻力主要应从降低 C_D 入手。

（3）空气阻力系数 C_D　从1950年开始到20世纪70年代初,轿车 $C_D = 0.4 \sim 0.6$；1990年后,轿车的 $C_D = 0.25 \sim 0.40$,概念车的 C_D 甚至已经达到0.2。表2-2汇总了部分汽车的空气阻力系数和迎风面积的数据。

C_D 值的大小和汽车外形的关系极大,各种车身形状的 C_D 值由风洞试验测定。现代车身空气动力学工程师认为,低 C_D 值轿车的车身应遵循下列要点（参看图2-10）。

表 2-2　部分汽车的空气阻力系数和迎风面积数据

车　型	迎风面积 A /m^2	空气阻力系数 C_D	$C_D A$ /m^2	备　注
典型轿车	1.7~2.1	0.30~0.41		
货车	3~7	0.6~1.0		
客车	4~7	0.5~0.8		
Fiat Uno 70i.c.	1.81	0.30	0.543	
BMW735i	2.11	0.33	0.696	
Audi 100	2.05	0.30	0.615	Motor Fan 滑行试验,
Honda Accord Ex2.0i-16	1.70	0.33	0.561	设 f 为常数求得
Lexus LS400	2.06	0.32	0.659	
Santana X15	1.89	0.425	0.803	

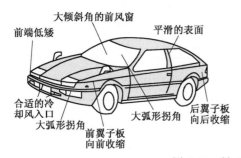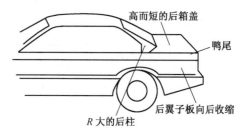

图 2-10　低 C_D 值轿车车身的特点

1）车身前部：发动机盖应向前下倾；面与面交接处的棱角应为圆柱状；风窗玻璃应尽可能"躺平",且与车顶圆滑过渡；尽量减少灯、后视镜和门把手等凸出物；在保险杠下面应安装合适的扰流板；车轮盖应与轮胎相平。

2）整车：整个车身应向前倾 $1° \sim 2°$；水平投影应为腰鼓形；后端稍稍收缩,前端呈半圆形。

3）汽车后部：最好采用舱背式或直背式；应有后扰流板；若用折背式,则行李舱盖板至地面的距离应高些,长度要短些,后面应有鸭尾式结构。

4）车身底部：所有零部件都应在车身下平面内且较平整,最好有平滑的盖板盖住底部,盖板从车身中部或由后轮以后向上稍稍升高。

5）发动机冷却进风系统：仔细选择进风口与出风口的位置,应有高效率的散热器、精心设计的内部风道。

目前，对货车与半挂车的空气阻力也很重视。不少半挂车的牵引车驾驶室上已装用导流板等装置，以减小空气阻力，节省燃油。

3. 坡度阻力

当汽车上坡行驶时（图 2-11），汽车重力沿坡道斜面的分力称为坡度阻力（用 F_i 表示），即

$$F_i = G\sin\alpha \qquad (2\text{-}5)$$

式中　α——道路坡度角，单位为（°）；

　　　G——作用于汽车上的重力，单位为 N，且 $G = mg$，m 为汽车质量，g 为重力加速度。

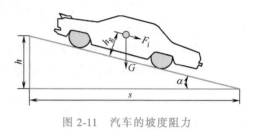

图 2-11　汽车的坡度阻力

道路坡道是用坡高 h 与底长 s 之比来表示的，即

$$i = \frac{h}{s} \times 100\% = \tan\alpha$$

根据我国公路路线设计规范，各级公路的纵坡标准见表 2-3。由表可见，一般道路的坡度都比较小。

表 2-3　我国各级公路的纵坡标准

公路等级	最大纵坡 i_{max}
高速公路平原微丘区	3%
高速公路山岭重丘区	5%
一级汽车专用公路平原微丘区	4%
一级汽车专用公路山岭重丘区	6%
一般四级公路平原微丘区	5%
一般四级公路山岭重丘区	9%

当坡道角 $\alpha < 10°$ 时，$\sin\alpha \approx \tan\alpha = i$，则

$$F_i = G\sin\alpha \approx G\tan\alpha = Gi$$

在坡度较大时，上述近似等式误差较大，坡度阻力仍需要按式（2-5）计算。

由于坡度阻力 F_i 与滚动阻力 F_f 均属于与道路有关的汽车行驶阻力，而且均与汽车重力成正比，故常把这两种阻力之和称为道路阻力 F_ψ，即

$$F_\psi = F_f + F_i = fG\cos\alpha + G\sin\alpha$$

令 $\psi = f\cos\alpha + \sin\alpha$（$\psi$ 称为道路阻力系数），当坡度角 α 较小时，$\cos\alpha \approx 1$，$\sin\alpha \approx i$，则

$$F_\psi = F_f + F_i \approx Gf + Gi = G(f + i) = G\psi$$

4. 加速阻力

汽车加速行驶时，需克服其质量加速运动时产生的惯性力，该力就是加速阻力 F_j。汽车质量分为平移质量和旋转质量两部分。加速时，平移质量要产生惯性力，旋转质量要产生惯性力偶矩。为了便于计算，一般把旋转质量的惯性力偶矩转化为平移质量的惯性力，并用

系数 δ 作为计入旋转质量惯性力偶矩后的汽车旋转质量换算系数，则汽车加速时的加速阻力 F_j 为

$$F_j = \delta m \frac{\mathrm{d}v}{\mathrm{d}t} \tag{2-6}$$

式中　δ——汽车旋转质量换算系数，$\delta > 1$；

　　m——汽车质量，单位为 kg；

　　$\dfrac{\mathrm{d}v}{\mathrm{d}t}$——汽车行驶加速度，单位为 m/s^2。

δ 主要与飞轮、车轮的转动惯量以及传动系统的传动比有关，其计算公式为

$$\delta = 1 + \frac{1}{m}\frac{\sum I_w}{r^2} + \frac{1}{m}\frac{I_f i_g^2 i_0^2 \eta_T}{r^2}$$

式中　I_w——车轮的转动惯量，单位为 kg·m^2；

　　I_f——飞轮的转动惯量，单位为 kg·m^2。

在进行汽车动力性初步计算时，可以按经验公式估算 δ 值：

$$\delta = 1 + \delta_1 + \delta_2 i_g^2 \tag{2-7}$$

式中　$\delta_1 \approx \delta_2 = 0.03 \sim 0.05$。

第二节　汽车行驶的驱动与附着条件 ◀◀◀

一、汽车行驶方程式

表示汽车驱动力与行驶阻力之间关系的表达式称为汽车的行驶方程式，即

$$F_t = F_f + F_w + F_i + F_j \tag{2-8}$$

或

$$\frac{T_{tq} i_g i_0 \eta_T}{r} = Gf\cos\alpha + \frac{C_D A v_a^2}{21.15} + G\sin\alpha + \delta m \frac{\mathrm{d}v}{\mathrm{d}t} \tag{2-9}$$

该方程式仅表示驱动力与行驶阻力的数量关系，可以很方便地用来分析汽车的动力性。

二、汽车行驶的驱动条件

由汽车行驶方程式可知

$$F_j = F_t - (F_f + F_w + F_i)$$

可见，驱动力大于滚动阻力、坡度阻力和空气阻力时汽车才能加速行驶。若驱动力小于这 3 个阻力之和，则汽车无法起动，正在行驶中的汽车将减速直至停车。因此，汽车行驶的第一个条件为

$$F_t \geq F_f + F_w + F_i \tag{2-10}$$

式（2-10）即为汽车行驶的驱动条件，它反映了汽车本身的行驶能力。可以采用增加发动机转矩、增大传动比等措施增大汽车的驱动力。

三、汽车行驶的附着条件

上述增加驱动力的措施是有限度的，它只有在驱动力与路面不发生滑转时才有效。在一定的轮胎和路面条件下，当驱动力增大到一定程度时，驱动轮将出现滑转现象，增大驱动力只会使驱动轮加速旋转，地面的切向力并不增加。这表明汽车行驶还要受轮胎与地面附着条件的限制。

地面对轮胎切向反作用力的极限值称为附着力 F_φ。在硬路面上，它与地面对驱动轮的法向反作用力 F_Z 成正比，即

$$F_\varphi = F_Z \varphi$$

式中　φ——附着系数，它是由轮胎与路面决定的。

应当明确，附着力并不是汽车受到的一个力，它只是路面施加给车轮切向力的极限值，当地面切向反作用力达到此值时，驱动轮将滑转，汽车不能行驶。因此，汽车行驶应满足的第二个条件为

$$F_t \leq F_Z \varphi \qquad (2\text{-}11)$$

式中　F_Z——作用于所有驱动轮上的地面法向反作用力。

将式（2-10）和式（2-11）联写，得汽车行驶的驱动与附着条件为

$$F_f + F_w + F_i \leq F_t \leq F_Z \varphi \qquad (2\text{-}12)$$

式（2-12）就是汽车行驶的必要与充分条件。

四、汽车的附着力

汽车的附着力决定于附着系数以及地面作用于驱动轮的法向反作用力。

1. 影响附着系数的因素

附着系数与路面的种类和状况、轮胎的胎压和花纹有关，行驶车速对附着系数也有影响。

松软土壤的抗剪强度较低，其附着系数较小。潮湿、泥泞的土路，其土壤表层吸水量多，抗剪强度更差，附着系数下降较多，是汽车越野行驶困难的原因之一。

坚硬路面的附着系数较大。因为在硬路面上轮胎的变形远大于路面的变形，路面的微观结构粗糙且有一定的尖锐棱角，路面的坚硬微小凸起会嵌入轮胎的接触表面，使车轮与路面有较好的附着能力。路面被污物（细沙、尘土、油污、泥）覆盖时，路面的凹凸不平被填充，或路面潮湿时有水起到润滑作用，这些都会使路面附着系数下降。

轮胎花纹对附着系数的影响也较大。具有细而浅的花纹的轮胎在硬路面上有较好的附着能力；具有宽而深的花纹的轮胎在软路面上可得到较大的附着系数。花纹纵向排列的轮胎所能传递的侧向力较高，而横向或人字形排列的花纹的轮胎则传递切向力的能力较大。因此，轮胎胎面上有纵向曲折大沟槽，胎面边缘上横向沟槽使轮胎在纵向、横向都有较好的抓地能力，又提高了在潮湿路面上的排水能力。胎面上大量的细微花纹，由于胎面在接地过程中的微小滑动，进一步擦去了接触面间的水膜，这样轮胎接地面积后部可以与路面直接接触，因而能提供足够的附着力。

宽断面和子午线轮胎由于和地面的接触面积增大，附着系数较高。合成橡胶轮胎较天然橡胶轮胎有较高的附着系数。

轮胎气压对附着系数有较大的影响，在干燥的硬路面上，降低轮胎的气压，轮胎与路面微观不平处的接合面积增大，使附着系数增大。在潮湿的硬路面上，适当提高轮胎气压可以提高对路面的单位压力，有利于挤出接合处的水分，使附着系数提高。在松软路面上，降低轮胎气压，则轮胎与土壤的接触面积增加，胎面凸起部分嵌入土壤的数目增多，因而附着系数显著提高。

汽车行驶速度对附着系数也有影响。在硬路面上，车速增加时，轮胎来不及与路面微小凸起部分很好地接合，附着系数下降。雨天在硬路面上行驶的汽车车速提高时，轮胎与路面间的水不易被挤出，使附着系数显著下降。在松软路面上行驶的汽车，由于汽车车速的提高，车轮的作用力很容易破坏土壤的结构，造成附着系数下降。

附着系数还受到车轮运动状况的影响，这个问题将在"第四章 汽车制动性能的评价"中叙述。

综上所述，附着系数受一系列因素的影响。表 2-4 所列为不同轮胎在各种路面上测试的附着系数，在一般动力性计算中，可采用该附着系数的平均值。在良好的混凝土、沥青路面上，当路面干燥时，φ 值可取为 $0.70 \sim 0.80$；当路面潮湿时，φ 值可取为 $0.50 \sim 0.60$；干燥的碎石路，φ 值可取为 $0.60 \sim 0.70$；干燥的土路，φ 值可取为 $0.50 \sim 0.60$；潮湿土路面，φ 值可取为 $0.20 \sim 0.40$。

表 2-4 不同轮胎在各种路面上测试的附着系数

路 面		轮 胎		
类 型	状 态	高压轮胎	低压轮胎	越野轮胎
混凝土、沥青路面	干燥	$0.50 \sim 0.70$	$0.70 \sim 0.80$	$0.70 \sim 0.80$
	潮湿	$0.35 \sim 0.45$	$0.45 \sim 0.55$	$0.50 \sim 0.60$
	污染	$0.25 \sim 0.45$	$0.25 \sim 0.40$	$0.25 \sim 0.45$
碎石路面	干燥	$0.50 \sim 0.60$	$0.60 \sim 0.70$	$0.60 \sim 0.70$
	潮湿	$0.30 \sim 0.40$	$0.40 \sim 0.50$	$0.40 \sim 0.55$
土路	干燥	$0.40 \sim 0.50$	$0.50 \sim 0.60$	$0.50 \sim 0.60$
	潮湿	$0.20 \sim 0.40$	$0.30 \sim 0.40$	$0.35 \sim 0.50$
	泥泞	$0.15 \sim 0.25$	$0.15 \sim 0.25$	$0.20 \sim 0.30$
积雪荒地	松软	$0.20 \sim 0.30$	$0.20 \sim 0.40$	$0.20 \sim 0.40$
	压实	$0.15 \sim 0.20$	$0.20 \sim 0.25$	$0.30 \sim 0.50$
结冰路面	—	$0.08 \sim 0.15$	$0.10 \sim 0.20$	$0.05 \sim 0.10$

2. 驱动轮的地面法向反作用力

驱动轮的地面法向反作用力与汽车的总体布置、车身形状、行驶状况以及道路的坡度有关。图 2-12 给出了汽车加速上坡时的受力分析示意图。

图中，G 为汽车总重力，单位为 N；α 为道路坡度角，单位为 (°)；h_g 为汽车质心高度，单位为 m；h_w 为风压中心高度，单位为 m；T_{f_1}、T_{f_2} 为作用在前、后轮上的滚动阻力偶矩；T_{j_1}、T_{j_2} 为作用在前、后轮上的惯性阻力偶矩；F_{X_1}、F_{X_2} 为作用在前、后轮上的地面切向反作用力；F_{Z_1}、F_{Z_2} 为作用在前、后轮上的地面法向反作用力；L 为汽车轴距；a、b 为汽车质心至前、后轴的距离。

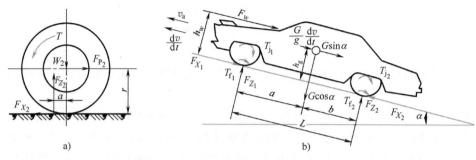

图 2-12　汽车加速上坡时的受力分析示意图

　　将作用于汽车上的诸力对前、后轮与道路接触中心取力矩。由于旋转质量惯性阻力偶矩的数值较小，一般性的分析中可忽略不计。良好路面的 f 值较小，可以认为 $b-fr \approx b$，$a+fr \approx a$，取 $h_g = h_w$ 得

$$F_{Z_1} = G \frac{b}{L} \cos\alpha - \frac{h_g}{L} \left(G\sin\alpha + m \frac{dv}{dt} + F_w \right) \tag{2-13}$$

$$F_{Z_2} = G \frac{a}{L} \cos\alpha + \frac{h_g}{L} \left(G\sin\alpha + m \frac{dv}{dt} + F_w \right) \tag{2-14}$$

　　在式（2-13）和式（2-14）中，前一项为汽车在坡道静止时前、后轴上的静载荷，后一项为汽车行驶中产生的动载荷。动载荷的绝对值随着爬坡度、加速度和车速的增加而增大。由式（2-13）和式（2-14）可知，汽车上坡、加速行驶、高速行驶都会使前轮的法向反作用力减小，后轮的法向反作用力增大。这种变化趋势对于后轴驱动型汽车的附着条件是有利的，当汽车上坡或加速行驶需要加大驱动力时，由于地面作用于驱动轮的法向反作用力增大，极限附着力随之增大，有利于汽车发挥其动力性，保证所需的驱动力。但是，对于前轴驱动型汽车而言，情况恰恰相反，上坡和加速时前轴的地面法向反作用力减小，对于保证附着条件是不利的。因此，为了提高前轮驱动轿车的附着条件，前轮驱动轿车的质心都布置得偏前，其前轴静载荷平均达到 60% 左右。对于全轮驱动轿车而言，能充分利用整辆汽车的重力来产生汽车附着力，附着条件最好。

第三节　汽车动力性能的分析　◂◂◂

一、汽车的动力性指标

　　比较直观地衡量汽车动力性的指标主要有汽车的最高车速、汽车的加速时间和汽车的上坡能力。

　　1. 汽车的最高车速

　　汽车的最高车速是指在水平良好的路面（混凝土或沥青）上，汽车所能达到的最高行驶车速，用 v_{amax} 表示，单位为 km/h。

　　2. 汽车的加速时间

　　汽车的加速时间表示汽车的加速能力，它对平均行驶车速有很大影响。特别是轿车，对

汽车破坏性速度试验

加速时间更加重视。汽车的加速时间用 t 表示，单位为 s。常用原地起步加速时间与超车加速时间来表明汽车的加速能力。典型车辆的加速性能和最高车速见表 2-5。

表 2-5　典型车辆的加速性能和最高车速

品牌	发动机配置	功率/kW	汽车质量/kg	最大转矩/(N·m)	加速时间/s (0-60km/h)	加速时间/s (0-100km/h)	最高车速/(km/h)
帕萨特	1.8T	132.4	1580	300	3.6	8.07	225
凯美瑞	2.0L	122.8	1490	199	4.95	10.43	200
雅阁	1.5T	142.7	1519	260	4.07	8.48	190
天籁	2.0L	114.7	1456	208	4.53	8.73	200
蒙迪欧	1.5T	133.1	1540	240	3.88	8.83	200
君威	1.5T	125.0	1430	252	4.51	9.47	205
508	1.6T	122.8	1565	245	4.14	9.42	215

原地起步加速时间是指汽车由 Ⅰ 档或 Ⅱ 档起步，并以最大的加速强度（包括选择恰当的换档时机）逐步换至最高档后，到某一预定的距离或车速所需的时间。一般常用 0~400m 或 0~100km/h 所需的时间来表明汽车的原地起步加速能力。

超车加速时间是指用最高档或次高档由某一较低车速全力加速至某一高速所需的时间。由于超车时两车并行容易发生安全事故，因此超车加速能力强则并行行程短，汽车行驶就安全。

对超车加速能力还没有统一的规定，采用较多的是用以最高档或次高档由 30km/h 或 40km/h 车速全力加速行驶至某一高速所需的时间来表征；也可用加速过程曲线（即车速-时间关系曲线）全面反映加速能力。图 2-13 所示为某些轿车的原地起步加速过程曲线。

3. 汽车的最大爬坡度

汽车的上坡能力是用汽车满载（或某一载质量）时在良好路面上的最大爬坡度 i_{max} 表示的。显然，汽车的最大爬坡度是指 Ⅰ 档最大爬坡度。

轿车最高车速大，加速时间短，经常在较好的道路上行驶，一般不强调它的爬坡能力；但是，实际上它的 Ⅰ 档加速能力大，故爬坡能力强。货车需要在各种地区的各种道路上行驶，所以必须具有足够的爬坡能力。一般货车的 i_{max} 为 30%，即 16.7°左右。越野汽车需要在坏路或无路条件下行驶，因而爬坡能力是一个很重要的指标，它的最大爬坡度可达 60%，即 31°左右或更高。

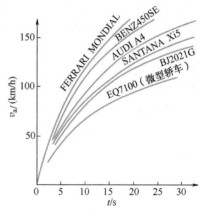

图 2-13　某些轿车的原地起
步加速过程曲线

实际上，i_{max} 代表了汽车的极限爬坡能力，它应比实际行驶中遇到的道路最大爬坡度超出很多。这是因为考虑到在实际坡度行驶时，在坡道上停车后顺利起步加速、克服松软坡道路面的大阻力、克服坡度上崎岖不平路面的局部大阻力等要求的缘故。

此外，为维持道路上各种车辆能畅通行驶，要求各种车辆在常见的坡道上的动力性相差不能太悬殊。所以，还可以用在常遇到的坡道上，汽车必须保证的一定车速来表明它的爬坡能力。控制这个指标可以使各种车辆在通常条件下的爬坡能力接近，有利于交通的畅通。

二、汽车的驱动力—行驶阻力平衡图

汽车的行驶方程

$$F_t = F_f + F_w + F_i + F_j$$

或

$$\frac{T_{tq} i_g i_0 \eta_T}{r} = Gf\cos\alpha + \frac{C_D A v_a^2}{21.15} + G\sin\alpha + \delta \frac{G}{g} \frac{dv}{dt}$$

表明了汽车行驶时，驱动力和各行驶阻力之间的相互关系。当发动机转矩特性、变速器传动比、主减速比、机械效率、车轮半径、空气阻力系数、汽车迎风面积及汽车总质量等初步确定后，便可利用此式分析汽车在良好路面（沥青、混凝土路面）上的行驶能力，即汽车能达到的最高车速、加速能力和爬坡能力。

为了清晰而形象地表明汽车行驶时的受力情况及其平衡关系，一般将汽车行驶方程式用图解法进行分析，直观地表达了汽车的动力性能。

1. 汽车的驱动力-行驶阻力平衡图的含义

在汽车的驱动力图上，将汽车行驶中经常遇到的滚动阻力和空气阻力叠加后并画上，就构成了汽车的驱动力-行驶阻力平衡图。该图表明了驱动力、行驶常遇阻力随车速的变化关系曲线。

汽车的驱动力曲线的作图法已经在第一节中介绍。汽车行驶阻力曲线的作图法如下：

1) F_f-v_a 曲线的形状取决于滚动阻力系数随车速的变换。在常用车速时，滚动阻力系数变化不大；当车速高于一定值后，滚动阻力系数随车速上升。因此，F_f 曲线接近水平线，仅在高速时曲线略有上升。

2) F_w-v_a 曲线可以利用公式 $F_w = \dfrac{C_D A v_a^2}{21.15}$ 计算出对应的 F_w 值。由于 F_w 是 v_a 的二次函数，所以 F_w-v_a 曲线应为抛物线。

3) 在驱动力图上，将 F_w-v_a 叠加在 F_f-v_a 曲线的上方，得到等速行驶阻力（$F_f + F_w$）-v_a 曲线，构成了驱动力-行驶阻力平衡图。图 2-14 所示为具有五档变速器汽车的驱动力-行驶阻力平衡图。

2. 汽车动力性指标的图解分析

（1）最高车速 v_{amax}　根据汽车行驶方程 $F_t = F_f + F_w + F_i + F_j$，按照最高车速的定义，此时，$F_i = 0$，$F_j = 0$，则 $F_t = F_f + F_w$，汽车处于稳定的平衡状态。显然驱动力-行驶阻力平衡图上 F_t 曲线与 $F_f + F_w$ 曲线的交点对应的车速，就是最高车速 v_{amax}。图 2-14 中 $v_{amax} = 175$km/h（此时为最高档驱动力曲线 F_{t_5}）。

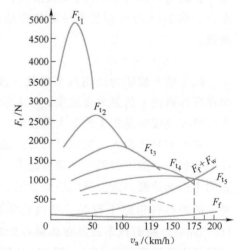

图 2-14　具有五档变速器汽车的驱动力-行驶阻力平衡图

分析图 2-14 中曲线还可以看出，当车速低于最高车速时，驱动力大于行驶阻力。这样，汽车可以利用剩余的驱动力加速或爬坡，或牵引挂车。当需要在低于最高车速的某一车速（如 119km/h）等速行驶时，驾驶人可以关小节气门开度（图中虚线），此时发动机只用部分负荷特性工作，相应地得到虚线所示的驱动力曲线，以使汽车达到新的平衡。

（2）加速时间 t　由汽车行驶方程得

$$\frac{\mathrm{d}v}{\mathrm{d}t} = \frac{g}{\delta G}[F_t - (F_f + F_w)]$$

利用驱动力-行驶阻力平衡图，截取不同速度 v_a 时的 $F_t - (F_f + F_w)$ 即可计算出对应的 $\frac{\mathrm{d}v}{\mathrm{d}t}$ 值。显然，利用多档位的驱动力-行驶阻力平衡图，可计算得各档的加速度曲线 $a = f(v_a)$，如图 2-15 所示。

由图 2-15 可见，加速度的大小与档位和行驶速度有关。低档位时的加速度较大，同一档位下速度较低时加速度较大。但是，有的汽车 I 档的 δ 值较大，II 档的加速度可能比 I 档的还要大。

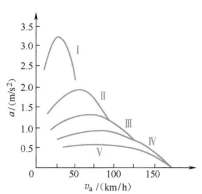

图 2-15　汽车的行驶加速度曲线

根据加速度曲线图，可以进一步求得由某一车速加速至另一较高车速所需的时间。根据运动学可知

$$a = \frac{\mathrm{d}v}{\mathrm{d}t}$$

则

$$t = \int_0^t \mathrm{d}t = \int_{v_1}^{v_2} \frac{1}{a}\mathrm{d}v$$

可见，加速时间可用加速度倒数与行驶速度的关系 $\left(\frac{1}{a} - v_a\right)$ 曲线下面的面积来表示，用图解积分法即可求得。

1）根据 $a - v_a$ 曲线作 $\frac{1}{a} - v_a$ 曲线，如图 2-16 所示。

2）作加速时间曲线。首先选择比例尺，在横坐标轴上以 $a$mm 代表 1km/h，在纵坐标轴上以 $b$mm 代表 $1s^2/m$，则

$$\Delta t = \frac{\Delta}{3.6ab}$$

式中　Δ——速度增加 Δv 时 $\frac{1}{a}$ 曲线下的面积，单位为 mm^2。

以任意一条 $\frac{1}{a}$ 曲线为例，将加速过程中速度区间分为若干个间隔，确定各间隔的微元面积 Δ_1、Δ_2、$\Delta_3\cdots$，如图 2-17 所示。

计算从初速度 v_{a_0} 分别加速至 v_{a_1}、$v_{a_2}\cdots$ 的加速时间。

$$t_1 = \frac{\Delta_1}{3.6ab}$$

$$t_2 = \frac{\Delta_1 + \Delta_2}{3.6ab}$$

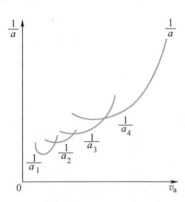

图 2-16　汽车的加速度倒数曲线

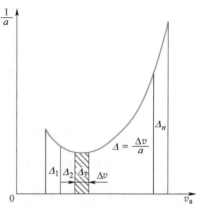

图 2-17　某一档位的加速度倒数曲线

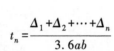

$$t_n = \frac{\Delta_1 + \Delta_2 + \cdots + \Delta_n}{3.6ab}$$

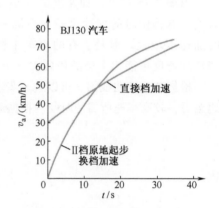

图 2-18　计算所得到的轻型货车
BJ130 的加速时间曲线

在 t-v_a 坐标系内，按所求得的 t 值与对应的车速值便可作出某档的加速时间曲线。同样，可以求出汽车自 Ⅰ 档起步开始连续换档加速至最高档，速度达到 $0.8v_{a\max}$ 时的加速时间。图 2-18 所示为计算所得到的轻型货车 BJ130 的加速时间曲线。

原地起步加速时间和换档时间的选择有很大关系。由图 2-16 可以看出，在相邻两档的 $\frac{1}{a}$ 曲线交点对应的速度下换档，可使 $\frac{1}{a}$ 曲线下的面积最小，即加速时间最短。若相邻两档的 $\frac{1}{a}$ 曲线不相交，则规定在发动机最高转速处换档，换档时间一般忽略不计。

（3）爬坡能力　当汽车以全部剩余驱动力克服最大坡度时，$\frac{\mathrm{d}v}{\mathrm{d}t} = 0$，因此

$$F_i = F_t - (F_f + F_w)$$

式中，$F_f = Gf\cos\alpha$，$F_i = G\sin\alpha$。

由于 F_f 的数值较小，当坡度较小时，$\cos\alpha \approx 1$，故可认为

$$\alpha = \arcsin\frac{F_t - (F_f + F_w)}{G} \tag{2-15}$$

利用驱动力-行驶阻力平衡图可求出汽车能爬上的坡道角，并相应地求出坡度值。最大爬坡度 $i_{\max}$ 为 Ⅰ 档时的最大爬坡度，直接档最大爬坡度 $i_{0\max}$ 也应引起注意，因为汽车经常

是以直接档行驶的。如果 i_{0max} 过小，则会迫使汽车在遇到较小的坡度时需经常换档，这样就影响了汽车行驶的平均速度和燃料消耗率。i_{max} 和 i_{0max} 分别按式（2-16）和式（2-17）求出：

$$i_{max} = \frac{F_{t_1max} - (F_t + F_w)}{G} \qquad (2\text{-}16)$$

$$i_{0max} = \frac{F_{t_0max} - (F_t + F_w)}{G} \qquad (2\text{-}17)$$

汽车在各档位下的爬坡度与车速的关系曲线如图2-19所示。由图可见，低档位的爬坡度较大，同一档位下车速较低时的爬坡度较大。

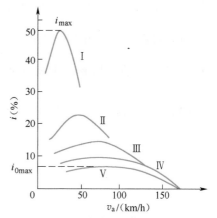

图 2-19　汽车在各档位下的爬坡度与车速的关系曲线

三、汽车动力特性图

利用汽车驱动力-行驶阻力平衡图可以确定汽车的动力性指标，因此可以评价同一类型汽车的动力性，但不能用来直接评价不同种类汽车的动力性。因为种类不同的汽车，其质量或外形不同，因此各行驶阻力也不同，也就是说即使驱动力相近的汽车，其动力性也不一定相近。所以表征动力性的指标应该是一种既考虑驱动力，又考虑汽车自重和空气阻力的综合性参数。将汽车行驶方程式进行一定的变换，便可找出评价不同汽车的动力性参数。

1. 动力因数 D 和动力特性图

根据汽车的行驶方程式 $F_t = F_f + F_w + F_i + F_j$，得

$$F_t - F_w = Gf\cos\alpha + G\sin\alpha + \delta\frac{G}{g}\frac{dv}{dt}$$

$$\frac{F_t - F_w}{G} = f + i + \frac{\delta}{g}\frac{dv}{dt}$$

令 $\dfrac{F_t - F_w}{G}$ 为汽车的动力因数，以符号 D 表示，则

$$D = \frac{F_t - F_w}{G} = f + i + \frac{\delta}{g}\frac{dv}{dt} \qquad (2\text{-}18)$$

由式（2-18）可知，不论汽车自重等参数有何不同，只要有相同的动力因数 D 便能克服同样的坡度；若两汽车的 δ 值相同，则能产生同样的加速度。因此，目前常把动力因数作为表征汽车动力特性的指标。

汽车在各档下的动力因数与车速的关系曲线称为动力特性图，如图2-20所示。利用 $F_t\text{-}v_a$ 的关系曲线和 $F_w = f(v_a)$ 的函数关系，再根据式（2-18）计算出各档

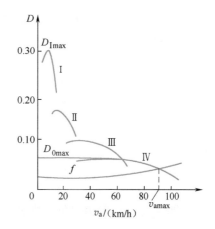

图 2-20　汽车的动力特性图

位对应车速下的动力因数 D，便可作出 $D\text{-}v_a$ 的关系曲线，然后将汽车滚动阻力系数 f 随车速 v_a 变化的关系曲线以同样的比例画在动力特性图上，就可以方便地分析汽车的动力特性了。

2. 利用动力特性图分析汽车的动力性

（1）**最高车速** 当汽车以最高车速行驶时，$\dfrac{dv}{dt}=0$，$i=0$，根据 $D=f+i+\dfrac{\delta}{g}\dfrac{dv}{dt}$ 可得 $D=f$。显然，f 曲线与直接档 D-v_a 曲线的交点对应的车速就是汽车的最高行驶速度 v_{amax}，如图 2-20 所示。

（2）**加速能力** 当评定汽车的加速能力时，$i=0$，则

$$D=f+\frac{\delta}{g}\frac{dv}{dt}$$

$$\frac{dv}{dt}=\frac{g}{\delta}(D-f)$$

因此，在汽车动力特性图上，D 曲线与 f 曲线之间距离的 $\dfrac{g}{\delta}$ 倍就是汽车各档位的加速度。采用之前所述的方法，即可以计算出加速时间。

（3）**最大爬坡度** 在各档位以最大坡度爬坡时，加速度 $\dfrac{dv}{dt}=0$，得 $D=f+i$，因此，D 曲线与 f 曲线之间的距离就是汽车各档位的爬坡能力。粗略估算时，$D_{Imax}-f$ 就是汽车的最大爬坡度。实际上，Ⅰ档对应的最大爬坡度一般较大，此时 $i_{max}=D_{Imax}-f$ 的误差较大，因此 D_{Imax} 用下式计算：

$$D_{Imax}=f\cos\alpha_{max}+\sin\alpha_{max}$$

求解此三角函数方程式，可得

$$\alpha_{max}=\arcsin\frac{D_{Imax}-f\sqrt{1-D_{Imax}^2+f^2}}{1+f^2} \tag{2-19}$$

四、汽车的功率平衡

汽车行驶时，不仅存在驱动力与行驶阻力的平衡关系，而且存在发动机功率和汽车行驶的阻力功率间的平衡关系。即发动机发出的有效功率，始终等于机械传动损失与全部运动阻力所消耗的功率。

1. 功率平衡方程式

汽车行驶阻力消耗的功率有滚动阻力功率 P_f、空气阻力功率 P_w、坡度阻力功率 P_i 及加速阻力功率 P_j。功率的一般计算公式为

$$P=\frac{Fv_a}{1000}$$

式中 F——作用力，单位为 N；

$\quad\quad v_a$——行驶速度，单位为 m/s。

如果 v_a 以 km/h 为单位，则经过单位换算，得出各种阻力功率的计算公式：

$$P_f=\frac{F_f v_a}{3.6\times1000}=\frac{Gf\cos\alpha v_a}{3600} \tag{2-20}$$

$$P_i=\frac{F_i v_a}{3600}=\frac{G\sin\alpha v_a}{3600} \tag{2-21}$$

$$P_\mathrm{w} = \frac{F_\mathrm{w} v_\mathrm{a}}{3600} = \frac{C_\mathrm{D} A v_\mathrm{a}^3}{76140} \tag{2-22}$$

$$P_\mathrm{j} = \frac{F_\mathrm{j} v_\mathrm{a}}{3600} = \frac{\delta G v_\mathrm{a}}{3600 g} \frac{\mathrm{d}v}{\mathrm{d}t} \tag{2-23}$$

根据能量守恒定律，发动机的有效功率应恒等于汽车行驶中所消耗功率的总和，即

$$P_\mathrm{e} \eta_\mathrm{T} = (P_\mathrm{f} + P_\mathrm{w} + P_\mathrm{i} + P_\mathrm{j})$$

将式（2-20）~式（2-23）代入上式，得功率平衡方程式：

$$P_\mathrm{e} = \frac{v_\mathrm{a}}{3\,600 \eta_\mathrm{T}} \left(Gf\cos\alpha + G\sin\alpha + \frac{C_\mathrm{D} A v_\mathrm{a}^2}{21.15} + \delta \frac{G}{g} \frac{\mathrm{d}v}{\mathrm{d}t} \right) \tag{2-24}$$

2. 功率平衡图

与汽车驱动力-行驶阻力平衡一样，汽车的功率平衡也可以用图解法表示。以汽车行驶速度为横坐标、功率为纵坐标，将发动机功率 P_e 以及汽车经常遇到的阻力功率 $\dfrac{1}{\eta_\mathrm{T}}(P_\mathrm{f} + P_\mathrm{w})$ 对车速的关系曲线绘在坐标图上，即得到功率平衡图，如图 2-21 所示。

发动机功率与汽车行驶速度的关系曲线（P_e-v_a），可根据发动机外特性曲线及公式 $v_\mathrm{a} = 0.377 \dfrac{nr}{i_\mathrm{g} i_0}$ 将发动机转速转换成车速绘得。可见在不同档位时，发动机功率的大小不变，只是各档发动机功率曲线所对应的车速位置不同，且低档时车速低，所占速度变化区域窄；高速时车速高，所占变化区域宽。

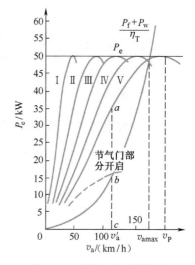

图 2-21　汽车的功率平衡图

P_f-v_a 曲线在低速范围内为一条直线，在高速时由于 f 随 v_a 增大而增大，所以 P_f 随 v_a 以更快的速率增大；P_w 则是 v_a 的三次函数。两者叠加后，阻力功率曲线 $\dfrac{1}{\eta_\mathrm{T}}(P_\mathrm{f} + P_\mathrm{w})$-$v$ 是一条斜率越来越大的曲线。可见，高速时汽车主要克服空气阻力功率。

3. 利用功率平衡图分析汽车动力性

（1）最高车速　汽车以最高车速行驶时，$\dfrac{\mathrm{d}v}{\mathrm{d}t} = 0$，$i = 0$，则

$$P_\mathrm{e} = \frac{1}{\eta_\mathrm{T}}(P_\mathrm{f} + P_\mathrm{w})$$

即功率平衡图中，发动机在最高档时的功率曲线与阻力功率曲线的交点对应的车速就是汽车的最高行驶车速 v_amax。在图 2-21 中，最高车速 v_amax 稍小于最高档时发动机最大功率对应的车速 v_P。

对应于某一车速下的 $P_\mathrm{e} - \dfrac{1}{\eta_\mathrm{T}}(P_\mathrm{f} + P_\mathrm{w})$ 称为汽车的后备功率。

在图 2-21 中，当汽车在良好的水平路面上挂 V 档以 v_a' 的速度等速行驶时，阻力消耗功

率为 bc 段，为此，需减小节气门开度，发动机以部分负荷速度特性工作（见图中虚曲线），以保证汽车等速行驶。此时，汽车的后备功率 $P_e - \dfrac{1}{\eta_T}(P_f + P_w) = ac - bc = ab$。当需要爬坡或加速时，加大节气门开度即能使汽车的全部或部分后备功率发挥作用。因此，汽车的后备功率越大，其动力性越好。

在某一转速时，节气门部分开启的输出功率与节气门全开的输出功率之比称为发动机的负荷率。如图 2-21 所示，当汽车在良好的水平路面上挂 V 档以 v_a' 的速度等速行驶时，发动机的负荷率为 $\dfrac{bc}{ac} \times 100\%$。

（2）加速时间　当以加速时间评价汽车加速能力时，$i = 0$，则

$$P_j = \eta_T \left[P_e - \frac{1}{\eta_T}(P_f + P_w) \right]$$

所以，不同车速时的加速度 $\dfrac{\mathrm{d}v}{\mathrm{d}t}$ 的计算公式为

$$\frac{\mathrm{d}v}{\mathrm{d}t} = \frac{3\,600 g \eta_T}{\delta G v_a} \left[P_e - \frac{1}{\eta_T}(P_f + P_w) \right]$$

（3）最大爬坡度　当以最大爬坡度评价汽车的爬坡能力时，$\dfrac{\mathrm{d}v}{\mathrm{d}t} = 0$，粗略计算求出汽车的爬坡度 i 为

$$i = \frac{3\,600 \eta_T}{G v_a} \left[P_e - \frac{1}{\eta_T}(P_f + P_w) \right]$$

汽车的功率平衡图说明汽车的行驶阻力功率不仅与阻力有关，而且与车速有关。阻力越大、车速越高，汽车克服阻力所消耗的功率就越大。

第四节　影响汽车动力性的主要因素 ◀◀◀

一、发动机性能参数的影响

（1）发动机最大功率的影响　发动机功率越大，汽车的动力性越好。设计中，发动机最大功率的选择必须保证汽车预期的最高车速。最高车速越高，要求的发动机功率越大，发动机后备功率越大，汽车的加速和爬坡能力必然较好；但发动机功率不宜过大，否则在常用条件下，发动机负荷率过低，会导致汽车的油耗增加。

若给出了期望的最高车速，则最大功率可由下式估算：

$$P_e = \frac{1}{\eta_T} \left(\frac{Gf}{3\,600} v_{\mathrm{amax}} + \frac{C_D A}{76\,140} v_{\mathrm{amax}}^3 \right)$$

在实际工作中，往往利用现有汽车统计数据初步估算汽车比功率来确定发动机的应有功率。单位汽车总质量具有的发动机功率 P_e / m 称为比功率或功率利用系数，单位为 kW/t（1t = 1000kg）。根据定义，比功率的计算式为

$$\frac{1000 P_e}{m} = \frac{fg}{3.6 \eta_T} v_{\mathrm{amax}} + \frac{C_D A}{76.14 m \eta_T} v_{\mathrm{amax}}^3$$

　　各种货车的 f、η_T 和 C_D 值大致相等，且最高车速相差不多，但总质量变化很大。分析上式可以看出，对于各类货车，第一项数值大体相同；第二项克服空气阻力功率部分，将随货车总质量的增大而逐步减小。因此，货车的比功率是随货车总质量的增大而逐步变小的。一般货车的比功率约为 10kW/t；小于 2t 的轻型货车常为轿车或微型旅行车的变型车，其动力性能很好，比功率很大；重型货车、汽车列车的最高速度低，比功率较小。

　　不少国家对车辆应有的最小比功率作出规定，以保证行驶车辆的动力性不低于一定水平，防止某些性能差的车辆阻碍车流。我国有关大客车的标准明确规定了最高车速与功率的数值，该数据可以作为初步确定发动机功率的依据。例如，交通运输部行业标准 JT/T 325—2010 中规定，高三级大型客车的最高设计车速为 125km/h，比功率应不小于 15kW/t。轿车的行驶速度高，不同轿车之间的动力性能相差可以很大。

　　（2）发动机最大转矩　　发动机的最大转矩大，则在 i_0、i_g 一定时，最大动力因数较大，汽车的加速和上坡能力较强。

　　（3）发动机外特性曲线的形状　　两台发动机的外特性曲线形状不同，但其最大功率和相对应的转速可能相等。假定汽车的总质量、流线型、传动比均为已知，为了便于比较，同时假定总阻力功率曲线与两台发动机的功率曲线交于最大功率点，则后备功率较大的发动机外特性曲线所代表的汽车具有较大的加速能力和上坡能力，因而汽车的动力性能较好；同时使汽车具有较低的临界车速，换档次数可以减少，因而有利于提高汽车的平均行驶速度。

二、主减速器传动比 i_0 的影响

　　汽车大多数时间是以最高档行驶的，即用最小传动比的档位行驶。传动系统的总传动比是传动系统各部件传动比的乘积，即

$$i_t = i_g i_0 i_c \tag{2-25}$$

式中　i_g——变速器传动比；

　　　i_0——主减速传动比；

　　　i_c——分动器或副变速器的传动比。

　　普通汽车上没有分动器和副变速器，如果变速器的最高档是直接档，即 $i_g = 1$，最小传动比 i_{tmin} 就是减速器传动比 i_0，那么减速器传动比 i_0 对汽车动力性的影响，可利用汽车在直接档行驶时的功率平衡图来分析。

　　图 2-22 所示为不同主减速器传动比 i_0 的功率平衡图。

　　选 3 种不同的主减速器传动比 i_0，且 $i_{01} < i_{02} < i_{03}$。主减速器的传动比 i_0 不同，则汽车功率平衡图上发动机功率曲线的位置不同，与水平路面行驶阻力功率曲线的交点确定的最高车速也不同。比较 3 种情况，可以看出：

　　1）当 i_0 为 i_{02} 时，阻力功率曲线正好与发动机功率曲线 2 相交在其最大功率点处。若将对应于发动机最大功率时的车速称为 v_P，则有 $v_{amax_2} = v_{P_2}$。装有另外两种传动比的主减速器，其对应的发动机功率曲线 1、3 与阻力功率曲线的交点均不在最大功率点处，即 $v_{amax_1} \neq v_{P_1}$，$v_{amax_3} \neq v_{P_3}$，且 v_{amax_1}、v_{amax_3} 均小于 v_{amax_2}。所以 i_0 的数值使汽车的最高车速相当于发动机最大功率时的车速，最高车速是最大的。

　　2）主减速器的传动比 i_0 不同，汽车的后备功率也不同。i_0 增大，发动机功率曲线左移，见图 2-22 中曲线 3，虽然最高车速较低，但汽车的后备功率增大，汽车的加速与上坡能

力增大，动力性加强，但燃油经济性较差。i_0 减小，发动机功率曲线右移，见图 2-22 中曲线 1，不仅最高车速降低，而且不能利用发动机的最大功率，汽车的后备功率也较小，动力性较差，但发动机功率利用率高，燃油经济性较好。

另外，为了保证汽车在最高档行驶时有足够的动力性，主减速器的传动比 i_0 应使汽车在最高档有足够的最高档动力因数 D_{0max}。《汽车技术》推荐，中型货车 $D_{0max} = 0.04 \sim 0.08$；中级轿车 $D_{0max} = 0.1 \sim 0.15$。

最小传动比还对驾驶性能有影响。若 i_0 过小，发动机在重负荷下工作，加速性能不好，会出现噪声和振动现象。若 i_0 过大，发动机高速运转噪声大。

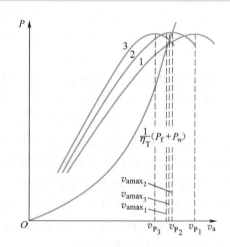

图 2-22　不同主减速器传动比 i_0
的功率平衡图

$1—i_{01}$　$2—i_{02}$　$3—i_{03}$

据统计，在最小传动比（变速器为最高档）时，约 74% 轿车的 v_{amax}/v_P 值为 $0.9 \sim 1.10$，5.5% 的轿车为 $1.1 \sim 1.39$，17.5% 的轿车为 $0.7 \sim 0.9$，3% 的轿车为 $0.5 \sim 0.7$。

三、最大传动比的影响

对于普通汽车来说，传动系统最大传动比 i_{tmax} 是变速器 I 档传动比 i_{g_1} 与主减速器比 i_0 的乘积。当主减速器比 i_0 的数值确定后，传动系统最大传动比 i_{tmax} 对动力性的影响就成为变速器 I 档传动比 i_{g_1} 对动力性的影响。

若增大 I 档传动比 i_{g_1}，则 I 档最大动力因数增大，汽车的最大爬坡度增大。但是，I 档最大动力因数应在附着条件的限制以内，汽车的动力性才能充分发挥。另外，I 档传动比 i_{g_1} 还要保证汽车的最低稳定车速。特别是越野汽车，i_{g_1} 应保证汽车能在极低车速下稳定行驶，以避免在松软地面上行驶时土壤受冲击剪切破坏而损害地面附着力。可见，最大传动比的数值要考虑三方面的问题：最大爬坡度、附着率和汽车最低稳定车速。

（1）保证足够的最大爬坡度　汽车爬大坡时车速很低，可忽略空气阻力，汽车的最大驱动力应为

$$F_{tmax} = F_f + F_{imax}$$

或

$$\frac{T_{tqmax} i_{g_1} i_0 \eta_T}{r} = Gf\cos\alpha_{max} + G\sin\alpha_{max}$$

即

$$i_{g_1} \geqslant \frac{G(f\cos\alpha_{max} + \sin\alpha_{max})r}{T_{tqmax} i_0 \eta_T} \tag{2-26}$$

一般货车的最大爬坡度约为 30%，即 $\alpha \approx 16.7°$；轿车应具有爬上 30% 坡道的能力，实际上轿车的最大爬坡能力常大于 30%，其最大传动比是根据其加速能力来确定的。

（2）满足附着条件

$$F_{tmax} = \frac{T_{tqmax} i_{g_1} i_0 \eta_T}{r} \leqslant F_\varphi = F_{z\varphi}\varphi \tag{2-27}$$

式中 φ——附着系数，取 $0.5 \sim 0.6$；

$F_{z\varphi}$——在坡道上地面对驱动轮的法向反作用力，单位为 N。

（3）保证最低稳定车速 v_{amin} 最低传动比满足

$$i_{tmax} = 0.377\frac{n_{min}r}{v_{amin}} \tag{2-28}$$

四、传动系统档位数的影响

不同类型的汽车具有不同的传动系统档位数。其原因是他们的使用条件不同，对整车性能要求不同，汽车本身的功率不同。传动系统的档位数与汽车的动力性以及燃油经济性有着密切的关系。

传动系统档位数多，增加了发动机发挥最大功率附近高功率的机会，发动机的平均功率利用率高，后备功率增大。例如，在两档变速器的 I 档和直接档中间增加两个档位时，如图 2-23 所示，汽车最高车速和最大爬坡度均不变。但在相同的速度范围内，可利用的后备功率增大了（图 2-23 中阴影线所表示的区域），提高了汽车的加速与爬坡能力。档位数多，增加了发动机在低燃油消耗率区工作的可能性，降低了燃油消耗量。所以，增加档位数会改善汽车的动力性和燃油经济性。

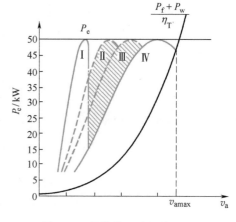

图 2-23 档位数对动力性的影响

档位数的多少还影响档与档间传动比的比值。比值过大时会造成换档困难，一般认为比值不宜超过 $1.7 \sim 1.8$。因此，若最大传动比与最小传动比之比值越大，档位数应越多。

轿车的行驶车速高，比功率大，最高档的后备功率也大，即相对而言最高档的驱动力与 I 驱动力的范围小，即 i_{tmax}/i_{tmin} 小。近年来，为了进一步节省燃油，装用手动变速器的轿车普遍采用 5 档变速器，也有采用 6 档变速器的。

轻型货车和中型货车比功率小，所以一般采用 5 档变速器。重型货车的比功率更小，使用条件更复杂，如矿山用重型汽车，行驶道路变化很大，重型牵引车要拖带挂车，有时要求有很大的驱动力。重型车辆发动机工作时间长，油耗大，且本身自重很大，增加档位数不会过多地增加汽车的制造成本，所以一般采用 6 档至十几个档的变速器，以适应复杂的使用条件，使汽车具有足够的动力性与良好的燃油经济性。越野汽车遇到的使用条件最复杂，所以 i_{tmax}/i_{tmin} 的比值很大，其传动系统的档位数比同吨位的普通货车常多一倍左右。

假如变速器的档位数无限增多，即为无级变速器（CVT）。假设一个手动变速器 I 档和最高档速比分别与一个 CVT 的最大速比和最小速比相等，那么这两个变速器装在同一辆车上的功率平衡图如 2-24 所示。因 CVT 的速比变化是连续、无级的，所以发动机的功率不用降低，动力没有中断。

从图 2-24 可以看出，CVT 车辆的功率曲线在两个极限之间有无数种可能（整个阴影区域），是一个面，而不是几条线。这为汽车拥有最佳的动力性和经济性创造了条件，可以选

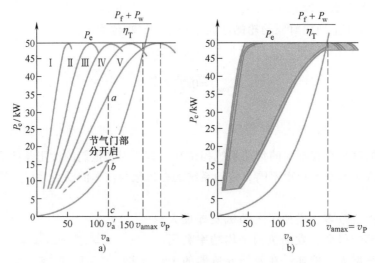

图 2-24　装有不同变速器的汽车功率平衡图

a) MT　b) CVT

择发动机一直在动力性最好的状态工作，也可以一直在经济性最好区域工作。

五、各档传动比比例关系的影响

传动系统各档传动比的比例关系对汽车动力性有很大影响。实际上，汽车传动系统各档的传动比大体上是按等比级数分配的。一般汽车各档传动比大致符合如下关系：

$$\frac{i_{g_1}}{i_{g_2}} = \frac{i_{g_2}}{i_{g_3}} = \cdots = q$$

式中　q——常数，也就是各档之间的公比。

按等比级数分配传动比的目的是：换档平顺，操作方便；充分利用发动机提供的功率，提高汽车的动力性。

（1）换档平顺，操作方便　在发动机的外特性 P-n 曲线图上，根据公式 $v_a = 0.377\dfrac{nr}{i_g i_0}$ 分别画出各档车速和发动机转速的关系，如图 2-25 所示。驾驶人用 I 档起步，随着发动机转速的提高，汽车的行驶速度随之提高。当发动机转速达到 n_2 时，驾驶人开始换档，若设换档过程中车速没有降低，则换上 II 档时，发动机转速应降到 n_1，离合器才能平顺无冲击地接合。n_1 和 n_2 的关系如下。

I 档时发动机转速升到 n_2 所对应的车速为

$$v_{a_1} = 0.377\frac{n_2 r}{i_{g_1} i_0}$$

换上 II 档时，发动机转速降至 n_1，相应的车速

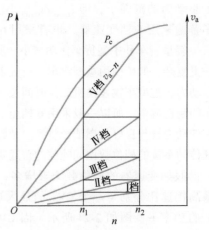

图 2-25　换档过程中车速和
发动机转速的关系

v_{a_2} 仍等于 v_{a_1}，即

$$v_{a_2} = 0.377 \frac{n_1 r}{i_{g_2} i_0} = v_{a_1}$$

故

$$\frac{n_1}{i_{g_2}} = \frac{n_2}{i_{g_1}}$$

这样离合器才能无冲击地接合。

若在Ⅱ档时，发动机转速升高到 n_2 换Ⅲ档，则应把发动机转速降低到 n_1' 才能无冲击接合离合器，同理应有

$$\frac{n_2}{n_1'} = \frac{i_{g_2}}{i_{g_3}}$$

由于各档传动比是按等比级数分配的，即

$$\frac{i_{g_1}}{i_{g_2}} = \frac{i_{g_2}}{i_{g_3}}$$

故

$$\frac{n_2}{n_1} = \frac{n_2}{n_1'}$$

即

$$n_1' = n_1$$

由此可见，若每次发动机都是提高到转速 n_2 换档，只要发动机都降到同一低转速 n_1，离合器就能无冲击地接合。也就是说，换档过程中，发动机总在同一转速范围 $n_1 \sim n_2$ 内工作。这样，驾驶人在起步加速时操作就方便多了。

（2）充分利用发动机提供的功率，提高汽车的动力性 当汽车需要更大功率时（如全力加速或上坡），若换档选择恰当，具有按等比级数分配传动比的变速器，则能使发动机经常在接近外特性最大功率 P_{emax} 处的大功率范围内运转，从而增加了汽车的后备功率，提高了汽车的加速和上坡能力。

实际上，现代汽车的各档传动比之间的比值并不正好相等，即并不是按等比级数来分配传动比的。例如，CA7220 型汽车，其 5 速变速器相邻两档的传动比比值分别为：

$$\frac{i_{g_1}}{i_{g_2}} = \frac{3.6}{2.125} = 1.69 \qquad \frac{i_{g_2}}{i_{g_3}} = \frac{2.125}{1.458} = 1.46$$

$$\frac{i_{g_3}}{i_{g_4}} = \frac{1.458}{1.070} = 1.36 \qquad \frac{i_{g_4}}{i_{g_5}} = \frac{1.070}{0.857} = 1.25$$

因此，实际上各档传动比按下面关系分布：

$$\frac{i_{g_1}}{i_{g_2}} \geqslant \frac{i_{g_2}}{i_{g_3}} \geqslant \frac{i_{g_3}}{i_{g_4}} \geqslant \frac{i_{g_4}}{i_{g_5}}$$

这是因为汽车在实际行驶时，货车高档位使用率大于90%。为了合理利用有限的档位，使汽车具有良好的动力性和燃料经济性，将传动比间隔由低档到高档逐渐减小的偏等比级数分配各档传动比，使变速器在不同档位工作时发动机的转速范围不同。低档时转速范围宽，而高档时窄，使高、低两档之间的重合区域增大。当汽车高速行驶变速器在高档之间换档时，发动机功率下降较小，在发动机工作区内平均功率较大。

就燃料经济性而言，高档之间的传动比间隔减小，增加了发动机在经济区工作的可能性，可降低燃料消耗量。

第五节　汽车动力性能的评价方法　<<<

通过上述对汽车动力性的分析可知，汽车动力性的评价方法主要分为两个类型：一是汽车动力性评价常用的 3 个指标，即最高车速、加速能力、爬坡能力；二是由功率这个参数来表征汽车动力性，即发动机功率。

一、最高车速、加速能力、爬坡能力

汽车动力性直接影响汽车平均行驶速度，它代表了汽车行驶可发挥的极限能力，其好坏通常以汽车加速性能、最高车速及最大爬坡度作为评价指标。在评价汽车动力性时，由于汽车用途和工况的不同，对这 3 个评价指标的要求也不一样。

1. 不同工况选择同一评价标准

（1）良好路面　对于主要在良好路面（路面质量为三级以上，坡度等符合高速公路条件要求）上行驶的各类车辆（包括轿车、货车、越野汽车及客车），对汽车的最高车速和加速时间有一定的要求，因而通过最高车速和加速时间的测定，能反映出汽车的动力性。但此时，通过汽车的爬坡度并不能纵向比较汽车的动力性，因此汽车的爬坡度对于 3 个指标评价汽车动力性而言，所占的比重并不大。

（2）丘陵及山丘行驶　对于实际使用工况主要是在丘陵及山区地带的各类车辆（包括货车、农用汽车、越野汽车等），由于汽车行驶的路面坡度比较大，因此，发动机的后备功率主要用来克服坡度阻力功率。此时，汽车的最高车速和加速时间并不能反映汽车的动力性。虽然汽车的最高车速在一定程度上反映了汽车的爬坡能力，但在这种工况下通过确定汽车的最高车速来确定汽车的动力性显然是不准确的，此时，爬坡度对于汽车的动力性评价所占的比重明显较大。

（3）无路地区行驶　对于主要行驶在坏路、无路地区（如沙漠、泥泞沼泽地、矿区等）的车辆（包括越野汽车、矿用车等），由于路面的附着系数较小，因此不要求车辆有很高的速度，在评价汽车动力性时，爬坡度和加速时间所占的比重比较大。

（4）市区路面　对于主要在城市内行驶的车辆（如公交车、各类公用车辆等），由于行车密度及城市交通的种种限制，汽车多以低速档行驶，此时，最高车速在评价汽车动力性时并没有多大意义，应加大加速时间的比重，以更好地评价汽车的实际使用动力性。

2. 不同用途汽车使用同一评价指标

（1）客车　大客车动力性的好坏主要通过汽车在良好路面上能够达到的最高车速、加速时间和满载时的最大爬坡度 3 个指标进行综合评价，但这 3 个指标相互独立，并没有综合的评价指标。对于客车的动力性评价，增大比功率对提高大客车的动力性、燃油经济性，改善环保性能都将产生积极的影响。随着公路质量等级的提高和高速公路的迅速发展，客车设计中的最高车速应高于高速公路上规定的最高车速。实际上大多数大客车的设计最高车速已超过 100km/h。超车加速时间短，可使超车时与被超车辆的并行行程变短，行驶更安全。大型客车加速性能无论是对于公交车辆的频繁起步，还是公路上的客运或旅游客车的超车都是非常有益的。

（2）货车　货车的主要功能是运输，提高车速能提高运输数量，所以其动力性应满足最高车速的原则。不同吨位的货车使用不同的发动机，其动力性用 3 个指标来评价不能说明汽车的动力性，因而可以用比功率等检测参数进行评价。

（3）轿车　最高车速和加速时间是评价轿车动力性最常用的两个评价指标，虽然最高车速越高，加速时间越短，能在一定程度上说明轿车的爬坡度越好。但是同样的两款轿车，假设为甲轿车和乙轿车，如果最高车速一样，甲轿车的加速时间长于乙轿车的加速时间，而甲轿车的最大爬坡度远小于乙轿车的最大爬坡度，此时，并不能直观评判两者动力性的优劣。

（4）越野汽车　越野汽车主要采用四轮驱动形式，主要在无路等路面行驶，因此对动力性的要求较高。由于对爬坡度要求很高，假设有甲、乙两辆越野汽车，甲越野汽车的爬坡度大于乙越野汽车的爬坡度，而乙越野汽车的最高车速高于、加速时间长于甲越野汽车，因此不能直观地评判两辆越野汽车动力性的优劣。

由于存在上述不同工况和不同用途的汽车，且 3 个指标互相独立，就无法用单一的评价指标直观地评判汽车动力性的好坏。正如轿车注重最高车速和加速时间一样，越野汽车注重爬坡度，不能简单地说越野汽车的爬坡度好，越野汽车的动力性能就优于轿车；反之，轿车的最高车速高、加速时间短，不能简单地说轿车的动力性能好于越野汽车。同理，一辆在良好路面表现优越的汽车，并不能简单地说比在山丘路面表现优越的汽车动力性好，反过来说同样不成立。

JT/T 198—2004《汽车技术等级评定标准》规定汽车动力性可用发动机功率、底盘输出功率、汽车直接档加速时间 3 个参数中的任一个参数来评定，但只规定了发动机功率的限位，未规定后两个参数的限值（JT/T 198—2004 中的评定技术要求），只规定将检测结果折算发动机功率后按发动机功率的限值要求来评定。这样，虽然 JT/T 198—2004 规定了汽车动力性可用 3 个参数检测，但由于未规定底盘输出功率和加速时间的限值，实质上 JT/T 198—2004 只是规定了发动机功率一个参数用作汽车动力性的检测参数。

二、发动机功率

发动机在不同工况、不同转速下有不同的输出功率，但一般在技术资料上给出代表某一型号发动机动力性的指标是标定功率。发动机的标定功率是指发动机不安装规定的辅件（如空气滤清器、冷却风扇、发电机、消声器等），在规定的试验条件下测得的最大功率。车辆使用说明书或发动机标牌上给出和标明的就是标定功率值。

由发动机性能参数对汽车动力性的影响分析可知，最大功率和最大转矩代表了发动机的最大动力性能。一般发动机技术资料上给出的关于发动机动力性指标见表 2-6。比较最大功率及转速的大小可以评价汽车的最高车速，最大转矩及转速用来评价汽车加速和爬坡能力。由表 2-6 可知，最大转矩转速在 1750~3500r/min 范围内，说明该机在相当宽的范围内都具有很好的加速能力和爬坡能力。

AMG双增压发动
机台架测试

表 2-6　某发动机的动力性能指标

最大功率/kW	96
最大功率转速/(r/min)	5000
最大转矩/N·m	220
最大转矩转速/(r/min)	1750~3500

三、汽车动力性评价的试验方法

汽车动力性试验包括动力性评价指标（最高车速、加速时间、最大爬坡度）、驱动力、行驶阻力及附着力的测量。动力性试验可在道路上和实验室内进行。道路试验主要测定最高车速、加速能力、最大爬坡度等评价指标；在实验室内可测量汽车的驱动力和各种阻力。

1. 道路试验

汽车道路试验方法通用条件（参看 GB/T 12534—1990《汽车道路试验方法通则》）：

1）气候条件：晴天或阴天，风速小于 3m/s，气温为 0~40℃，相对湿度小于 95%。

2）道路条件：平直、干燥、清洁的沥青或水泥路面，路面宽不小于 8m，纵坡不大于 ±0.1%，试验路段长 2~3km。

3）试验仪器：所用仪器设备须经计量鉴定，符合试验要求的精度。

4）试验对象：汽车的装备及调整状况应符合该车技术条件的规定；试验用的燃料和润滑油的牌号、规格应符合该车技术条件的规定；轮胎规格和轮胎气压应符合该车技术条件的规定，轮胎气压的误差不超过 10kPa；汽车各总成的热状态在试验时应符合该车技术条件的规定，技术条件无规定时应符合下列条件：发动机冷却液温度为 80~90℃，发动机润滑油温度为 50~90℃，变速器、驱动桥润滑油的温度不低于 50℃，必要时可在试验前进行 20~30min 较高车速的预热行驶，为达到上述热状况，允许采取保温措施，汽车试验时的装载质量应保持该车的额定装载质量，且分布均匀。

（1）最高车速测试（参看 GB/T 12544—2012《汽车最高车速试验方法》）

1）试验应在符合汽车道路试验通用条件下进行。

2）在确定的试验道路上选定中间一段 200m 或 500m 为测速路段，其两端各设 100m 的准备路段，用以提示试验人员准备测试。

3）根据汽车加速性能的优劣，选定充足的加速区间，使汽车进入测速路段前已具有最高的稳定车速。测定汽车以最高车速通过测速路段的时间，接连往返各测试 1 次，通过测速路段的时间用光电测时仪或秒表来测定。记录每次试验前、后发动机冷却液温度、发动机及各总成的润滑油温度。

4）整理试验结果，根据测速距离及每次通过测速路段（$L = 200$m）的时间的平均值（t，单位为 s），算出最高车速 v_{amax}，即

$$v_{amax} = \frac{3600 \times 0.2}{t} \qquad (2-29)$$

（2）加速性能测定（参看 GB/T 12543—2009《汽车加速性能试验方法》）

1）试验应在符合汽车道路试验通用条件下进行。

2）在确定的试验道路上选定 1.5km 作为加速试验路段，两端各设 100m 为测速路段。

3）直接档加速性能测试应以稍高于直接档的最小稳定车速为初速度（选5的整数倍，初速度偏差±1km/h），等速通过100m路段至加速度测试路段的起始点处，急速将加速踏板踩到底，加速至该档最高车速的80%～100%。试验往返各进行1次，用五轮仪或非接触式速度分析仪记录加速过程。汽车起步连续换档的加速性能测试时，从起步开始加速踏板完全踩到底，以选择的最佳换档车速换档（一般换档时间为1～1.5s）直至最高档，驶至1km终点。试验往返各进行1次，用五轮仪或速度分析仪记录加速过程。

4）整理试验结果，绘制直接档加速性能曲线，即车速-加速时间曲线，车速-加速行程曲线。绘制起步连续换档加速性能曲线，求出通过1km试验路段的时间。

（3）爬坡度测试

1）试验应在符合汽车道路试验通用条件下进行。

2）选用具有测试汽车最大爬坡度的坡路，坡长不小于20m，坡底应有5～10m的平路段，在坡道中部设置10m长的测速路段。

3）变速器置于最低档，起步后将加速踏板踩到底，然后开始爬坡。测定汽车通过测速路段的时间，同时记录发动机转速，行驶至坡顶时测定发动机冷却液温度、润滑油温度以及其他各总成润滑油温度。若坡度大小不合适，则可用适当增、减载荷的方法，也可采用变速器较高一档进行试验。将试验结果结合下式折算成在额定载荷下，变速器使用最低档的爬坡能力。

$$\alpha_0 = \arcsin\left(\frac{G_a\, i_{g_1}}{G\, i_{g_a}}\sin\alpha_a\right) \tag{2-30}$$

式中 α_0——换算后的爬坡度；

α_a——试验时实际的爬坡度；

G——汽车最大总质量的重力，单位为N；

G_a——试验时的汽车重力，单位为N；

i_{g_1}——变速器I档传动比；

i_{g_a}——试验时变速器所用档位的传动比。

2. 室内试验

室内的动力性试验主要是进行驱动力、滚动阻力系数和空气阻力系数的测定。实验室常用的试验设备有汽车测功器、轮胎试验台、风洞等。

（1）汽车测功器 汽车的驱动力由汽车测功机（也称为转鼓试验台）来测量，通常有单鼓式和双鼓式两种测功机。图2-26所示为单鼓式汽车测功机。试验车辆的驱动轮放在转鼓上，驱动轮的中心应与转鼓的中心在同一垂直平面内，转鼓轴端部装有液力测功器或电力测功器。测功器能产生一定的阻力矩并能调节转鼓的转速，即相当于调节汽车的车速。由测力装置可以测出施加于转鼓的转矩 T 值，其计算公式为

$$T = FL$$

式中 F——由拉力表测出的作用于测功器外壳长臂上的拉力；

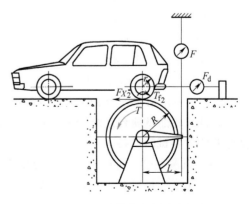

图 2-26 单鼓式汽车测功机

L——测功器外壳长臂的长度。

试验时，应用钢丝绳拉住试验车辆，并在钢丝绳上安装拉力表，从表上可读出汽车的挂钩拉力 F_d。

货车转鼓试验

$$F_d = F_{X_2}$$

根据汽车驱动轮和转鼓的力矩平衡原理有

$$T_t = F_{X_2}r + T_{f_2}$$

$$T = F_{X_2}R - T_{f_2}$$

由此可得，驱动轮上的驱动转矩 T_t 为

$$T_t = F_{X_2}r + F_{X_2}R - T = F_d(r+R) - FL$$

汽车转鼓试验台

故，汽车的驱动力为

$$F_t = \frac{T_t}{r} = \frac{F_d(r+R) - FL}{r} \tag{2-31}$$

由在各档位、各种车速下测得的节流阀全开时的 F_d 和 F 值，即能得到表征汽车动力性的驱动力图。

为了在实验室能直接测量汽车的加速性能，汽车测功机装有由电子调节器控制电子测功机负荷的装置，该装置可以模拟加速过程中的全部阻力——滚动阻力、空气阻力和加速阻力。也可用不同惯量的飞轮组来代替试验车辆的质量，构成汽车在转鼓试验台上加速遇到的各种惯性阻力。

汽车测功机除了能做汽车动力性试验外，还可以进行燃油经济性和排气分析等多种试验，是一种用途较为广泛的汽车试验设备。

（2）轮胎试验台　在轮胎试验台上可以测量轮胎的滚动阻力系数。图 2-27 所示为转鼓式轮胎试验台。由电力测功器驱动的试验轮胎放在转鼓上，轮胎上加载垂直载荷 W，转鼓轴连接着作为制动装置的测功器。试验中测出驱动轮胎的转矩 T_t 和作用于转鼓的制动力矩 T_d，则滚动阻力系数 f 为

$$f = \frac{T_t R - T_d r}{Wr(R+r)} \tag{2-32}$$

式中　T_t——驱动轮胎的转矩；

　　　　T_d——转鼓的制动力矩；

　　　　R——转鼓的半径；

　　　　r——轮胎的动力半径；

　　　　W——作用在轮胎上的垂直载荷。

转鼓式轮胎试验台还能全面测量轮胎的各项机械特性，如临界速度、侧偏特性等，是测试轮胎的重要试验设备。

（3）风洞试验　将缩小的汽车模型置于图 2-28 所示的风洞中，借助强大的鼓风机使空气以所需速度流过风洞，并测量汽车模型所承受的空气阻力及其他空气动力特性参数，即可求出空气阻力系数。

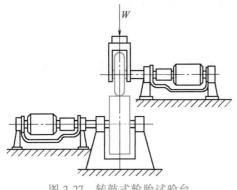

图2-27 转鼓式轮胎试验台

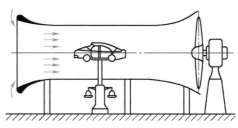

图2-28 风洞试验

为得到准确的试验结果,试验时必须做到几何相似及空气动力学相似。所谓几何相似,就是要求缩小的汽车模型与真实汽车尺寸比例完全相似;空气动力学相似是指汽车模型在风洞中试验时,与汽车实际行驶情况下的雷诺数应相等,即

$$Re = \frac{v_a l_a \rho_a}{\mu_a} = \frac{v_m l_m \rho_m}{\mu_m}$$

汽车风洞流体试验

式中 l_a、l_m——汽车、汽车模型的长度;

v_a、v_m——汽车行驶速度、风洞中空气的速度;

ρ_a、ρ_m——大气、风洞中空气的密度;

μ_a、μ_m——大气、风洞中空气的粘滞系数。

若模型的尺寸为实际汽车的 n 分之一,而两种情况下的 ρ 和 μ 相同,要维持 Re 值不变,只能提高风洞中空气的流速,使 $v_m = nv_a$,这是不容易做到的。因此模型试验中的雷诺数常低于按空气动力学相似计算所得的雷诺数。但在一定范围内,雷诺数的变化对测得的空气阻力系数影响不大。因此,模型试验仍能在一定程度上反映汽车的空气动力学性能。

根据长期实践,目前已认识到模型试验中测得的空气阻力系数误差较大,一般为 10% ~ 20%,最大时误差可达 40%。因此,为了满足节约燃油对汽车外形提出的严格要求,已建立一批大型风洞,对实际的汽车进行空气动力学研究。

第六节 电动汽车动力性能评价 <<<

一、电动汽车的动力性评价指标

电动汽车的动力性指标与传统汽车一样,可从最高车速、加速性能和爬坡性能 3 个方面进行衡量,但具体要求与传统汽车有所差别。根据 GB/T 28382—2012《纯电动乘用车 技术条件》GB/T 19752—2005《混合动力电动汽车 动力性能 试验方法》,电动汽车动力性指标具体要求如下:

1. 最高车速

纯电动汽车和混合动力电动汽车最高车速采用 30min 最高车速的指标,即电动汽车能够持续 30min 以上的最高平均车速，其值应不低于 80km/h。混合动力电动汽车在混合驱动模式下还要求最高车速。

2. 加速性能

纯电动汽车加速性能包括车辆 0~50km/h 和 50~80km/h 的加速性能，其加速时间应分别不超过 10s 和 15s。混合动力电动汽车加速性能包括 0~100km/h 或 0~50km/h 的加速时间。

3. 爬坡性能

纯电动汽车的爬坡性能包括爬坡速度、车辆最大爬坡度，即车辆通过 4% 坡度的爬坡车速不得低于 60km/h，车辆通过 12% 坡度的爬坡车速不得低于 30km/h，车辆最大爬坡度不低于 20%。混合动力电动汽车要求爬坡车速、坡道起步能力和最大爬坡度。

二、纯电动汽车的动力性

1. 驱动电机的外特性曲线

将驱动电机的功率 P_m、转矩 T_m 与转速 n_m 之间的函数关系以曲线表示，此曲线称为驱动电机外特性曲线。

图 2-29 所示为某电动汽车的驱动电机外特性曲线。从图中可以看出，峰值功率 P_{max} = 45kW，额定功率为 20kW，驱动电机的最高转速 n_{max} = 6000r/min，驱动电机的额定转速 n_0 = 1500r/min，峰值转矩 T_{max} = 287N·m。

从图 2-29 可知，驱动电机的外特性曲线可分为两个区域：恒转矩区和恒功率区。在转速低于额定转速时，随着转速的上升，驱动电机功率上升，但输出转矩不变；在额定转速时，驱动电机功率达到最大值 P_{max}，此区域称为恒转矩区；转速高于额定转速时，随着驱动电机转速增加，驱动电机输出功率不变，随转速上升，转矩下降明显，此区域称为恒功率区。

电动汽车电机台架试验

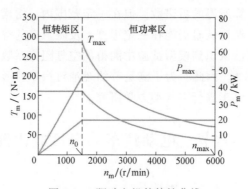

图 2-29 驱动电机外特性曲线

驱动电机最高工作转速与额定转速之比称为驱动电机转速比，一般用 X 表示。图 2-30 所示为 3 台具有不同转速比（$X=2$、4 和 6）的 45kW 驱动电机的转速-转矩特性曲线。从图中可以看出，在相同的驱动电机功率情况下，转速比越大，最大转矩越大，恒功率区范围越大，因此，采用高转速比驱动电机的车辆，其加速性能和爬坡性能可以得到提升，而传动装置可以减少档位。但不同的驱动电机都有其固有的最高转速比限值，例如，永磁电机转速比 $X<2$，开关磁阻电机转速比可达到 $X>6$，异步电机转速比约为 $X=4$。

驱动电机的功率 P_m（kW）与转矩 T_m（N·m）、转速 n_m（r/min）之间的关系可表示为

$$P_\mathrm{m} = \frac{T_\mathrm{m} n_\mathrm{m}}{9550}$$

2. 纯电动汽车的驱动力图

与传统汽车一样，纯电动汽车中电机产生的驱动力仍可用式（2-1）进行计算。由驱动电机外特性确定的驱动力 F_t 与车速 v_a 之间的函数关系曲线即纯电动汽车的驱动力图。图 2-31 所示为采用减速器的纯电动汽车驱动力图。

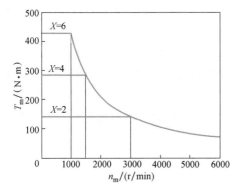

图 2-30　不同转速比（$X=2$、4 和 6）的 45kW 驱动电机的转速-转矩特性曲线

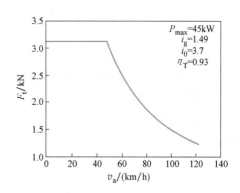

图 2-31　采用减速器的纯电动汽车驱动力图

3. 纯电动汽车传动系统

与传统内燃机不同，驱动电机的转速-转矩特性为在低速时转矩高且恒定，更接近理想的运行特性。因此，当车辆对最高车速要求较低时，采用单档传动装置即可满足车辆的动力性需求。若对最高车速或爬坡度有较高要求时，可选择采用两档甚至三档传动装置。

从驱动电机外特性曲线可知，不同的驱动电机转速比不同，而在相同的电机功率情况下，转速比越大，最大转矩越大，恒功率区范围越大。采用单档传动装置即可满足车辆的性能需求。低转速比的驱动电机需要采用多档传动装置。图 2-32a 是转速比 $X=6$ 的驱动电机和单档减速器的纯电动汽车驱动力图。图 2-32b 是转速比 $X=4$ 的驱动电机和两档变速器的

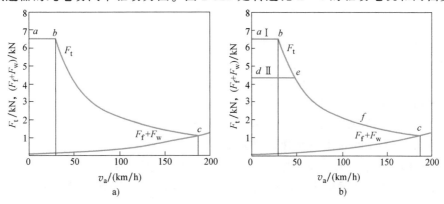

图 2-32　纯电动汽车的驱动力和行驶阻力平衡图

a）驱动电机（转速比 $X=6$）+固定速比减速器　b）驱动电机（转速比 $X=4$）+两档变速器

纯电动汽车驱动力图，第一档覆盖 *abf* 的车速区间，第二档覆盖 *dec* 的车速区间。这两种组合的车辆均具有相同的驱动力随车速变化的特性，因而对应的车辆具有相同动力性能。

4. 纯电动汽车动力性计算

纯电动汽车的行驶阻力与传统汽车相同，包括滚动阻力、空气阻力、坡度阻力和加速阻力。因此，纯电动汽车行驶方程可采用下式表示：

$$\frac{T_{tq}i_g i_0 \eta_T}{r} = Gf\cos\alpha + \frac{C_D A v_a^2}{21.15} + G\sin\alpha + \delta\frac{G}{g}\frac{dv}{dt}$$

图 2-33 是纯电动汽车驱动力-行驶阻力平衡图。根据汽车行驶方程式 $F_t = F_f + F_w + F_i + F_j$，按最高车速定义，$F_i = 0$，$F_j = 0$，则 $F_t = F_f + F_w$，此时，驱动力和行驶阻力相等，汽车处于稳定平衡状态。F_t 曲线与 $F_f + F_w$ 曲线的交点对应的车速即为最高车速。与内燃机汽车不同的是，若采用较大功率的驱动电机或者大传动比变速器时，驱动力-行驶阻力图中不存在这样的交点。此时，最高车速可由驱动电机的最高转速及传动比计算得到。图 2-33 所示纯电动汽车最高车速为 122km/h。

汽车的加速时间是指汽车从静止或低速加速到某一较高车速时所需的时间。由汽车行驶方程式可得

$$a = \frac{dv}{dt} = \frac{1}{\delta m}\left[F_t - (F_f + F_w)\right]$$

图 2-34 所示为采用固定速比减速器的纯电动汽车的加速度曲线。

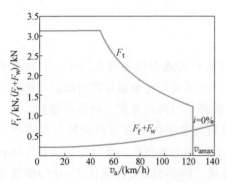

图 2-33 纯电动汽车驱动力-行驶阻力
平衡图（固定速比减速器）

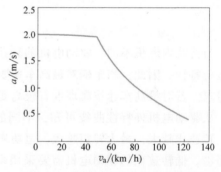

图 2-34 纯电动汽车的加速度曲线

因此，纯电动汽车由车速 v_1 加速到车速 v_2 的加速时间为

$$t = \frac{1}{3.6}\int_{v_1}^{v_2}\frac{1}{a}dv = \frac{1}{3.6}\int_{v_1}^{v_2}\frac{\delta m}{F_t - F_f - F_w}dv$$

利用图解法，可将 a-v_a 曲线（图 2-34）转换成 $1/a$-v_a 曲线（图 2-35）。加速时间可用曲线下两个速度区间的面积表示。图 2-36 中，采用固定传动比的纯电动汽车 0~50km/h 的加速时间为 7s，50~100km/h 的加速时间为 6s。

计算汽车的爬坡能力时，全部驱动力用于克服最大坡度，此时 $dv/dt = 0$，$F_i = F_t - (F_f + F_w)$。根据汽车行驶方程式确定纯电动汽车最大爬坡能力，汽车爬坡的最大坡度角为

$$\alpha = \arcsin\frac{F_t - (F_f + F_w)}{G}$$

利用上式可求得汽车的坡度角,再根据 $\tan\alpha = i$ 换算出坡度值。

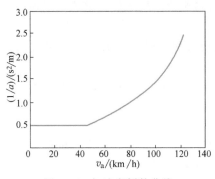

图 2-35 加速度倒数曲线

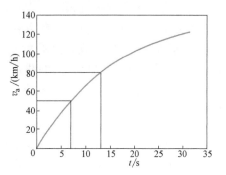

图 2-36 加速时间曲线

5. 纯电动汽车的功率平衡

与传统汽车相同,驱动电机功率和汽车行驶阻力功率是平衡的,其功率平衡方程式可用式(2-24)表示。

与力的平衡处理方法相同,功率平衡方程式可用图解法表示。图 2-37 所示为采用固定速比减速器的纯电动汽车的功率平衡图。图中,驱动电机功率在基速范围内为一条斜线,在基速与最高电机转速之间,功率不变。不同道路坡度下的行驶阻力功率与驱动电机功率的交点对应的车速即为允许的最高车速。

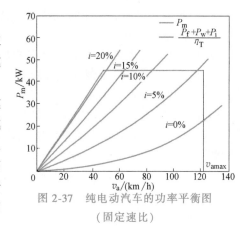

图 2-37 纯电动汽车的功率平衡图
(固定速比)

功率平衡图可用来确定纯电动汽车的最高车速、加速性能和爬坡性能 3 个性能指标。

三、混合动力电动汽车的动力性

1. 混合动力驱动系统的转速-转矩特性

混合动力电动汽车的动力系统有别于其他汽车,其共配置有发动机和电机两套驱动系统,并通过一定的方式偶合在一起,有纯电动模式、混动模式、发动机驱动模式等。因此混合动力驱动系统的转速-转矩特性与动力偶合装置的类型有关。图 2-38 所示为混合动力偶合系统示意图。

图中,T_e 和 n_e 表示发动机的转矩和转速;T_{mi} 和 n_{mi} 表示第 i 个电机的转矩和转速;T_h 和 n_h 表示经过动力偶合后输出的转矩和转速。假设动力偶合装置的效率为 100%,则根据功率平衡原理,可得

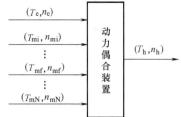

图 2-38 混合动力偶合系统示意图

$$T_e n_e + \sum_{i=1}^{N} T_{mi} n_{mi} = T_h n_h \quad i = (1,2,\cdots,N)$$

根据动力偶合装置对发动机和电机转速或转矩偶合方式的不同,可分为转矩偶合、转速偶合和功率偶合(转速和转矩同时偶合)3 种类型。

（1）转矩偶合　转矩偶合系统的输出转速与发动机及电机转速之间成固定比例关系，而系统的输出转矩是发动机和电动汽车电机转矩的线性组合。转矩偶合方式可以通过齿轮偶合、磁场偶合、链或带偶合等多种方式实现。

（2）转速偶合　转速偶合系统的输出转矩与发动机和电机转矩成固定比例关系，系统的输出转速是发动机和电机转速的线性组合。

（3）功率偶合　采用功率偶合方式的混合动力驱动系统输出转矩是发动机转矩和电机转矩的线性组合。

2. 混合动力电动汽车传动系统

由于混合动力电动汽车包含发动机驱动和电驱动两套系统，且各种车辆的性能要求和混合动力系统偶合方式的不同，传动系统的设计更加多样化，根据汽车应用场景、动力性能要求的不同，可采用减速器或多档变速器。例如城市混合动力电动公交车，最高车速小于70km/h，通常采用固定速比的减速器；轿车或 SUV 等车型，为了满足高速行驶和爬坡的要求，需要采用多档变速器。

对于采用转速偶合或功率偶合方式的混合动力电动汽车，由于其偶合机构具有调速功能，相当于一个具有电子调速的无级变速器，如果调速范围足够大，传动装置可大为简化，采用固定速比的减速器即可。

混合动力电动汽车介绍

3. 混合动力电动汽车的驱动力

混合动力驱动系统在驱动轮上产生的驱动力可采用式（2-1）进行计算。将混合动力电动汽车的驱动力与车速之间的函数关系以图形表示，可得混合动力电动汽车的驱动力图。如图 2-39 所示，配置三档变速器的并联式混合动力电动汽车的驱动力图中包括混合驱动模式、纯电动模式和发动机驱动模式下的 3 种驱动力图。

4. 混合动力电动汽车动力性的计算

与传统内燃机汽车一样，混合动力电动汽车的行驶阻力包括滚动阻力、空气阻力、坡度阻力和加速阻力。混合动力电动汽车的行驶方程式可采用下式来表示：

$$\frac{T_{tq} i_g i_0 \eta_T}{r} = Gf\cos\alpha + \frac{C_D A v_a^2}{21.15} + G\sin\alpha + \delta \frac{G}{g}\frac{dv}{dt}$$

同时，可采用驱动力-行驶阻力平衡图来确定混合动力电动汽车的动力性。图 2-40 所示

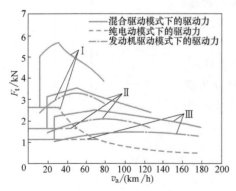

图 2-39　并联式混合动力电动汽车的驱动力图

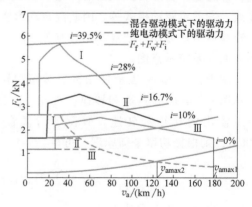

图 2-40　并联式混合动力电动汽车的驱动力-行驶阻力平衡图

为配置三档变速器的并联式混合动力电动汽车的驱动力-行驶阻力平衡图。从图中可以看出：在混合驱动模式下，该车的最大爬坡度约为 39.5%（21.6°），最高车速为 178km/h；在纯电动模式下，该车的最大爬坡度约为 16.7%（9.48°）。纯电动模式下的驱动力曲线与行驶阻力的交点对应的车速即为最高车速（128km/h）。

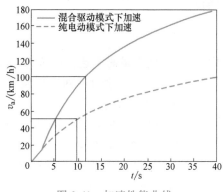

图 2-41 加速性能曲线

图 2-41 所示为配置三档变速器的并联式混合动力电动汽车的加速性能曲线。从图中可知：在混合驱动模式下，车辆从零加速到 100km/h，加速时间为 11.65s，从零加速到 50km/h 时，加速时间为 5.13s；在纯电动模式下，车辆从零加速到 50km/h 时，加速时间为 9.8s。

四、电动汽车动力性评价的试验方法（GB/T 18385—2005《电动汽车　动力性能　试验方法》）

1. 试验条件

（1）环境条件　室外试验大气温度为 5~32℃，室内试验温度为 20~30℃；大气压力为 91~104kPa；高于路面 0.7m 处的平均风速小于 3m/s，阵风风速小于 5m/s；相对湿度小于 95%；试验不能在雨天和雾天进行。

（2）试验仪器　如果使用电动汽车上安装的车速表、里程表测定车速和里程时，试验前必须按照 GB/T 12548 进行误差校正。

（3）道路条件

1）一般条件。试验应该在干燥的直线跑道或环形跑道上进行；路面应坚硬、平整、干净且要有良好的附着系数。

2）直线跑道。测量区的长度至少 1000m；加速区应足够长，以便在进入测量区前 200m 达到稳定的最高车速；测量区和加速区的后 200m 的纵向坡度均不超过 0.5%，加速区的纵向坡度不超过 4%，测量区的横向坡度不超过 3%。

3）环形跑道。环形跑道的长度应至少 1000m；环形跑道与完整的圆形不同，它由直线部分和近似环形的部分相接而成，弯道的曲率半径应不小于 200m；测量区的纵向坡度不超过 0.5%；为计算车速，行驶里程应为车辆被计时所驶过的里程。

2. 试验方法

（1）30min 最高车速试验　在环形跑道上，使试验车辆以该车 30min 最高车速估计值±5% 的车速行驶 30min。试验中车速如果有变化，可以通过踩加速踏板进行补偿，从而使车速符合 30min 最高车速估计值±5% 的要求。如果试验中车速达不到 30min 最高车速估计值的 95%，试验应重做，车速可以是上述 30min 最高车速估计值或者是制造厂重新估计的 30min 最高车速。测量车辆行驶的里程 S_1，单位：m。按下式计算平均 30min 最高车速 V_{30}，单位：km/h。

$$V_{30} = S_1 500$$

（2）最高车速试验　在直线跑道或环形跑道上将试验车辆加速，使汽车在驶入测量区之前能够达到最高稳定车速，并且保持这个加速持续行驶 1km（测量区的长度）。记录车辆持续行驶 1km 的时间 t_1。随即做一次反方向的试验，并记录通过时间 t_2。按下式计算试验结果：

$$V = 3600/t$$

式中　V——实际最高车速，单位为 km/h；

　　　t——持续行驶 1km 两次试验所测时间的算数平均值 $(t_1+t_2)/2$，单位为 s。

　　（3）加速性能试验

　　1）（0~50）km/h 加速性能试验。将加速踏板快速踩到底，使车辆加速到（50±1）km/h。记录下从踩下加速踏板到车速达到（50±1）km/h 的时间。以相反方向行驶再做一次相同的试验。（0~50）km/h 加速性能是两次测得时间的算数平均值（单位：s）。

　　2）（50~80）km/h 加速性能试验。将试验车辆加速到（50±1）km/h，并保持这个车速行驶 0.5km 以上。将加速踏板踩到底，使车辆加速到（80±1）km/h。记录从踩下加速踏板到车速达到（80±1）km/h 的时间或如果最高车速小于 89km/h，应达到最高车速的 90%，并应在报告中记录下最后的车速。以相反方向行驶再做一次相同的试验。（50~80）km/h 加速性能是两次测得时间的算数平均值。

　　（4）爬坡车速试验　将车辆置于测功机上，并对测功机进行必要的调整使其适合试验车辆最大设计总质量值。调整测功机使其增加一个相当于 4% 坡度的附加载荷。将加速踏板踩到底使试验车辆加速或使用适当的变速档位使车辆加速。确定试验车辆能够达到并能持续行驶 1km 的最高稳定车速，同时，记录持续行驶 1km 的时间 t。调整测功机使其增加一个相当于 12% 坡度的附加载荷，重复试验并记录时间。试验完成后，停车检查各部位有无异常现象发生，并详细记录。用下式计算试验结果：

$$V = 3600/t$$

式中　V——实际爬坡最高车速，单位为 km/h；

　　　t——持续行驶 1km 所测时间，单位为 s。

五、混合动力电动汽车动力性评价的试验方法（GB/T 19752—2005《混合动力电动汽车　动力性能　试验方法》）

1. 试验条件

1）环境条件。参照电动汽车动力性能试验环境条件。

2）道路条件。参照电动汽车动力性能试验道路条件。

2. 试验方法

1）混合动力模式下的最高车速。在直道或环道上使车辆加速到最高车速并维持该车速行驶 1km 以上，记录车辆持续行驶 1km 的时间 t_1。随即，在同样试验道路上以反方向重复上述试验，记录车辆持续行驶 1km 的时间 t_2。最高车速为上述两次试验结果的算数平均值。

2）0~100km/h 加速性能。将加速踏板踩到底使车辆加速行驶，记录从踩下加速踏板至车速达到 100km/h 所经历的时间。在同样试验道路上以反方向重复上述试验。0~100km/h 加速时间为上述两次试验结果的算数平均值。

3）混合动力模式下的爬坡车速。把车辆放置在底盘测功机上，并对测功机进行必要的调整使其适合试验车辆最大设计总质量值。调整测功机使其增加一个相当于 4% 坡度的附加载荷。将加速踏板踩到底使车辆加速达到最高爬坡车速。以 ±1km/h 的速度公差维持该爬坡车速行驶 1km，同时，记录持续行驶 1km 的时间 t。调整测功机使其增加一个相当于 12% 坡度的附加载荷。重复上述实验，用下列公式计算试验结果：

$$V = 3.6 \times 1000/t$$

式中　V——实际爬坡最高车速，单位为 km/h；

　　　　t——持续行驶 1km 所测的时间，单位为 s。

思　考　题

1. 汽车的动力性指标有哪些？
2. 什么是汽车行驶的驱动力？它受哪些因素影响？
3. 汽车的行驶阻力有哪些？
4. 什么是附着力？影响附着力的因素有哪些？
5. 什么是汽车的动力因数？

第三章

汽车燃油经济性的评价

在保证动力性的条件下，汽车以尽量少的燃油消耗量经济行驶的能力称为汽车的燃油经济性。在汽车运输成本中，燃油费用占 20% 以上，减少燃油消耗可以降低汽车的使用费用；燃油经济性好，可节约石油资源；同时，燃油经济性好可降低发动机产生的温室效应气体 CO_2 的排放。因此，燃油经济性受到各国政府、汽车制造业与汽车使用者的重视。

本章重点讨论汽车燃油经济性及提高汽车燃油经济性的措施，通过本章学习应达到以下学习目标：

1）掌握汽车燃油经济性的评价指标。

2）掌握汽车燃油经济性的计算方法。

3）了解影响燃油经济性的汽车结构因素和使用因素。

第一节　汽车燃油经济性的评价指标　　<<<

一、汽车燃油经济性评价指标

汽车燃油经济性常用一定运行工况下汽车行驶 100km 的燃油消耗量或一定燃油量能使汽车行驶的里程来衡量。

在我国及欧洲，燃油经济性指标用汽车行驶 100km 所消耗的燃油升数来衡量，单位为 L/100km；该数值越大，汽车的燃油经济性越差。在美国，燃油经济性用每加仑燃油能行驶的英里数来衡量，单位为 m/g；该数值越大，汽车的燃油经济性越好。在日本，燃油经济性用每升燃油能行驶的千米数来衡量，单位为 km/L；该数值越大，汽车的燃油经济性越好。

100km 燃油消耗量分为等速行驶 100km 燃油消耗量和循环行驶工况 100km 燃油消耗量。

1. 等速行驶 100km 燃油消耗量

这是常用的一种评价指标，指汽车在额定载荷（我国规定轿车为半载、货车为满载）下，以最高档在水平良好路面上等速行驶 100km 的燃油消耗量。

常测出每隔 10km/h 或 20km/h 速度间隔的等速 100km 燃油消耗量，将其在以行驶速度为横坐标、100km 燃油消耗量为纵坐标的图上连成曲线，称为等速 100km 燃油消耗量曲线（图 3-1），用来评价汽车的燃油经济性。

2. 循环行驶工况 100km 燃油消耗量

由于等速行驶工况没有全面反映汽车的实际运行情况，特别是在市区行驶中频繁出现的加速、减速、怠速停车等行驶工况。因此，在对实际行驶车辆进行跟踪测试统计

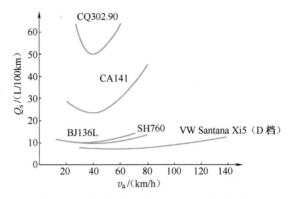

图 3-1　汽车等速 100km 燃油消耗量曲线

的基础上，各国都制定了一些典型的循环行驶试验工况来模拟实际汽车运行状况，并以其 100km 燃油消耗量（或 m/g）来评定相应行驶工况的燃油经济性。

循环工况规定了车速-时间行驶规范，例如何时换档、何时制动以及行车的速度和加速度等数值。因为在路上试验比较困难，一般多规定在室内汽车底盘测功机（转鼓试验台）上进行测试。

我国制定了货车与客车的路上行驶循环工况，货车 4 工况（图 3-2）、城市公共客车 4工况（GB/T 12545.2—2001）（图 3-3）、乘用车 15 工况（GB 12545.1—2008）。我国规定以等速 100km 燃油消耗量和最高档节气门全开加速行驶 500m 的加速油耗作为单项评价指标，以循环工况燃油消耗量作为综合性评价指标。

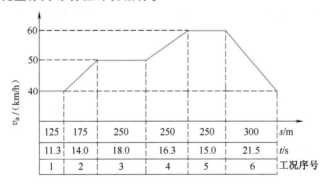

图 3-2　我国测量货车燃油经济性的循环行驶工况

欧洲经济委员会（ECE）规定，要测量车速为 90km/h 和 120km/h 的等速 100km 燃油消耗量、按 ECE-R.15 循环工况的 100km 燃油消耗量（图 3-4），并各取 1/3 相加作为混合100km 燃油消耗量来评定汽车的燃油经济性。

以 L/100km 计的 1/3 混合油耗为：$\dfrac{1}{3}$ 混合 $= \dfrac{1}{3}$ECE $+ \dfrac{1}{3} \times 90$km/h $+ \dfrac{1}{3} \times 120$km/h

美国环境保护局（EPA）规定，要测量城市循环工况（UDDS）及公路循环工况（HW-FET，图 3-5）的燃油经济性，并按下式计算综合燃油经济性（单位为 m/g）：

$$综合燃油经济性 = \cfrac{1}{\cfrac{0.55}{城市循环燃油经济性} + \cfrac{0.45}{公路循环燃油经济性}}$$

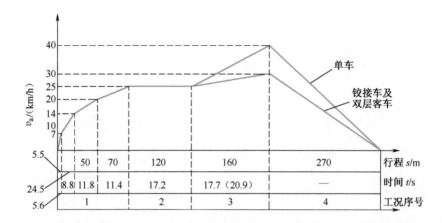

图 3-3　我国测量城市公共客车燃油经济性的循环行驶工况

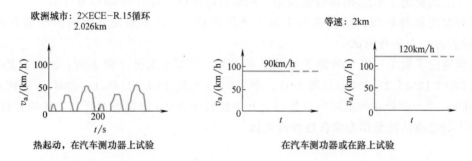

图 3-4　欧洲测量汽车燃油经济性的行驶工况

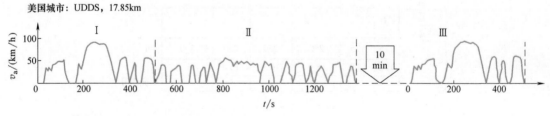

I 为冷起动，III 为热起动，在汽车测功器上试验

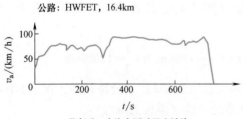

热起动，在汽车测功器上试验

图 3-5　美国测量汽车燃油经济性的行驶工况

二、汽车燃油经济性标准

为了节约能源，不少国家制定了控制燃油消耗限值的法规。

1. 美国的汽车燃油经济性标准

美国针对轿车制定了《公司平均燃油经济性标准》（简称为 CAFE）。CAFE 是指一个公司全部销售轿车的平均燃油经济性。若不能达到该标准，公司将被处以罚款。美国之前 30多年乘用车要求 CAFE 值为 27.5m/g（相当于 10.27L/100km）没有发生变化，影响了美国整体汽车的节能。2007 年底新标准通过，到 2020 年达到 35m/g，约 6.7L/100km。

2. 日本乘用车油耗限值

日本 2005 年和 2010 年乘用车油耗限值见表 3-1。

表 3-1　日本 2005 年和 2010 年乘用车油耗限值

汽油乘用车燃油消耗量限值（2010 年）								
整备质量/kg	≤702	703~827	828~1015	1016~1265	1266~1515	1516~1765	1766~2015	2016~2265	≥2266
限值/(km/L)	21.2	18.8	17.9	16.0	13.0	10.5	8.9	7.8	6.4

柴油乘用车燃油消耗量限值（2005 年）							
整备质量/kg	≤1015	1016~1265	1266~1515	1516~1765	1766~2015	2016~2265	≥2266
限值/(km/L)	18.9	16.2	13.2	11.9	10.8	9.8	8.7

3. 中国乘用车燃料消耗量限值

中国乘用车燃料消耗量限值见表 3-2。

表 3-2　中国乘用车燃料消耗量限值

整备质量（CM）/kg	限值/(L/100km)			
	第一阶段（2006 年）	第二阶段（2009 年）	第三阶段（2012 年）	第四阶段（2016 年）
$CM \leqslant 750$	7.2	6.2	5.2	3.9
$750 < CM \leqslant 865$	7.2	6.5	5.5	4.1
$865 < CM \leqslant 980$	7.7	7.0	5.8	4.3
$980 < CM \leqslant 1090$	8.3	7.5	6.1	4.5
$1090 < CM \leqslant 1205$	8.9	8.1	6.5	4.7
$1205 < CM \leqslant 1320$	9.5	8.6	6.9	4.9
$1320 < CM \leqslant 1430$	10.1	9.2	7.3	5.1
$1430 < CM \leqslant 1540$	10.7	9.7	7.7	5.3
$1540 < CM \leqslant 1660$	11.3	10.2	8.1	5.5
$1660 < CM \leqslant 1770$	11.9	10.7	8.5	5.7
$1770 < CM \leqslant 1880$	12.4	11.1	8.9	5.7
$1880 < CM \leqslant 2000$	12.8	11.5	9.3	6.2
$2000 < CM \leqslant 2110$	13.2	11.9	9.7	6.4
$2110 < CM \leqslant 2280$	13.7	12.3	10.1	6.6
$2280 < CM \leqslant 2510$	14.6	13.1	10.8	7.0
$2510 < CM$	15.6	13.9	11.5	7.3

我国部分乘用车燃油消耗量见表3-3。

表3-3　我国部分乘用车燃油消耗量

品牌	发动机配置	功率/kW	汽车质量/kg	最大转矩（N·m）	实测油耗/（L/100km）
帕萨特	1.8T	132.4	1580	300	7.1
凯美瑞	2.0L	122.8	1490	199	7.8
雅阁	1.5T	142.7	1519	260	7.1
天籁	2.0L	114.7	1456	208	8.1
蒙迪欧	1.5T	131.1	1540	240	7.9
君威	1.5T	125.0	1430	252	8.2
508	1.6T	122.8	1565	245	8.0

4. 欧洲汽车燃油经济性标准

欧洲汽车制造商联合会（ACEA）同欧洲委员会制定了一项自愿协议，以减少轻型客车（包括轿车）的 CO_2 排放。在协议中规定，2010 年欧洲轿车 CO_2 排放量达到 120g/km，相当于燃油消耗量为 5.17L/100km（汽油机）和 4.56L/100km（柴油机）。

斯柯达2.0TDI燃油经济性测试

大众汽车燃油经济性测试

第二节　汽车燃油经济性的计算　◀◀◀

根据发动机台架试验得到的发动机万有特性图与汽车功率平衡图，可对汽车燃油经济性进行估算，能对开发中的汽车的燃油经济性做出初步评价。

一、等速行驶工况燃油消耗量的计算

已知一汽油机的万有特性（图3-6a），汽车传动系统参数和传动效率、总质量以及迎风面积和空气阻力系数，等速行驶工况燃油消耗量的计算步骤如下。

1. 计算某一车速等速行驶所消耗的功率

1）根据公式 $v_a = 0.377 \dfrac{rn}{i_g i_0}$ 求出某转速对应的行驶车速。

2）根据公式 $\dfrac{1}{\eta_T}(P_f + P_w)$ 计算出该车速等速行驶的汽车阻力功率，即此时发动机输出的功率。

2. 确定发动机的有效燃油消耗率

根据行驶车速 v_a 及阻力功率 P（图3-6b），在万有特性图上利用插值法可确定相应的燃油消耗率 b_e（图3-6a 中的 A 点）。

3. 计算等速行驶单位时间内的燃油消耗量 Q_t

$$Q_t = \frac{Pb_e}{367.1\rho g} \tag{3-1}$$

式中　Q_t——燃油消耗量，单位为 mL/s；

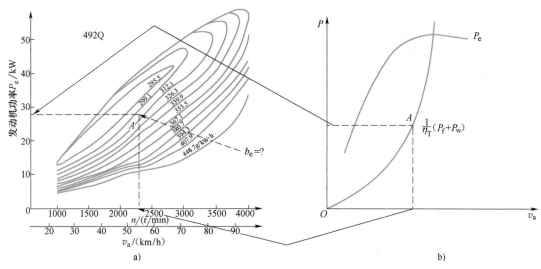

图 3-6 等速行驶工况燃油消耗量的计算

a) 汽油机的万有特性曲线   b) 汽车功率平衡图

P——阻力功率，单位为 kW；

b_e——燃油消耗率，单位为 g/(kW·h)；

ρ——燃油的密度，汽油可取 0.71~0.73kg/L，柴油可取为 0.81~0.83kg/L；

g——重力加速度。

整个等速过程行经 s 行程的燃油消耗量 Q 为

$$Q = \frac{Pb_e s}{102 v_a \rho g} \tag{3-2}$$

式中 Q——燃油消耗量，单位为 mL；

s——行经行程，单位为 m；

v_a——行驶速度，单位为 km/h。

折算成等速行驶 100km 燃油消耗量 Q_s 为

$$Q_s = \frac{Pb_e}{1.02 v_a \rho g} \tag{3-3}$$

二、等加速行驶燃油消耗量的计算

汽车加速行驶时，发动机除了克服滚动阻力和空气阻力外，还要提供为克服加速阻力所消耗的功率。若加速度为 dv/dt，则发动机提供的功率 P_e 应为

$$P_e = \frac{v_a}{3600 \eta_T} \left(Gf + \frac{C_D A v_a^2}{21.15} + \delta \frac{G}{g} \frac{dv}{dt} \right)$$

下面计算由 v_{a_1} 以等加速度加速至 v_{a_2} 的燃油消耗量（图 3-7）。把加速过程分隔为若干个小区间，区间以速度每增加 1km/h 为一间隔。每个区间的燃油消耗量可根据平均的单位时间燃油消耗量和行驶时间的乘积来计算得出。各区间起始或终了车速所对应的单位时间燃油消耗量，可根据相应的发动机功率与燃油消耗率来求得，计算公式为

$$Q_t = \frac{Pb_e}{367.1\rho g}$$

汽车行驶速度每增加 1km/h 所需时间 Δt（单位为 s）为

$$\Delta t = \frac{1}{3.6 \dfrac{\mathrm{d}v}{\mathrm{d}t}}$$

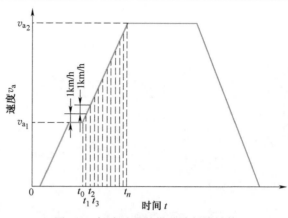

图 3-7　加速过程的燃油消耗量计算

式中　$\dfrac{\mathrm{d}v}{\mathrm{d}t}$——汽车加速度，单位为 m/s^2。

汽车从行驶初速 v_{a_1} 加速至 $(v_{a_1}+1)$ 所需的燃油消耗量 Q_1 为

$$Q_1 = \frac{1}{2}(Q_{t_0} + Q_{t_1})\Delta t$$

式中　Q_{t_0}——区间起始速度 v_{a_1} 所对应时刻 t_0 的单位时间燃油消耗量；

　　　Q_{t_1}——区间终了速度 $(v_{a_1}+1)$ 所对应时刻 t_1 的单位时间燃油消耗量；

　　　Δt——车速增加 1km/h 所需要的时间。

同理，从车速 $(v_{a_1}+1)$ 加速至 $(v_{a_1}+2)$ 所需的燃油消耗量 Q_2 为

$$Q_2 = \frac{1}{2}(Q_{t_1} + Q_{t_2})\Delta t$$

依次类推，各个区间的燃油消耗量为

$$Q_3 = \frac{1}{2}(Q_{t_2} + Q_{t_3})\Delta t$$

$$\cdots$$

$$Q_n = \frac{1}{2}[Q_{t_{(n-1)}} + Q_{t_n}]\Delta t$$

式中　Q_{t_3}、$\cdots$、Q_{t_n}——t_3、$\cdots$、t_n 时刻的单位时间燃油消耗量，单位为 mL/s。

整个加速过程的燃油消耗量 Q_a 的计算公式为

$$Q_a = \sum_{i=1}^{n} Q_i = Q_1 + Q_2 + Q_3 + \cdots + Q_n = \frac{1}{2}(Q_{t_0} + Q_{t_n})\Delta t + \sum_{i=1}^{n-1} Q_{t_i}\Delta t \tag{3-4}$$

整个加速区段内汽车行驶的距离 s_a 为

$$s_a = \frac{v_{a_2}^2 - v_{a_1}^2}{25.92 \dfrac{\mathrm{d}v}{\mathrm{d}t}} \tag{3-5}$$

式中　s_a——加速区段内汽车行驶的距离，单位为 m；

　　　v_{a_2}——汽车加速终了时的行驶速度，单位为 km/h；

　　　v_{a_1}——汽车加速起始时的行驶速度，单位为 km/h；

　　　$\dfrac{\mathrm{d}v}{\mathrm{d}t}$——汽车加速度，单位为 m/s^2。

三、等减速行驶燃油消耗量的计算

汽车减速行驶时，加速踏板松开，节气门关至最小位置，发动机处于怠速工作状态，该工况下的燃油消耗量即为正常怠速时的燃油消耗量。因此，等减速行驶燃油消耗量即为怠速燃油消耗率与减速行驶时间的乘积。

减速时间 t 的计算公式为

$$t = \frac{v_{a_2} - v_{a_3}}{3.6\dfrac{\mathrm{d}v}{\mathrm{d}t}}$$

式中　v_{a_2}、v_{a_3}——等减速行驶的起始车速和终了车速，单位为 km/h；

　　　$\dfrac{\mathrm{d}v}{\mathrm{d}t}$——汽车减速度，单位为 m/s^2。

所以，等减速行驶燃油消耗量的计算公式为

$$Q_d = \frac{v_{a_2} - v_{a_3}}{3.6\dfrac{\mathrm{d}v}{\mathrm{d}t}}Q_i \tag{3-6}$$

式中　Q_i——单位时间怠速燃油消耗量，单位为 mL/s。

减速过程中汽车行驶的距离 s_d 的计算公式为

$$s_d = \frac{v_{a_2}^2 - v_{a_3}^2}{25.92\dfrac{\mathrm{d}v}{\mathrm{d}t}} \tag{3-7}$$

四、怠速停车时燃油消耗量的计算

怠速停车时的燃油消耗量 Q_{id} 的计算公式为

$$Q_{id} = Q_i t_s \tag{3-8}$$

式中　Q_i——单位时间怠速燃油消耗量，单位为 mL/s；

　　　t_s——怠速停车时间，单位为 s。

五、整个循环工况燃油消耗量的计算

对于由等速、等加速、等减速和怠速停车等行驶工况组成的循环工况，其燃油消耗量为所有过程的燃油消耗量的总和。整个循环工况的 100km 燃油消耗量 Q_s 的计算公式为

$$Q_s = \frac{\sum Q}{s} \times 100 \tag{3-9}$$

式中　$\sum Q$——所有过程燃油消耗量的总和，单位为 mL；

　　　s——整个循环工况的行驶距离，单位为 m。

第三节 影响汽车燃油经济性的因素 <<<

为了改善汽车燃油经济性，必须对影响燃油经济性的有关因素进行研究。从汽车燃油消耗方程式可以发现，燃油消耗量正比于行驶阻力与燃油消耗率，反比于传动效率。发动机燃油消耗率一方面受到发动机种类和设计水平的影响，另一方面受负荷率的影响，同时与各种行驶工况及汽车附件的使用有关。图3-8是某中型轿车在 EPA 城市、公路循环行驶工况的能量平衡图，由图可以看出各种因素在汽车燃油消耗中所占的比重。

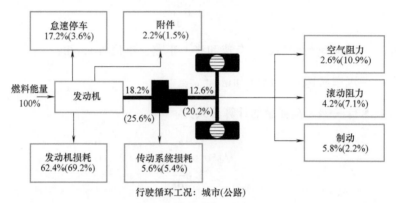

图 3-8 某中型轿车在 EPA 城市、公路循环行驶工况的能量平衡图

通过分析，影响燃油经济性的因素包括汽车使用方面和汽车结构方面。

一、使用方面

1. 行驶车速

由图 3-1 可以看出，汽车在以接近于低速的中等车速行驶时的燃油消耗量最低，速度过高或过低都会使燃油消耗量增大。低速时，尽管行驶阻力小，但发动机的负荷率低，有效燃油消耗率上升，100km 燃油消耗量也有所增加；高速时，虽然发动机的负荷率较高，但汽车的行驶阻力增加很多而导致 100km 燃油消耗量增加，故汽车应中速行驶。

百公里油耗最少时的车速称为经济车速。表 3-4 为部分行驶路况下的经济车速。

表 3-4 部分行驶路况下的经济车速

行驶路况	经济车速
山区	40~60km/h
市区	30~45km/h
多坡道、载重	50~60km/h
高速公路	90~120km/h
城郊等级公路	40~60km/h

2. 档位选择

在一定的道路条件下，汽车用不同的档位行驶，其燃油消耗量是不一样的。在同一道路条件和车速下，虽然发动机输出的功率相同，但档位越低，发动机的后备功率越大，发动机的负荷率越低，燃油消耗率越高，100km 燃油消耗量就越大，而使用高速档时的情况则相反。因此，要尽可能用高速档行驶。

另外，汽车上坡行驶时，应及时减档。若减档过早，不能充分利用汽车惯性爬坡；若减档过晚，车速降低过多，常需要多换一次档，增加油耗。

3. 挂车应用

运输企业中普遍拖带挂车。这是提高运输生产率、降低成本和减小燃油消耗量的一项有效措施。应注意的是，拖带挂车后，虽然汽车总的燃油消耗量增大了，但以 100t·km 计的燃油消耗量却减小了，即分摊到每单位质量货物上的燃油消耗量减小了。拖带挂车后节省燃油的原因有两个：一个是带挂车后汽车的行驶阻力增大，发动机的负荷率增大，使燃油消耗率减小；另一个原因是汽车列车的质量利用系数（即装载质量与整车整备质量之比）较大。

4. 正确地维护与调整

汽车的调整与维护会影响发动机的性能与汽车行驶阻力。发动机及其附件有故障或失调以及发动机过热、过冷都会影响发动机的功率。另外，前轮定位是否正确、轮胎的气压是否符合规定、制动间隙与轮毂轴承松紧度以及传动系统各箱体内润滑油质量好坏均对百公里油耗有很大的影响。所以，正确的维护与调整对改善汽车燃油经济性有很大影响。图 3-9 所示为 Vauxhall Victor 轿车燃油经济性试验循环油耗。

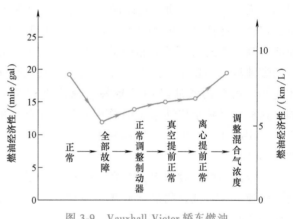

图 3-9　Vauxhall Victor 轿车燃油经济性试验循环油耗

二、结构方面

设计与制造出性能良好、燃油消耗低的汽车是很重要的。通过对汽车各个主要部件的改进，可以大大节约用油。下面介绍发动机、传动系统、汽车外形等方面与燃料经济性的关系。

1. 汽车尺寸和质量

汽车尺寸和质量增加，则汽车所受到的滚动阻力、空气阻力、坡度阻力和加速阻力会大幅度增加，为保证汽车的高动力性而装用大排量的发动机会使行驶中的负荷率较低，发动机的燃油消耗较高，这就导致了大而重的豪华型轿车比小而轻的轻型、微型轿车的燃油消耗量大得多。因此，广泛采用轻型、微型轿车是节约燃油的有效措施。

货车的质量利用系数越大，有效运输质量所占的比重就越大，运输中的单位燃油消耗量与成本都将降低。随着生产技术水平的提高，质量利用系数正在逐步提高。为了减小质量，轿车选用铝和复合材料所占的比重日益增加。

减小汽车质量方面采取的措施主要有：采用高强度轻材料（如高强度低合金钢、铝合金、塑料、树脂和各种强化纤维等材料）制造汽车零件；改进汽车结构，如采用前轮驱动、承载式车身等，以及各种零件的薄壁化和小型化。汽车的轻量化、小型化是汽车工业的发展方向之一。

2. 发动机

发动机是对燃油经济性最有影响的部件。提高发动机燃油经济性的主要途径如下：

1）提高现有汽油机热效率与机械效率，其措施有使用电控技术、缸内直喷技术、增压中冷技术、可变气门升程技术等。

2）提高柴油机燃油经济性，其措施有使用增压中冷技术、电控燃油喷射技术、缸内直喷燃油技术等。

3）扩大柴油机的应用范围，如柴油轿车。

3. 传动系统

传动系统的传动效率越高，则损失在传动系统的能量越少，发动机燃油经济性越好。

变速器的档位和传动比对燃油经济性有影响。虽然汽车行驶时所需的发动机功率与变速器档位无关，但发动机转速随所接合的档位的改变而发生变化。在汽车行驶速度不变的情况下，接合高速档时，传动比小，发动机转速低；接合低速档时，由于传动比加大，发动机转速将升高。在发动机负荷相同的情况下，转速越低，发动机的燃油消耗率越小。因此，在一定的行驶条件下，传动比越小，汽车的燃油经济性越好。现代汽车常采用超速档，这样可以减小传动系统的总传动比。在良好的道路条件下采用超速档，可以更好地利用发动机功率，提高汽车的燃油经济性。

变速器的档位数越多，越容易保证发动机以最经济工况的转速工作，汽车的燃油经济性越好。当变速器的档位数无限制时，即为无级变速器（图3-10）。当采用无级变速器时，在任何条件下都能提供使发动机在最经济工况下

图3-10　无级变速器

工作的可能性。若无级变速器能维持较高的机械效率，则汽车的燃油经济性将显著提高。现有的液力变矩器无级变速器效率较低，汽车的燃油经济性不一定能得到改善。

4. 汽车外形与轮胎

汽车外形对燃油经济性有影响，主要表现在高速行驶时的空气阻力。因此，改善汽车车身流线型、降低空气阻力系数可以提高燃油经济性，但在城市交通中，由于行驶速度低，该措施对油耗影响较小。图3-11是Audi 100轿车通过变动车身形状而具有不同C_D的试验结果。当C_D值由0.42降低到0.3时，其混合百公里燃油消耗可降低9%，而以150km/h等速行驶的油耗则可降低25%左右。

改善汽车外形，使车身形状近于流线型，以减小空气阻力系数，可以减少行驶过程中特别是高速行驶的空气阻力，有显

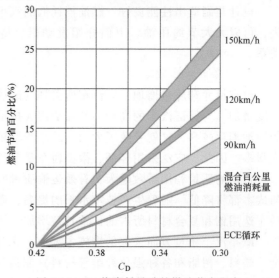

图3-11　C_D值降低导致的燃油节省程度

著的节油效果。某轿车空气阻力系数由 0.5 下降到 0.3，可使油耗降低 22%。

汽车轮胎对燃油经济性有影响。轮胎作为汽车的关键承载部件之一，有承受车辆负荷、向路面传递驱动力和制动力等作用。子午线轮胎的耐磨性、动力性、经济性等综合性能最好，与一般斜交轮胎相比，燃油经济性较好。不同类型花纹的轮胎的燃油消耗率不同，折线花纹轮胎比一般花纹要省油。花纹的主要种类有以下几种：

1）纵向折线花纹（与轮胎圆方向相向）——能将滚动阻力减到最小，对侧滑产生较大阻力。

2）横向花纹——与轮胎以近似直角的形式分布在胎面上，具有良好的地面附着能力，但滚动阻力较大，防侧滑的能力较小，胎噪较大。

3）组合花纹——由纵向折线花纹和横向花纹组合而成。

4）区间花纹——具有这种花纹的胎面被有规则花纹槽分成许多的区间，可以提供更好的驱动和制动性能；同时，在泥泞或积雪覆盖道路行驶时，可减少打滑和滑移现象。

在行驶过程中，轮胎会产生滚动阻力，滚动阻力增大会增加汽车的燃油消耗。图 3-12 所示为滚动阻力与燃油消耗量的关系。在负载不变的情况下，节油轮胎比同规格产品滚动阻力值平均降低 21%～24%。由于每减少 3%～5% 的滚动阻力就能节约 1% 的燃油消耗，因此，平均可降低约 5% 的燃油消耗量。

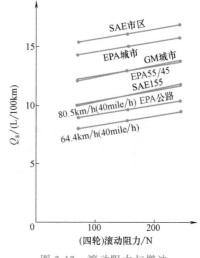

图 3-12　滚动阻力与燃油
消耗量的关系

思　考　题

1. 如何评价汽车的燃油经济性？
2. 如何从汽车使用方面改善汽车燃油经济性？
3. 从结构上提高发动机燃油经济性的主要途径有哪些？
4. 变速器的档位和传动比对燃油经济性有何影响？
5. 汽车尺寸和质量对燃油经济性有何影响？
6. 汽车外形和轮胎对燃油经济性有何影响？

第四章

汽车制动性能的评价

汽车的制动性是指汽车行驶时能在短距离内停车且维持行驶方向的稳定性，在下长坡时能维持一定车速的能力。制动性是汽车的主要性能之一，是汽车安全行驶的保证，直接关系到人们生命财产的安全。改善汽车的制动性始终是汽车设计、制造和维修部门的重要任务。

本章研究的重点是如何使汽车在保证方向稳定性的前提下，获得最好的制动效能，通过本章的学习应达到以下学习目标：

1) 掌握制动性能的评价指标。

2) 掌握制动时汽车的受力情况以及地面制动力、制动器制动力、附着力之间的关系。

3) 掌握滑动率和附着系数的概念，以及附着系数随滑动率的变化规律，能够应用附着系数曲线分析制动时容易发生横向移动的原因。

4) 掌握汽车制动距离的含义和计算过程。

5) 掌握理想的制动器制动力分配曲线 I 曲线、β 线、同步附着系数、f 线组、r 线组的含义。

6) 能够运用 I 曲线、β 线、f 线组、r 线组，分析具有固定比值的前、后轮制动器制动力的汽车在不同路面上的制动过程。

第一节　汽车制动性能的评价指标 ◄◄◄

汽车制动性能主要有以下 3 个评价指标。

一、制动效能

制动效能是指汽车迅速减速直至停车的能力，即在良好路面上，汽车以一定的初速度制动到停车的制动距离或制动时汽车的减速度。它是汽车制动性能最基本的评价指标。

二、制动效能的恒定性

制动效能的恒定性主要是指汽车的抗热衰退性，即汽车在高速行驶或下长坡连续制动时制动效能的稳定程度。汽车的制动过程实际上是把汽车行驶的动能通过制动器吸收转换为热能的过程。制动器自身温度升高以后，制动力矩下降，制动减速度减小，制动距离增大，这种现象称为制动器的热衰退。

制动效能降低的程度用热衰退率 η_t 表示，其计算公式为

$$\eta_t = \frac{j_冷 - j_热}{j_冷} \times 100\% = \frac{s_热 - s_冷}{s_热} \times 100\% \tag{4-1}$$

式中　$j_冷$——冷状态（制动起始温度在100℃以下）下的制动减速度，单位为 m/s^2；

　　　$j_热$——制动器温度升高以后的制动减速度，单位为 m/s^2；

　　　$s_冷$——冷状态（制动起始温度在100℃以下）的制动距离，单位为 m；

　　　$s_热$——制动器温度升高以后的制动距离，单位为 m。

此外，涉水行驶后，制动器还存在水衰退问题。

三、制动时的方向稳定性

汽车制动时的方向稳定性常用制动时汽车按给定路径行驶的能力来评价。如果汽车在制动时发生跑偏（制动时汽车偏驶，但后轮沿前轮的轨迹运动）、侧滑（制动时汽车一轴或双轴发生横向滑动，前、后轮轨迹不重合）或失去转向能力（如前轮抱死拖滑，汽车将失去转向能力），则汽车将偏离原来的路径。因此，它对汽车交通安全性能的影响极大。

第二节　汽车制动过程的分析　◂◂◂

汽车制动时，使汽车从一定的速度制动到较小的车速或直至停车的外力由地面和空气提供。由于空气阻力相对较小，所以实际上外力是由地面提供的，称为地面制动力。当汽车的质量一定时，地面制动力越大，制动减速度越大，制动距离越小。因此，地面制动力对汽车制动性能有着决定性的影响。

一、制动时车轮的受力分析

1. 地面制动力

汽车在良好路面上制动时，车轮的受力如图4-1所示。图中忽略了滚动阻力偶矩和减速时的惯性力、惯性力偶矩；T_μ 为车轮制动器中的摩擦力矩，单位为 $N \cdot m$；F_{Xb} 为地面制动力，单位为 N；W 为车轮法向载荷，单位为 N；F_p 为对车轮的推力，单位为 N；F_Z 为地面对车轮的反作用力，单位为 N。

根据力矩平衡分析可以得到

$$F_{Xb} = \frac{T_\mu}{r} \tag{4-2}$$

式中　r——车轮半径。

地面制动力的产生源于制动力矩 T_μ，是在 T_μ 的作用下，地面作用于车轮使汽车减速或停车的外力。因而地面制动力的大小取决于制动器内制动摩擦片与制动鼓（盘）之间的摩擦力及轮胎与地面的摩擦力（附着力）。

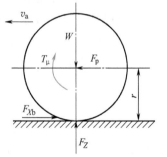

图 4-1　车轮在制动时的受力分析

2. 制动器制动力

制动器制动力是为克服制动器摩擦力矩而在轮胎周缘所需施加的切向力，以符号 F_μ 来

表示。它等于将汽车架离地面，踩住制动踏板后，在轮胎周缘切线方向推动车轮直至它能转动所需施加的力。显然

$$F_\mu = \frac{T_\mu}{r} \tag{4-3}$$

式中，T_μ、r 的含义同式（4-2）。

由式（4-3）可知，制动器制动力仅取决于制动器的摩擦力矩，即取决于制动器的类型、结构尺寸、制动器摩擦副的摩擦系数和车轮半径，并与制动踏板力（即制动系统的液压或空气压力）成正比，但制动器摩擦副的摩擦系数和摩擦作用的大小在实际使用中变化很大，因此必须正确地维护和调整制动器，以保证制动器技术状况良好。

3. 地面制动力、制动器制动力与地面附着力的关系

汽车制动时，根据制动强度的不同，车轮的运动可简单地考虑为减速滚动和抱死拖滑两种状态。此时，地面制动力、制动器制动力及地面附着力之间的关系如图 4-2 所示。

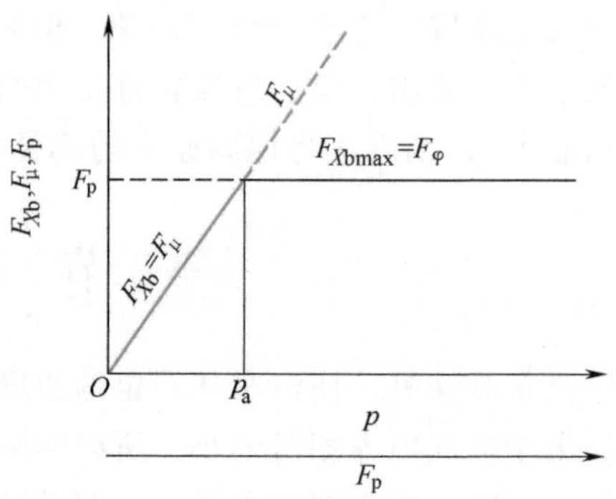

（1）车轮作减速滚动　当制动踏板力较小时，制动器摩擦力矩不大，地面制动力足以克服制动器摩擦力矩而使车轮维持滚动。显然，车轮滚动时的地面制动力就等于制动器制动力，且随着制动踏板力的增大而成正比增大，但地面制动力是滑动摩擦的约束反力，其值不能超过地面附着力，即

$$F_{Xb} \le F_\varphi = F_Z \varphi \tag{4-4}$$

或最大地面制动力 $F_{Xb\max}$ 满足

$$F_{Xb\max} = F_Z \varphi \tag{4-5}$$

图 4-2　汽车制动时地面制动力、制动器制动力及地面附着力的关系

p—制动系统油压　F_p—制动踏板力

（2）车轮抱死拖滑　当制动踏板力或制动系统压力上升到某一极限值，地面制动力达到地面附着力（$F_{Xb} = F_\varphi$）时，车轮即抱死不转而出现拖滑现象。制动踏板力或制动系统压力继续增大，则制动器制动力 F_μ 由于制动器摩擦力矩的增长而仍按照线性关系继续增大。但若作用在车轮上的法向载荷不变，则地面制动力 F_{Xb} 达到地面附着力 F_φ 的值后不再增大。此时若要增大地面制动力，只能通过提高附着系数来实现。

由此可见，汽车的地面制动力首先取决于制动器制动力，同时受地面附着条件的限制，所以只有汽车具有足够的制动器制动力，又能提供高的地面附着力时，才能获得足够的地面制动力。

二、硬路面上的附着系数 φ 与滑动率 s

汽车的制动过程实际上并不只是包含滚动和抱死拖滑两种状态，而是一个从车轮滚动到抱死拖滑的一个渐变连续过程。如图 4-3 所示，在汽车制动过程中，逐渐增大制动踏板力时轮胎留在地面上的印痕就很好地说明了这一点。

由图可见，轮胎印痕基本上可以分为 3 个阶段，对应于车轮运动的 3 种不同的状态。

第一阶段车轮作纯滚动，此时印痕的形状与轮胎胎面花纹基本一致，可以认为

$$v_w = r_{r_0}\omega_w \qquad (4\text{-}6)$$

式中　v_w——车轮中心的速度；

　　　ω_w——车轮的角速度；

　　　r_{r_0}——没有地面制动力时的车轮滚动半径。

第二阶段车轮作边滚边滑的混合运动，此时在印痕内还可以辨认出轮胎花纹，但花纹渐趋模糊。因此有

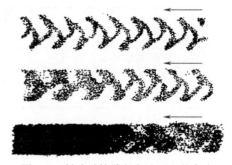

图 4-3　制动时轮胎留在地面上的印痕

$$v_w > r_{r_0}\omega_w$$

且伴随制动强度的增大，滑动成分越来越大，即 $v_w \gg r_{r_0}\omega_w$。

第三阶段车轮作纯滑动，此时车轮抱死拖滑，印痕粗黑，看不出轮胎花纹。因此有

$$\omega_w = 0$$

以上 3 个阶段说明，随着制动强度的增大，车轮滚动成分逐渐减小，滑动成分逐渐增大。一般用滑动率 s 来表示制动过程中滑动比例的大小。

$$s = \frac{v_w - r_{r_0}\omega_w}{v_w} \times 100\% \qquad (4\text{-}7)$$

车轮作纯滚动时，$s = 0$；作纯滑动时，$s = 100\%$；作边滚边滑动时，$0 < s < 100\%$。

若令制动力与法向载荷之比为制动力系数（附着系数），则在不同的滑动率时，附着系数的值不相同，如图 4-4 所示。图中绘出了纵向（沿车轮旋转平面方向）附着系数曲线和侧向（垂直于车轮旋转平面方向）附着系数曲线。

对于纵向附着系数曲线来说，曲线的 $0A$ 段近似于直线。φ 随着 s 的增大而迅速增大，虽有一定的滑动率，但轮胎与地面没有发生真正的相对滑动。$s > 0$ 是由于有地面制动力的作用时，轮胎前面即将与地面接触的

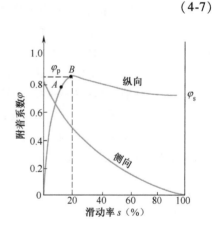

图 4-4　附着系数曲线

胎面受到拉伸作用而有微量的伸长，车轮滚动半径 r_r 随地面制动力的增大而增大，故 $v_w = r_r\omega_w > r_{r_0}\omega_w$，或 $s > 0$。车轮滚动半径随地面制动力成正比增加，故 $\varphi\text{-}s$ 曲线 $0A$ 段近似于直线。曲线至点 A 后，附着系数增长减缓，这是由于轮胎接触地面中出现局部相对滑动的缘故。在点 B 时 φ 取最大值 φ_p，称为峰值附着系数。φ_p 一般出现在 $s = 15\% \sim 20\%$ 时。由于摩擦副之间的滑动摩擦系数小于静摩擦系数，所以点 B 以后 φ 值逐渐下降，直至 $s = 100\%$，附着系数降为最小值 φ_s，φ_s 称为滑动附着系数。

侧向附着系数曲线是有侧向力作用而发生侧偏时侧向力系数（侧向附着系数）与滑动率 s 的关系曲线。侧向力系数（侧向附着系数）为侧向力与法向载荷之比。曲线表明，滑动率越低，同一侧偏角条件下的侧向力附着系数越大，即轮胎保持转向、防侧滑的能力越大。各种路面上的峰值附着系数和滑动附着系数见表 4-1。

表 4-1　各种路面上的峰值附着系数和滑动附着系数

路面	峰值附着系数 φ_p	滑动附着系数 φ_s
沥青或混凝土(干)	0.8~0.9	0.75
沥青(湿)	0.5~0.7	0.45~0.6
混凝土(湿)	0.8	0.7
砾石	0.6	0.55
土路(干)	0.68	0.65
土路(湿)	0.55	0.4~0.5
雪(压紧)	0.2	0.15
冰	0.1	0.07

　　附着系数的数值主要取决于道路的材料、路面的状况和轮胎的结构、胎面花纹、材料以及汽车运动的速度等因素。

　　汽车行驶时可能遇到两种附着能力很小的危险情况：一是刚开始下雨，此时路面上只有少量的雨水，雨水与路面上的尘土、油污混合形成黏度较高的水液，滚动的轮胎无法排挤出胎面与路面间的水液膜，在水液膜的润滑作用下，轮胎的附着能力大大地下降，平滑的路面变得像冰雪路面一样滑；另一种情况是高速行驶的汽车经过有积水层的路面时出现"滑水现象"。轮胎与有积水层的路面接触的情况如图 4-5 所示。其中，A 区是水膜区；C 区是轮胎胎面与路面直接接触产生附着力的主要区域，即直接接触区；B 区是介于 A 区与 C 区之间的过渡区，只有路面凸出部分与胎面接触。当轮胎低速滚动时，由于水的黏滞性，轮胎与地面的接触面前部的水需要一定时间才能挤出，所以接触面中轮胎胎面前部将越过楔形水膜（即 A 区）滚动；车速提高后，高速滚动的轮胎迅速排挤水层，由于水的惯性的影响，接触区的前部产生与车速的平方成正比的动压力，该动压力使轮胎胎面与地面分开，即随着车速的增加，A 区水膜向后扩展，B、C 区相对缩小；当车速达到某一值时，轮胎胎面下的动压力增大到与法向载荷等值，轮胎与路面将完全被水膜隔开，B、C 区不复存在。

湿路面车辆
拐弯稳定性

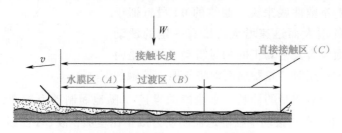

图 4-5　轮胎与有积水层的路面接触的情况

第三节　汽车制动性能分析 <<<

一、汽车制动效能的分析

　　我国交通运输部颁布的《中华人民共和国机动车制动检验规范》规定，制动效能的评价指标为制动距离 s 和制动减速度。

1. 制动距离与制动减速度

《中华人民共和国机动车制动检验规范》规定，制动距离是指当车速为 v_0（空档）时，从驾驶人踩住制动踏板开始到停车为止汽车所驶过的距离。制动距离是一项与汽车安全行驶有着直接关系的指标。制动距离不仅与制动踏板力和路面附着条件有关，还与制动器的热状况有关。所以在测试制动距离时，通常要对制动踏板力或制动系统压力及路面附着系数作一定的规定，并且一般是在冷试验条件下进行。

制动减速度反映了地面制动力的大小。它与制动器制动力（车轮滚动时）及地面附着力（车轮抱死拖滑时）有关。

如前所述，由于地面制动力 F_{Xb} 满足

$$F_{Xb} = \varphi G$$

式中 G——汽车重力。

故汽车所能达到的制动减速度最大值 j_{max} 的计算公式为

$$j_{max} = \varphi g$$

式中 g——重力加速度。

若允许汽车的前、后轮同时抱死，则

$$j_{max} = \varphi_s g$$

但汽车制动时，一般不希望任何车轴上的制动器抱死，故

$$j_{max} < \varphi_s g$$

若采用自动防抱死装置来控制汽车的制动，则制动减速度最大值的计算公式为

$$j_{max} = \varphi_p g$$

制动减速度一般控制在 $j < (0.4 \sim 0.5)g$；点制动时，$j = 0.2g$；当 $j = (0.7 \sim 0.9)g$ 时，将有害于乘员和货物的安全。因此，在保证行车安全的前提下，应尽量避免紧急制动。

制动减速度与制动力有直接关系，即地面制动力是使汽车强制减速直至停车的最根本的因素。因此，用制动力检验汽车的制动性能是从本质上对汽车制动性能进行检验的方法，也能全面地评价汽车的制动性能。

2. 制动距离的分析

为了分析制动距离，首先应对制动过程有一个全面的了解。从驾驶人接收到制动信号开始，直至制动停车的制动全过程中，制动减速度与制动时间的关系曲线如图 4-6 所示。

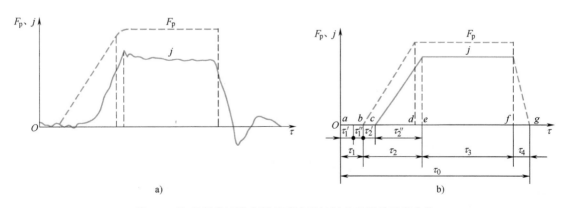

图 4-6 汽车制动过程中制动减速度与制动时间的关系曲线

a）实测曲线 b）简化曲线

τ_1 为驾驶人的反应时间。当驾驶人接收到紧急制动信号时，并没有立即行动（图 4-6b 中的 a 点），而是要经过 τ_1' 后才意识到应紧急制动并开始移动右脚，再经过 τ_1'' 后才踩住制动踏板。从点 a 到点 b 所经过的时间（$\tau_1 = \tau_1' + \tau_1''$）即为驾驶人的反应时间。这段时间一般为 $0.3 \sim 1\mathrm{s}$，视驾驶人的素质而异。在 τ_1 时间内可以认为汽车以初速度作匀速运动。

τ_2 为制动器的作用时间。制动器的作用时间由制动系统反应时间 τ_2' 和制动减速度上升时间 τ_2'' 组成，即 $\tau_2 = \tau_2' + \tau_2''$。$\tau_2'$ 为从驾驶人刚踩住制动踏板到汽车出现制动减速度为止经过的时间。这段时间的产生是由于制动系统机械传动部分的间隙、制动踏板的自由行程、气压或液压沿管路的传递以及制动器的制动蹄与制动鼓（或制动盘）之间的间隙等而造成的。τ_2'' 是制动器制动力由 0 增加到最大，即制动减速度由 0 增加到最大所需要的时间。这段时间一般为 $0.2 \sim 0.9\mathrm{s}$，取决于驾驶人踩住制动踏板的速度和制动系统的结构形式。

τ_3 为持续制动时间，即汽车以基本不变的减速度进行制动的时间（从 e 点到 f 点）。

τ_4 为制动解除时间，即从驾驶人松开制动踏板到制动力消除所需的时间。τ_4 一般为 $0.2 \sim 1.0\mathrm{s}$。这段时间对制动过程没有影响，但若过长，则会延迟汽车随后的起步行驶时间。

纵观制动过程的 4 个阶段可以看出，影响制动过程的因素主要是 τ_2 和 τ_3。《中华人民共和国机动车制动检验规范》中规定，制动距离是从驾驶人刚踩住制动踏板开始到完全停车为止汽车所行驶过的距离，即对应于制动器的作用时间和持续制动两个阶段汽车所行驶过的距离 s_2 和 s_3 之和。因此，制动距离

$$s = s_2 + s_3$$

（1）在制动器起作用阶段汽车行驶过的距离 s_2 在 τ_2' 时间内，

$$s_2' = v_0 \tau_2' \tag{4-8}$$

式中 v_0——起始制动车速。

在 τ_2'' 时间内，制动减速度呈线性增长，即

$$\frac{\mathrm{d}v}{\mathrm{d}\tau} = k\tau$$

式中

$$k = -\frac{j_{\max}}{\tau_2''}$$

故有

$$\int_{v_0}^{v} \mathrm{d}v = \int_0^{\tau} k\tau \mathrm{d}\tau$$

故

$$v = v_0 + \frac{1}{2}k\tau^2$$

即在 τ_2'' 时的车速为

$$v_e = v_0 + \frac{1}{2}k\tau_2''^2 \tag{4-9}$$

又因

$$\frac{\mathrm{d}s}{\mathrm{d}\tau} = v_0 + \frac{1}{2}k\tau^2$$

故

$$\int_0^s \mathrm{d}s = \int_0^\tau \left(v_0 + \frac{1}{2}k\tau^2\right) \mathrm{d}\tau$$

$$s = v_0\tau + \frac{1}{6}k\tau^3$$

即 $\tau = \tau_2''$ 时的距离 s_2'' 为

$$s_2'' = v_0\tau_2'' - \frac{1}{6}j_{max}\tau_2''^2 \qquad (4-10)$$

所以，在 τ_2 时间内的制动距离 s_2 为

$$s_2 = s_2' + s_2'' = v_0\tau_2' + v_0\tau_2'' - \frac{1}{6}j_{max}\tau_2''^2 \qquad (4-11)$$

（2）在持续制动阶段汽车行驶过的距离 s_3　此阶段内汽车以 j_{max} 作匀减速运动，其初速度为 v_e、末速度为 0，故有

$$s_3 = \frac{v_e^2}{2j_{max}} = \frac{v_0^2}{2j_{max}} - \frac{v_0\tau_2''}{2} + \frac{j_{max}\tau_2''^2}{8} \qquad (4-12)$$

（3）总制动距离　汽车总制动距离 s 为

$$s = s_2 + s_3 = \left(\tau_2' + \frac{\tau_2''}{2}\right)v_0 + \frac{v_0^2}{2j_{max}} - \frac{j_{max}\tau_2''^2}{24}$$

因 τ_2'' 很小，略去二阶微量 $\dfrac{j_{max}\tau_2''^2}{24}$，则有

$$s = \left(\tau_2' + \frac{\tau_2''}{2}\right)v_0 + \frac{v_0^2}{2j_{max}} \qquad (4-13)$$

若车速以 km/h 为单位，则总制动距离为

$$s = \frac{1}{3.6}\left(\tau_2' + \frac{\tau_2''}{2}\right)v_0 + \frac{v_0^2}{25.92j_{max}} \qquad (4-14)$$

当制动到所有车轮都抱死时，$j_{max} = \varphi g$，所以有

$$s = \frac{1}{3.6}\left(\tau_2' + \frac{\tau_2''}{2}\right)v_0 + \frac{v_0^2}{259\varphi} \qquad (4-15)$$

由上述分析可知，决定汽车制动距离的主要因素是制动器起作用的时间、最大制动减速度（或最大制动器制动力）和制动的起始车速。制动距离既是一个较为综合的制动性能指标，又是一个比较简单而又直观的指标，在实际应用中最为方便。

《中华人民共和国机动车制动检验规范》对机动车车型划分的规定见表 4-2，对机动车制动性能的要求见表 4-3。

表 4-2　机动车车型划分

车辆类型	小型车	中型车	大型车
车辆总质量/t	<4.5	4.5~12	>12

表 4-3　对机动车制动性能的要求

机动车类型	空载检验的制动距离要求/m		满载检验的制动距离要求/m		在规定的初速度下,紧急制动的稳定性要求	点制动时对汽车制动稳定性的要求(双手轻扶转向盘)	
	气压制动系统:气压表的指示气压不大于 6×98kPa 液压制动系统的踏板力:有加力装置的不大于35×9.8N;无加力装置的不于 60×9.8N		气压制动系统:气压表的指示气压不大于额定工作气压 液压制动系统的踏板力:有加力装置的不大于40×9.8N;无加力装置的不大于 70×9.8N				
	20km/h	30km/h	20km/h	30km/h		30~40km/h	40~60km/h
小型汽车		6.2		6.4	跑偏量不得大于 8cm		不跑偏
中型汽车	3.6		3.7		不跑偏	不跑偏	
大型汽车	4.0		4.2		不跑偏	不跑偏	
二、三轮摩托车	4.0				不跑偏		
转向盘式拖拉机带挂车	5.4		6.0		不跑偏		

由于试验车的初速度对制动距离的影响很大,当不能按照表4-3准确控制试验车的车速时,应根据实际试验车的车速用经验公式算出允许的制动距离。各种车型制动距离的经验公式见表4-4。

表 4-4　各种车型制动距离的经验公式

机动车类型	制动距离/m		相当减速度/(m/s²)
	气压制动系统:气压为 6×98kPa 液压制动系统的踏板力:有增压、加力器的为 35×9.8N;无增压、加力器的为 60×9.8N 车辆空载	气压制动系统:气压为 7×98kPa 液压制动系统的踏板力:有增压、加力器的为 40×9.8N;无增压、加力器的为 70×9.8N 车辆满载	
小型汽车	$s=0.05v_0+\dfrac{v_0^2}{190}$	$s=0.055v_0+\dfrac{v_0^2}{190}$	7.4
中型汽车	$s=0.055v_0+\dfrac{v_0^2}{160}$	$s=0.06v_0+\dfrac{v_0^2}{160}$	6.2
大型汽车	$s=0.06v_0+\dfrac{v_0^2}{142}$	$s=0.07v_0+\dfrac{v_0^2}{142}$	5.5
转向盘式拖拉机	$s=0.08v_0+\dfrac{v_0^2}{105}$	$s=0.11v_0+\dfrac{v_0^2}{105}$	4.0

二、汽车制动效能恒定性的分析

制动效能因使用环境的不同而发生改变,制动效能的恒定性就是指汽车抗制动效能下降的能力。

制动距离有时也用良好路面条件下,汽车以 100km/h 或 60km/h 的初速度制动到停车的最短距离来表示。表 4-5 为几种车型的制动距离。

表 4-5　几种车型的制动距离

品牌	发动机配置	功率/kW	汽车质量/kg	最大转矩/(N·m)	制动距离/m（60-0km/h）	制动距离/m（100-0km/h）
帕萨特	1.8T	132.4	1580	300	14.6	39.26
凯美瑞	2.0L	122.8	1490	199	14.04	39.19
雅阁	1.5T	142.7	1519	260	14.17	40.29
天籁	2.0L	114.7	1456	208	13.5	38.02
蒙迪欧	1.5T	133.1	1540	240	14.38m	37.01
君威	1.5T	125.0	1430	252	13.35	39.42
508	1.6T	122.8	1565	245	14.4	39.90

1. 热衰退

制动器的摩擦力矩是由其摩擦副产生的摩擦力形成的，摩擦衬片对摩擦性能起着决定性的作用。一般石棉材料的摩擦衬片由石棉、粘合剂、填料等在高温下压制而成。汽车在高速下制动或短时间内连续制动，尤其是下长坡连续和缓制动时，可能由于制动器温度过高、摩擦系数下降而导致制动效能降低，这种现象称为制动效能的热衰退。这是因为制动时，当摩擦衬片温度超过压制时的温度后，衬片中的有机物会分解出一些气体和液体，它们覆盖在摩擦表面起润滑作用，致使摩擦系数下降。大约在 800℃ 时，石棉的分解会完全脱掉结晶水，加速了热衰退现象。新使用的摩擦衬片在使用的初期，产生的气体较多，摩擦系数也大幅下降。用来评价制动器热衰退程度的指标是热衰退率。热衰退率是在产生相同制动效能的条件下，制动器冷状态所需的操纵力（制动系统压力）与热状态下所需的操纵力之比。

热衰退对制动效能的影响程度与制动器的结构类型有关。鼓式制动器和盘式制动器的结构如图 4-7 所示。不同结构类型的制动器在不同摩擦系数下，其制动效能因数的变化如图 4-8 所示。由图可以看出，自行增力作用大的鼓式制动器对热衰退的影响严重；而盘式制动器的变化相对较小，即热稳定性较好。

布加迪制动器性能试验

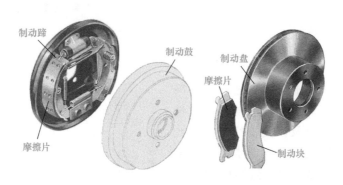

图 4-7　鼓式制动器和盘式制动器的结构

制动器发生热衰退后，汽车经过一段时间的行驶和一定次数的和缓制动使用，由于散热作用，制动器的温度下降，摩擦材料表面得到磨合，制动器的制动力可重新提高，称为热恢复力。试验表明，鼓式制动器的热衰退程度比盘式制动器严重，在热恢复时，盘式制动器的散热效果好，热恢复较快，如图 4-9 所示。

摩擦副的材料是影响热衰退的另一个重要因素。为提高制动器的热稳定性，除对石棉摩擦材料的组成成分和压制工艺进行改进外，对于高性能轿车或行驶条件恶劣的载货汽车，采用热稳定性好的金属摩擦材料更为便宜。此外，为避免石棉造成的公害影响，无石棉摩擦材料是制动器摩擦材料的发展方向，现已得到应用。

2. 水衰退

制动器摩擦表面浸水后，将会因水的润滑作用使其摩擦系数下降，并使制动效能降低，称为制动效能水衰退。若水衰退发生在汽车一侧车轮的制动器上，则会造成左、右车轮制动力不相等，使汽车制动时的方向稳定性变差。

汽车制动时产生的热量可使摩擦片干燥，因而制动器浸水后，经过若干次（一般为 5~15 次）制动后，制动器可逐渐恢复浸水前的性能，称为水恢复。水衰退的程度可用浸水后的制动效能与浸水前的制动效能的比值（％）来反映。

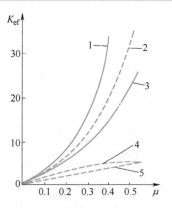

图 4-8　制动效能因数曲线
1—双向自动增力蹄制动器
2—双增力蹄制动器
3—增、减力蹄制动器
4—双减力制动器
5—盘式制动器

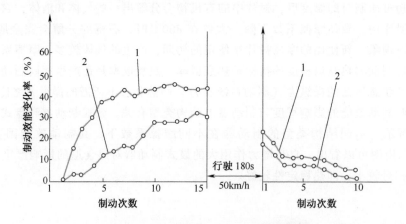

图 4-9　制动器的热衰退和热恢复
1—鼓式制动器　2—盘式制动器

不同的制动器在浸水后制动效能的下降程度及经过若干次制动后制动效能的恢复情况各有不同，其水衰退及恢复曲线如图 4-10 所示。由图可见，盘式制动器的水衰退影响比鼓式制动器要小，制动效能的恢复较快。其原因是盘式制动器的制动效能因数受摩擦系数下降的影响较小；另一方面，盘式制动器的制动盘旋转时易于将所附着的水甩出，并且制动块的压力较高，也易于将摩擦衬片上的水分挤出。

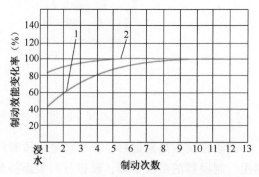

图 4-10　制动器的水衰退及恢复曲线
1—鼓式制动器　2—盘式制动器

3. 制动初速度的影响

试验表明，汽车的制动效能受到制动初速度的影响。制动初速度提高后，在相同的制动踏板力（制动系统压力）操纵下，制动减速度有所降低，这是在制动过程中摩擦衬片的热衰退效应造成的。分别采用鼓式制动器和盘式制动器的汽车在以不同的车速和不同的制动踏板力（液压力）制动时，其减速度的变化情况如图 4-11 所示。由图可见，采用鼓式制动器时，制动初速度对减速度的影响较为明显；采用盘式制动器时，汽车减速度受到制动初速度的影响较小，制动效能恒定性好。

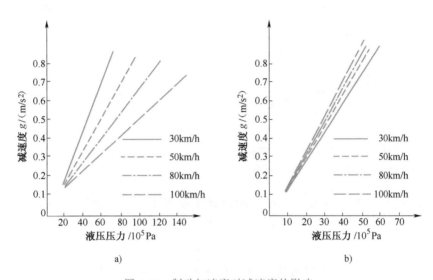

图 4-11　制动初速度对减速度的影响
a）鼓式制动器　b）盘式制动器

除上述对制动效能恒定性的影响因素外，在液压制动系统中，制动液在高温下会汽化并在制动管路中形成气泡，影响液压能的传递，使汽车的制动效能降低，甚至造成制动失效，这种现象称为气阻。气阻现象在汽车下长坡路多次连续制动时容易发生。

三、汽车制动时方向稳定性的分析

制动时汽车的方向稳定性是指在制动过程中，汽车按驾驶人给定的轨迹行驶的能力，即维持直线行驶或按预定弯道行驶的能力。在制动过程中会出现因制动跑偏、侧滑或失去转向能力而使汽车失去控制，偏离原来的行驶方向，甚至发生撞入对面车辆行驶的轨道、掉下水沟、滑下山坡等危险情况，特别是高速制动或在滑溜路面上制动时，常引起汽车甩尾，造成严重的交通事故。调查表明，发生人身伤亡的交通事故中，与侧滑有关的比例在潮湿路面上约为 30%，在冰雪路面上为 70%～80%，而侧滑的产生有 50% 是由制动引起的。

1. 制动跑偏

制动时，应按直线方向减速停车的汽车自动向左或向右偏驶的现象称为制动跑偏。制动跑偏的情形如图 4-12 所示。引发制动跑偏的原因如下：

（1）汽车左、右车轮制动器制动力不相等　由于左、右转向轮制动力不相等引起汽车跑偏的受力分析如图 4-13 所示。为了方便简化，假定车速较低，制动跑偏不严重，且在跑偏过程中转向盘是不动的，汽车也没有发生侧滑，并忽略汽车作圆周运动时所产生的离心力及车身绕质心的惯性力偶矩。

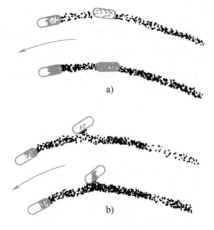

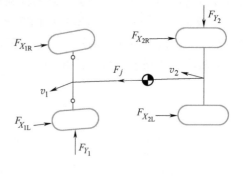

图 4-12　制动跑偏的情形

图 4-13　制动跑偏时的受力图

a）制动跑偏时轮胎在地面上留下的印迹　b）制动跑偏引起后轴微侧滑时轮胎在地面上留下的印迹

设左前轮的制动器制动力大于右前轮的制动器制动力，故地面制动力 $F_{X_{1L}} > F_{X_{1R}}$。此时前、后轴分别受到地面侧向反力 F_{Y_1} 和 F_{Y_2} 的作用。由于 $F_{X_{1L}}$ 绕主销的力矩大于 $F_{X_{1R}}$ 绕主销的力矩，虽然转向盘固定不动，但因转向系统各处的间隙及零部件的弹性变形，转向轮仍将产生一个向左偏转的角度，而使汽车有轻微的向左偏驶，即所谓的制动跑偏。同时，由于主销有后倾，使 F_{Y_1} 对转向轮产生一个同方向的偏转力矩，从而增大了汽车向左转的角度。

试验证明，若前轴左、右制动轮制动力之差超过 5%，后轴左、右制动轮制动力之差超过 10%，将引起汽车制动跑偏现象。所以，制动规范中对测试左、右轮制动力之差作了相应的规定，在路试时要求紧急制动及点制动过程中均不得有跑偏现象。

试验结果用车身横向位移 Δs 和汽车的航向角 α（制动时汽车纵轴线与原定行驶方向的夹角，单位为°）来表示。汽车制动跑偏的程度随左、右车轮制动力之差的增大而增大，当后轮抱死时，制动跑偏的程度加大。

左、右车轮制动力不相等是由于汽车制造和装配误差的存在而造成的。

（2）悬架导向杆系和转向系统拉杆的运动不协调　过去用于试验的 EQ240 汽车，在制动时总是向右跑偏，在车速为 30km/h 制动时最严重的跑偏距离为 1.7m。其原因主要是由于万向节上节臂处的球销离前轴中心太高，而前悬架钢板弹簧的扭转刚度太小而造成的。该试验车在正常情况下和制动跑偏的前部简图如图 4-14 所示。在紧急制动时，前轴向前扭转了一个角度 θ（图 4-14b），万向节上节臂处的球销本应作相应的移动，但由于球销同时连接在转向系统纵拉杆上，因而不能随前轴相应地向前移动，仅能克服转向拉杆的间隙和使拉杆有少许弹性变形，致使万向节臂相对于前轴向右偏转，于是引起了转向轮向右转动，造成汽车向右跑偏。降低万向节上节臂处的球销位置、加强钢板弹簧的刚度，基本上可以消除这种跑偏现象。这种跑偏现象是由设计造成的，跑偏方向固定不变。

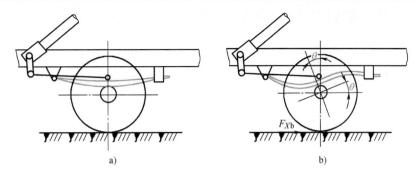

图 4-14　EQ240 汽车在正常情况下和制动跑偏时的前部简图

a）未制动时　b）制动时前轴转动（转角为 θ）

2. 侧滑

侧滑是指制动时汽车的某一轴或两轴发生横向移动。侧滑与跑偏有关系，严重的跑偏有时会引起后轴侧滑，易于发生侧滑的汽车也有加剧跑偏的趋势。由跑偏引起后轴侧滑时轮胎在地面上留下的印迹如图 4-12b 所示。

制动时发生侧滑（特别是后轴侧滑）会引起汽车的剧烈回转运动，严重时可使汽车掉头。由试验和理论分析得知，制动时若后轴比前轴先抱死拖滑，就有可能发生后轴侧滑；若使前、后轴同时抱死或前轴先抱死，后轴始终不抱死则可防止后轴侧滑。

制动侧滑试验表明，在制动过程中，若只有前车轮抱死拖滑，汽车基本上沿直线向前减速行驶，汽车处于稳定状态，但汽车丧失转向能力。若后轮比前轮提前一定时间（对于试验中的汽车，为 0.5 s 以上）先抱死拖滑，且车速超过某一数值（如试验中的车速为 48km/h）时，只要有轻微的侧向力作用，汽车就会发生后轴侧滑而急剧转向，甚至掉头。侧滑的程度与地面的滑溜程度、制动距离及制动时间成正比。

（1）车轮侧滑的条件　在汽车制动过程中车轮侧滑的受力情况如图 4-15 所示。根据车轮与路面的附着条件可知，在无切向力作用时，车轮所能承受的最大侧向力 Y_{max} 为

$$Y_{max} = \varphi F_Z$$

若车轮承受切向力 F_{Xb}（驱动力或制动力），则车轮不发生侧滑的条件为

$$R = \sqrt{F_{Xb}^2 + Y^2} \le \varphi F_Z$$

车轮所能承受的最大侧向力降为

$$Y_{max} = \sqrt{\varphi^2 F_Z^2 - F_{Xb}^2}$$

上式表明，汽车抗侧滑的稳定性与作用在车轮上的切向力和法向力有关。当切向力与车轮和地面的附着力相等时，即 $F_{Xb} = \varphi F_Z$ 时，即使是微小的侧向力 F_Y（侧向风、道路横坡引起的侧向力及转弯时的离心力等）都将引起车轮的侧向滑移。

（2）汽车侧滑时的运动分析　汽车侧滑时的运动情况如图 4-16 所示。图 4-16a 所示为汽车前轴发生侧滑时的运动简图。直线行驶过程中的汽车在制动时，若前车轮抱死而后轮滚动，则前轴在侧向力的作用下发生侧滑。汽车前轴中点的速度矢量 v_A 将偏离汽车纵轴线，其夹角为 α；而后轴中的点速度矢量 v_B 仍保持汽车纵轴线方向。汽车作类似转弯的运动时，其瞬时回转中心为速度 v_A 和 v_B 两垂线的交点 O，汽车绕点 O 作圆周运动所产生的作用在质心 C 上的惯性力为 F_j，显然 F_j 的方向与汽车侧滑的方向相反。这就是说 F_j 能起到消减侧滑

的作用。汽车在这种情况下处于稳定状态——行驶方向不变或变化不大。

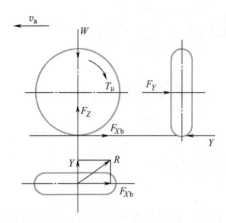

图 4-15　在汽车制动过程中车轮侧滑
的受力情况

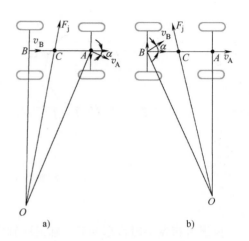

图 4-16　汽车侧滑时的运动情况

a）前轴侧滑　b）后轴侧滑

图 4-16b 所示为汽车后轴发生侧滑时的运动简图，此时后轮制动抱死而前轮滚动。若在侧向力作用下后轴发生侧滑，则侧滑方向与惯性力 F_j 的方向基本一致，于是惯性力加剧后轴侧滑，后轴进一步侧滑加剧惯性力的增大，如此循环，汽车将急剧转动，甚至甩尾。因此，后轴侧滑是一种不稳定的、危险的状况。为消除侧滑，驾驶人可朝后轴侧滑方向适度转动转向盘，使回转半径加大，从而减小惯性力。

3. 转向能力的丧失

转向能力的丧失是指弯道制动时汽车不再按原来的弯道行驶，而是沿弯道切线方向驶出，以及直线行驶转动转向盘时汽车仍按直线方向行驶的现象。转向能力的丧失和后轴侧滑也是有关系的，一般汽车如果后轴不会侧滑，那么前轮就可能丧失转向能力；后轴侧滑时，前轮通常仍能保持转向能力。

当只有前车轮抱死或前轮先抱死时，因侧向力系数为零，不能产生任何地面侧向反作用力，汽车才丧失转向能力。

因此，从保证汽车方向稳定性的角度出发，首先，不能出现只有后轴车轮抱死或后轴车轮比前轴车轮先抱死的情况，以防止危险的后轴侧滑；其次，尽量减少只有前轴车轮抱死，或前、后车轮都抱死的情况，以维持汽车的转向能力；最理想的情况是避免任何车轮抱死，以确保制动时的方向稳定性。

四、前、后制动器制动力比例关系分析

在汽车制动过程中，前、后车轮抱死拖滑的次序对汽车方向稳定性和制动系统工作效率有很大的影响，而前、后轮抱死拖滑的次序取决于前、后制动器制动力和附着力之间的关系。

1. 地面法向反作用力

汽车在水平路面上制动时的受力分析如图 4-17 所示。图中忽略了滚动阻力偶矩、空气阻力以及旋转质量惯性力偶矩。

若忽略制动时车轮边滚边滑的过程，并对后车轮接地点取力矩，则得

$$F_{Z_1}L = Gb + m\frac{\mathrm{d}v}{\mathrm{d}t}h_\mathrm{g}$$

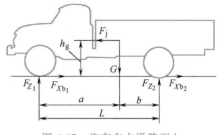

图 4-17　汽车在水平路面上制动时的受力分析

式中　F_{Z_1}——地面对前车轮的法向作用力；

　　　　L——前、后轴的轴距；

　　　　G——汽车的重力；

　　　　b——汽车质心至后轴中心线的距离；

　　　　m——汽车的质量；

　　　　h_g——汽车质心的高度；

　　　　$\dfrac{\mathrm{d}v}{\mathrm{d}t}$——汽车的减速度。

　　对前轮接地点取力矩得

$$F_{Z_2}L = Ga - m\frac{\mathrm{d}v}{\mathrm{d}t}h_\mathrm{g}$$

式中　F_{Z_2}——地面对后车轮的法向反作用力；

　　　　a——质心至前轴中心线的距离。

所以

$$\left. \begin{aligned} F_{Z_1} &= \frac{G}{L}\left(b + \frac{h_\mathrm{g}}{g}\frac{\mathrm{d}v}{\mathrm{d}t}\right) \\ F_{Z_2} &= \frac{G}{L}\left(a - \frac{h_\mathrm{g}}{g}\frac{\mathrm{d}v}{\mathrm{d}t}\right) \end{aligned} \right\} \tag{4-16}$$

　　若汽车在不同附着系数的路面上制动，其前、后车轮都抱死（不论次序如何），则 $F_{Xb} = F_\varphi = G\varphi$，此时有

$$\left. \begin{aligned} F_{Z_1} &= \frac{G}{L}(b + \varphi h_\mathrm{g}) \\ F_{Z_2} &= \frac{G}{L}(a - \varphi h_\mathrm{g}) \end{aligned} \right\} \tag{4-17}$$

　　式（4-16）和式（4-17）均为直线方程。随着附着系数的变化，前、后车轮的法向反作用力变化很大。如某汽车，当 $\dfrac{\mathrm{d}v}{\mathrm{d}t} = 0.7g$ 时，前轴地面法向反作用力增加了 90%，而后轴地面法向反作用力减少了 38%。

2. 理想的制动力分配曲线

　　汽车制动时，前、后车轮同时抱死拖滑是理想的制动状态，制动效果最佳。在任意附着系数为 φ 的路面上制动，均能保证前、后车轮同时抱死拖滑的前、后车轮制动器制动力分配曲线，称为理想分配曲线。

　　在任何附着系数的路面上制动，前、后车轮同时抱死的条件为前、后车轮制动器制动力之和等于附着力，并且前、后车轮制动器制动力分别等于各自的附着力，即

$$F_{\mu_1} + F_{\mu_2} = \varphi G \\ F_{\mu_1} = \varphi F_{Z_1} \\ F_{\mu_2} = \varphi F_{Z_2} \Biggr\} \tag{4-18}$$

因为

$$\frac{F_{\mu_1}}{F_{\mu_2}} = \frac{F_{Z_1}}{F_{Z_2}}$$

将式（4-17）代入式（4-18），得

$$F_{\mu_1} + F_{\mu_2} = \varphi G \\ \frac{F_{\mu_1}}{F_{\mu_2}} = \frac{b + \varphi h_g}{a - \varphi h_g} \Biggr\} \tag{4-19}$$

消去变量 φ，得

$$F_{\mu_2} = I(F_{\mu_1}) = \frac{1}{2}\left[\frac{G}{h_g}\sqrt{b^2 + \frac{4h_g L}{G}F_{\mu_1}} - \left(\frac{Gb}{h_g} + 2F_{\mu_1}\right)\right] \tag{4-20}$$

根据式（4-20）绘成的曲线即为理想的前、后车轮制动器制动力分配曲线，简称 I 曲线。

I 曲线的绘制方法为：将不同的 φ 值（$\varphi = 0.1, 0.2\cdots$）代入式（4-19）中的第一式，则在图 4-18 上可得到一组与坐标轴线成 45°的平行线；再将不同的 φ 值（$\varphi = 0.1, 0.2\cdots$）代入式（4-19）中的第二式，则得到一组通过坐标原点且斜率不同的射线；在这两组线中，对应于某一 φ 值均可找到两条线，这两条线的交点便是满足式（4-19）的点，即为 I 曲线上的点。把对应于不同 φ 值得到的两线的交点 A、B、$C\cdots$连接起来，便得到 I 曲线。

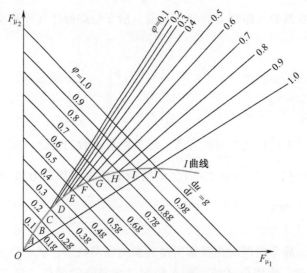

图 4-18　理想的前、后车轮制动器制动力分配曲线

I 曲线是制动踏板力增长到前、后车轮同时抱死时的前、后轮制动器制动力分配曲线。因为车轮抱死时，$F_{\mu} = F_{\varphi} = F_{Xb}$，所以 I 曲线也是车轮抱死时的 F_{φ_1} 和 F_{φ_2} 的关系曲线。

3. 具有固定比值的前、后车轮制动器制动力与同步附着系数

目前一般汽车的前、后车轮制动器制动力之比为一个常数，即只能在某一种路面上使前、后车轮同时抱死拖滑，而在其他路面上则是前车轮先抱死或后车轮先抱死。此时前、后车轮制动器制动力之比，通常用前制动器制动力与汽车全部制动器制动力之比来表示，称为制动器制动力分配系数，并以符号 β 表示，即

$$\beta = \frac{F_{\mu_1}}{F_{\mu}}$$

式中，$F_{\mu} = F_{\mu_1} + F_{\mu_2}$，$F_{\mu}$ 为汽车全部制动器制动力。

所以

$$\frac{F_{\mu_1}}{F_{\mu_2}} = \frac{\beta}{1-\beta} \tag{4-21}$$

若用 $F_{\mu_2} = B(F_{\mu_1})$ 表示，则 $F_{\mu_2} = B(F_{\mu_1})$ 为一条通过坐标原点、斜率为 $\tan\theta = (1-\beta)/\beta$ 的直线。这条直线称为实际前、后车轮制动器制动力分配曲线，简称 β 线。

图 4-19 给出了某货车的 β 线，同时给出了该车在空载和满载状态下的 I 曲线。

由图可以看出，β 线与 I 曲线在 B 点相交，对应于这一点的附着系数 φ_0 称为同步附着系数，它是反映汽车制动性能的一个重要参数。该参数说明前、后车轮制动器制动力为固定比值的汽车，只有在附着系数为 φ_0 的路面上制动时，才能使其前、后车轮同时抱死。同步附着系数由汽车的结构参数决定，主要根据道路条件和常用车速来选择。

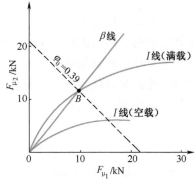

图 4-19　某货车的 β 线与 I 曲线

4. 制动过程的分析

利用 β 线与 I 曲线，就可以分析前、后制动器制动力具有固定比值的汽车在各种路面上的制动情况。为了便于分析，通常借助于 f 线组和 r 线组。f 线组是假定后车轮没有抱死，在各种 φ 值路面上前车轮抱死时的前、后地面制动力关系曲线；r 线组是假定前车轮没有抱死而后车轮抱死时的前、后地面制动力关系曲线。

（1）f 线组　当前车轮抱死时有

$$F_{Xb_1} = \varphi F_{Z_1} = \varphi\left(\frac{Gb}{L} + \frac{F_{Xb}h_g}{L}\right)$$

因为

$$F_{Xb} = F_{Xb_1} + F_{Xb_2}$$

所以

$$F_{Xb_1} = \varphi\left(\frac{Gb}{L} + \frac{F_{Xb_1} + F_{Xb_2}}{L}h_g\right)$$

$$F_{Xb_2} = \frac{L-\varphi h_g}{\varphi h_g}F_{Xb_1} - \frac{Gb}{h_g} \tag{4-22}$$

式（4-22）即是在不同 φ 值路面上只有前车轮抱死时的前、后地面制动力的关系式。

当前、后车轮都抱死时，式（4-22）亦成立。此时后车轮地面制动力达到后车轮附着力的数值。以不同的 φ 值代入式（4-22），即得到 f 线组，如图 4-20 所示。

（2）r 线组　当后车轮抱死时有

$$F_{Xb_2} = \varphi F_{Z_2} = \varphi \left(\frac{Gb}{L} - \frac{F_{Xb}h_g}{L} \right)$$

因为

$$F_{Xb} = F_{Xb_1} + F_{Xb_2}$$

所以

$$F_{Xb_2} = \frac{-\varphi h_g}{L + \varphi h_g} F_{Xb_1} + \frac{\varphi Ga}{L + \varphi h_g} \qquad (4\text{-}23)$$

式（4-23）即是在不同 φ 值路面上只有后车轮抱死时的前、后地面制动力的关系式。

当前、后车轮都抱死时，式（4-23）亦成立。此时前车轮的地面制动力达到前车轮附着力的值。以不同的 φ 值代入式（4-23），即得到 r 线组，如图 4-20 所示。

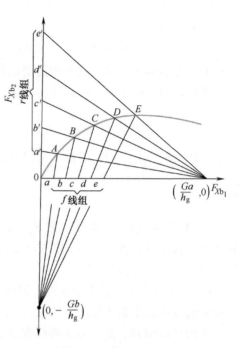

图 4-20　f 线组与 r 线组

显然，对应于同一 φ 值下 f 线和 r 线的交点 A、B、$C\cdots$，既符合 $F_{Xb_1} = \varphi F_{Z_1}$，又符合 $F_{Xb_2} = \varphi F_{Z_2}$，这些点属于前、后车轮都抱死的点，连接 A、B、$C\cdots$ 各点即可得到 I 曲线。可以证明 I 曲线以上的 f 线段和 I 曲线以下的 r 线段在制动分析过程中无意义。下面以某货车为例，说明利用 β 线、I 曲线、f 绕组和 r 线组分析汽车在不同 φ 值的路面上的制动过程。

某货车的 β 线、I 曲线、f 和 r 线组如图 4-21 所示，其同步附着系数 $\varphi_0 = 0.39$。图中给出了 F_{Xb_1} 与 F_{Xb_2} 之和为 $0.1G$、$0.2G$、$0.3G\cdots$ 的 45° 斜线组，每条斜线上的点均对应同样大小的总地面制动力 F_{Xb}，相应的制动减速度也是常数，即为 $0.1g$、$0.2g$、$0.3g\cdots$，故此斜线组称为等地面制动力线组或等制动减速度线组，这个线组就是式（4-19）中第一式按不同 φ 值作出的 45° 斜线组。它可用以确定汽车制动过程中总地面制动力与制动减速度的数值。

1）当 $\varphi < \varphi_0$ 时，设 $\varphi = 0.3$，制动开始时，前、后制动器制动力 F_{μ_1}、F_{μ_2} 均按 β 线上升。由于前、后车轮均未抱死，故地面制动力 F_{Xb_1} 和 F_{Xb_2} 也按 β 线上升。到点 A 时，β 线与 $\varphi = 0.3$ 的 f 线相交，前车轮开始抱死，此时制动减速度为 $0.27g$；地面制动力 F_{Xb_1}、F_{Xb_2} 已满足后车轮没有抱死而前车轮先抱死的条件。若继续增大制动踏板力，则 F_{Xb_1}、F_{Xb_2} 沿 f 线变化，前车轮的地面制动力 F_{Xb_1} 不再等于 F_{μ_1}；继续制动，前车轮法向反作用力增加，故 F_{Xb_1} 沿 f 线稍有增加，但因后车轮未抱死，所以当制动踏板力增大，F_{μ_1}、F_{μ_2} 沿 β 线上升时，F_{Xb_2} 仍等于 F_{μ_2} 而继续上升。当 F_{μ_1}、F_{μ_2} 升至点 A' 时，f 线与 I 曲线相交，此时后车轮达到抱死所需的地面制动力 F_{Xb_2}，于是前、后车轮均抱死，汽车获得的减速度为 $0.3g$。

β 线位于 I 曲线下方，制动时总是前车轮先抱死。

2）当 $\varphi > \varphi_0$ 时，设 $\varphi = 0.7$，制动开始时，前、后车轮均未抱死，故前、后车轮地面制动力和制动器制动力一样均按 β 线增长，到点 B 时，β 线与 $\varphi = 0.7$ 的 r 线相交，地面制动力

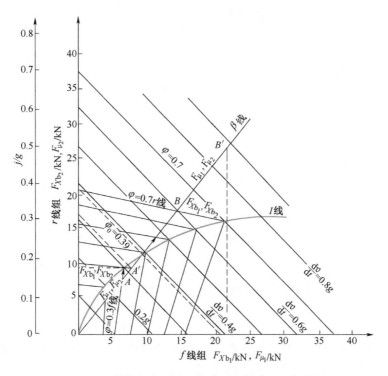

图 4-21　某货车在不同 φ 值路面上制动过程的分析

F_{Xb_1}、F_{Xb_2} 满足后车轮先抱死的条件，此时的制动减速度为 $0.6g$。从点 B 以后，随着制动踏板力的增大，F_{Xb_1}、F_{Xb_2} 将沿 $\varphi = 0.7$ 的 r 线变化。此时后车轮法向反作用力有所减小，即后车轮地面制动力 F_{Xb_2} 沿 r 线略有下降；而 F_{μ_1}、F_{μ_2} 沿 β 线增长，且始终有 $F_{Xb_1} = F_{\mu_1}$。当 F_{μ_1}、F_{μ_2} 到达点 B' 时，r 线与 I 曲线相交，F_{Xb_1} 达到前车轮抱死的地面制动力，前车轮亦抱死，汽车获得的减速度为 $0.7g$。

β 线位于 I 曲线上方，制动时总是后车轮先抱死。

5. 利用附着系数与附着效率

由上述分析可知，汽车在具有同步附着系数的路面上制动时，前、后车轮同时抱死，相应的制动减速度为 $\dfrac{\mathrm{d}v}{\mathrm{d}t} = Zg$，$Z$ 称为制动强度，显然 $Z = \varphi_0$。在其他附着系数的路面上制动时，达到前车轮或后车轮抱死前的制动强度比路面附着系数要小，即在不出现前车轮或后车轮抱死情况下的制动强度必小于地面附着系数，$Z < \varphi_0$。因此，只有在 $\varphi = \varphi_0$ 的路面上，地面的附着条件才得以较好的利用；在 $\varphi > \varphi_0$ 或 $\varphi < \varphi_0$ 的路面上出现前车轮或后车轮提前抱死时，地面附着条件均未得到较好的利用。

汽车以一定的减速度制动时，除制动强度 $Z = \varphi_0$ 外，不发生车轮抱死所要求的（最小）路面附着系数总大于制动强度。这个要求的路面附着系数称为汽车在该制动强度时的利用附着系数。

（1）前轴的利用附着系数 φ_f　设汽车前车轮刚要抱死或前、后车轮同时刚要抱死时产生的减速度为 $\dfrac{\mathrm{d}v}{\mathrm{d}t} = Zg$，则

$$F_{\mu_1} = F_{Xb_1} = \beta \frac{G}{g} \frac{dv}{dt} = \beta GZ$$

又

$$F_{Z_1} = \frac{G}{L}(b + Zh_g)$$

故

$$\varphi_f = \frac{F_{Xb_1}}{F_{Z_1}} = \frac{\beta Z}{\dfrac{1}{L}(b + Zh_g)} \qquad (4\text{-}24)$$

（2）后轴的利用附着系数 φ_r　因为

$$F_{Xb_2} = (1 - \beta)\frac{G}{g}\frac{dv}{dt} = (1 - \beta)GZ$$

又

$$F_{Z_2} = \frac{G}{L}(a - Zh_g)$$

故

$$\varphi_r = \frac{F_{Xb_2}}{F_{Z_2}} = (1 - \beta)\frac{Z}{\dfrac{1}{L}(a - Zh_g)} \qquad (4\text{-}25)$$

显然，利用附着系数越接近制动强度，地面的附着条件发挥得越充分，汽车制动力分配得越合理。

地面附着条件的利用程度还可用附着效率来描述。附着效率是指制动强度与车轮将要抱死时的利用附着系数之比。因此，由式（4-24）和式（4-25）即可得前轴的附着效率 E_f 为

$$E_f = \frac{Z}{\varphi_f} = \frac{\dfrac{b}{L}}{\beta - \dfrac{\varphi_f h_g}{L}} \qquad (4\text{-}26)$$

后轴的附着效率 E_r 为

$$E_r = \frac{Z}{\varphi_r} = \frac{\dfrac{a}{L}}{(1 - \beta) + \dfrac{\varphi_r h_g}{L}} \qquad (4\text{-}27)$$

前、后轴附着效率曲线如图 4-22 所示。由图可见，当 $\varphi = 0.6$ 时，空载时后轴附着效率约等于 0.67。这说明后车轮不抱死时，汽车最多只利用可供制动的附着力的 67%，即其制动减速度不是 $0.6g$，而是 $0.6g \times 0.67 \approx 0.4g$。

综上所述，对前、后制动器制动力分配提出以下要求：为了防止后轴抱死而发生危险的汽车制动系统的实际前、后制动力分配线（β 线）应始终在理想的制动力分配线（I 曲线）下方；为了减少制动时因前车轮抱死而丧失转向能力的机会，提高附着效率，β 线越靠近 I 曲线越好。

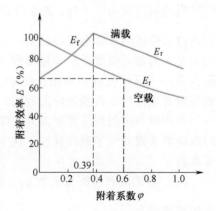

图 4-22　前、后轴附着效率曲线

第四节　与汽车制动性能相关的新技术应用 ◂◂◂

一、ABS 技术应用

为了充分发挥与路面间的潜在附着能力，全面满足制动过程中汽车对制动的要求，目前多数汽车上装备了防抱死制动系统（Anti-lock Braking System，ABS）。ABS 通过将制动力调节到适应车轮与路面间所能提供的附着力，来达到防止车轮在汽车制动过程中抱死的目的。当车轮趋于抱死时，ABS 便开始起作用，独立地调节车轮的制动力以防止车轮抱死，使车轮与地面间的滑移率保持在 20% 左右，充分利用轮胎与地面间的侧向附着系数，提高制动减速度，缩短制动距离以及保证汽车制动时的方向稳定性。

除 ABS 外，汽车上还装备有驱动过程中防止驱动车轮发生滑转的控制系统（Acceleration Slip Regulation，ASR）。因其通过牵引力控制来实现驱动轮的滑转控制，故又称为牵引力控制系统（Traction Control System，TCS）。通常高级轿车采用 ABS 和 TCS 集成的防滑控制系统。

1. ABS 制动过程

ABS 由传感器、液压调节器和 ECU 三部分组成。**ABS 控制原理如图 4-23 所示。**

ABS作用对比

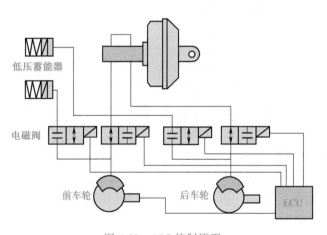

图 4-23　ABS 控制原理

ABS 制动过程包括常规制动过程、保持压力制动过程、减压制动过程和增压制动过程 4 个工作过程。

（1）常规制动过程　在常规制动过程中，ABS 不工作。此时，液压调节器中的电磁阀不通电。在该制动过程中，制动主缸与制动轮缸相通，制动主缸可随时控制制动压力的大小，不需要液压调节器的液压泵工作。

（2）保持压力制动过程　当车速传感器向 ECU 输入信号时，ECU 接收来自轮速传感器的交流电压信号，计算出车轮的速度，并与参考车速进行比较，得出滑移率 s 及加、减速度，并将这些信号加以分析。当车轮有抱死的危险时，ECU 供给相应的电磁阀有限的电流，切断所有的油压通路以保持压力。

（3）减压制动过程　若保持压力指令发出后仍有车轮发出抱死信号，则说明车速传感器输入到电磁阀的电流较大，应切断制动主缸与制动轮缸的液压通路，此时，制动轮缸的油液回流到储液室，制动压力降低。同时，电动机起动，带动液压泵工作，将储液室的液压油泵入制动主缸，为下一个制动过程作准备。

（4）增压制动过程　若压力降低后车速太快，ECU 便会切断通往电磁阀的电流，又使制动主缸与制动轮缸接通，使制动主缸的高压制动液流入制动轮缸，增加了制动系统的压力。

ABS 是以脉冲的形式（脉冲频率为 4~10Hz）工作的，其压力调节过程约每秒 10 次，对制动压力进行调节，始终将车轮的滑移率控制在 10%~30% 的范围内，防止车轮抱死拖滑，最大限度地保证了制动时汽车的稳定性，缩短了制动距离。在 ABS 失效的情况下，原制动系统仍能可靠地工作。

2. ABS ECU 的控制策略

对于防抱死制动系统来说，根据哪些运动参数来判断车轮即将抱死而应该减压、抱死现象已消失需要重新加压制动是很重要的，一般常用的参数包括车轮角减（加）速度和滑移率、车轮角加速度与半径的乘积、汽车的参考车速和汽车的减速度等。ECU 对车轮速度信息的处理就是计算车轮角加速度值、汽车参考车速以及车轮滑移率的过程。图 4-24 所示是 Bosch（博世）公司采用的一种典型的逻辑门限值控制的ABS 制动过程。制动开始时，如果车轮角减速度低于门限值 $-a$（绝对值），则取此刻车轮的速度作为初始参考车速 v_{ref_0}，参考车

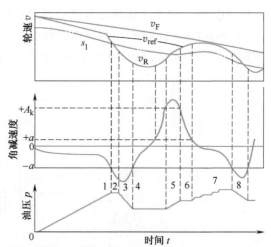

图 4-24　逻辑门限值控制的 ABS 控制过程
v_F—汽车实际车速　v_{ref}—汽车参考速度　v_R—车轮速度

速 $v_{ref}=v_{ref_0}-a_b t$。a_b 为由车轮减速度计算得到的汽车减速度。根据 v_{ref} 即可以计算出车轮滑移率 s。当车轮角减速度达到 $-a$，而 s 小于滑移率的门限值 s_1 时，制动压力进入保持阶段（第 2 阶段）；当 $s>s_1$ 时，制动压力减小（第 3 阶段）；这时车轮角减速度减小，恢复到 $-a$ 值时，就使之保持制动压力（第 4 阶段）；这时车轮因惯性会进一步加速，越过门限值 $+a$（该门限值是用来判断低附着系数路面的）后继续加速，一直达到门限值 $+A_k$（表明是高附着系数路面），这时使制动压力再次增加（第 5 阶段）；当车轮角加速度回到 $+A_k$ 时，进行保压（第 6 阶段）；车轮角加速度值回落到 $+a$ 值，说明此时是在峰值附着系数附近，使制动压力进入缓慢升压阶段，以便保持在峰值附着系数附近，一直到车轮减速度再次达到 $-a$ 值，构成一个循环。以后循环往复一直到停车为止。

3. 最佳滑移率

现代高效防抱死装置必须满足下列控制准则：

1）使后轮保留足够的侧向附着力，以保持汽车行驶的稳定性。

2）使前轮具有足够的侧向控制力，以保持汽车的转向能力。

3）与车轮抱死的制动不同，通过合理地利用轮胎与道路的附着能力缩短制动距离。

4）制动力能很快地适应各种附着系数的路面。

5）保证所控制的制动力矩变化幅度较低，防止传动装置的振动及由此引发的噪声。

6）能识别水滑现象，并能快速反应，保证汽车安全行驶。

7）尽快地适应制动滞后和发动机驱动的影响。

不同路面可控制的最佳滑移率是不同的。例如，良好路面上可控制的最佳滑移率为 10%～20%，雪地上可控制的最佳滑移率为 15%～25%。图 4-25 给出了各种路面的附着率和滑移率曲线。其中，曲线 1 对应的是干燥路面，曲线 2 对应的是湿路面，曲线 3 对应的是雪地，曲线 4 对应的是冰路，阴影部分是指 ABS 最佳滑移率控制范围。

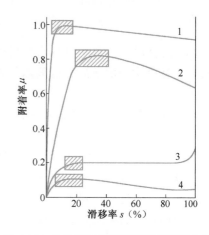

图 4-25　各种路面的附着率和滑移率曲线
1—干燥路面　2—湿路面　3—雪地　4—冰路

二、EBD 技术应用

EBD（Electric Brake-force Distribution）即电子制动力分配。

当汽车载荷发生变化时，理想的前、后轮制动力分配关系会随之发生改变。如果制动系统安装了机械式制动压力调节阀，虽然可以避免出现后轮先抱死的情况，但制动力调节后的分配曲线与理想的制动力分配曲线相差较大，导致汽车的制动效能不高。

如果制动系统安装了电子制动力分配系统，其制动力调节后的分配曲线在各种载荷下均能与理想的制动力分配曲线靠近，获得较高的制动效能。

EBD 系统可平衡每个车轮的有效地面抓地力，主要用来改善制动力的平衡并缩短制动距离。当汽车制动时，EBD 系统可依据汽车的质量和路面条件，自动以前轮为基准去比较后轮轮胎的滑移率。如果发觉存在差异且差异程度是必须被调整的，则此时制动油压系统将会调整传至后轮的油压以得到更平衡且更接近理想化的制动力分布，即 EBD 系统能够根据由于汽车制动时产生轴荷转移的不同，自动调节前、后轴的制动力分配比例，提高制动效能，并配合 ABS 提高汽车的制动稳定性。另外，在汽车制动时，4 个车轮附着的地面条件往往不一样。比如，有时左前轮和右后轮附着在干燥的水泥地面上，而右前轮和左后轮则附着在水中或泥水中，这种情况会导致汽车制动时 4 个车轮与地面的摩擦力不一样，制动时容易造成打滑、倾斜和汽车侧翻事故。EBD 用高速计算机在汽车制动的瞬间，分别对 4 个车轮附着的不同地面进行感应、计算，得出不同的摩擦力数值，使 4 个车轮的制动装置根据不同的情况用不同的方式和制动力进行制动，并在运动中不断地快速调整，从而保证汽车行驶平稳、安全。EBD 的控制原理如图 4-26 所示。

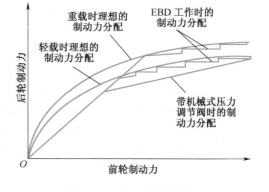

制动力分配测试

图 4-26　EBD 的控制原理

三、EBA 技术应用分析

在紧急情况下，有 90% 的汽车驾驶人踩制动踏板时不够果断。对 GIDAS（德国事故深入研究）数据库中的事故分析显示，在接近一半的事故中驾驶人未能用足够的制动力进行制动。

电子控制制动辅助（Electronic Brake Assist，EBA）通过计算机来感应驾驶人对制动踏板踩踏的力度与速度。对于正常情况下的制动，EBA 判断后不会发生作用。当 EBA 发现驾驶人迅速、大力地踩踏制动踏板时，计算机如果认为是一个突发的紧急事件，便会极快地反应和计算紧急程度，然后立刻自动提供给制动踏板更大的压力，增大制动效果。不仅如此，其施压的速度远远快于驾驶人，这能大大地缩短制动距离，增强汽车的安全性。这对脚部力量较差的妇女及高龄驾驶人，在闪避紧急危险的制动时有很大帮助。据悉，EBA 能使车速高达 200km/h 的汽车完全停下的距离缩短 21m，这一液压制动辅助系统（EBA）在通过相应软件调整后，还可以适应各种实际的驾驶情况，即更加智能化。例如，如果自适应巡航控制系统（ACC）根据雷达数据判定汽车前方存在潜在危险，则可以降低制动辅助系统的触发阈值。

图 4-27 所示为制动辅助系统的工作过程。图中，阶段 1 是当制动压力超过限定值紧急制动时，ESP ECU 启动 ABS 回油泵及相应的电磁阀，制动压力很快升高到 ABS 工作范围；阶段 2 是制动助力系统工作后，若驾驶人对制动踏板施加的压力低于特定值，则系统压力趋于与驾驶人制动踏板力相近。

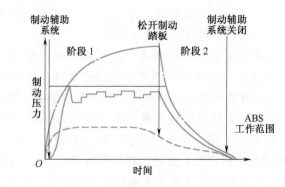

图 4-27 制动辅助系统的工作过程
——有经验的驾驶人的制动压力线 — · — 制动辅助系统的工作线
———无经验的驾驶人的制动压力线

四、BBW 技术的应用

线控制动系统（Brake-by-Wire，BBW）是一种全新的制动模式、一种先进的智能化制动系统。它采用嵌入式总线技术，可以与防抱死制动系统（ABS）、牵引力控制系统（TCS）、电子稳定性控制程序（ES）、主动防撞系统（ACC）等汽车主动安全系统更加方便地协同工作，通过优化微处理中的控制算法精确地调控制动系统的工作过程，提高车辆的制动效果和安全性能。

BBW 以电能作为能量来源，通过电动机或电磁铁驱动制动器，所以又称为全电制动系统。与其他电控系统一样，BBW 同样包含控制器、传感器及执行器，具体组成和功能基本相同。

线控制动系统分为电控液压制动系统（EHB）和电控机械制动系统（EMB）两类。

EHB（奔驰公司称为 SBC）是在传统的液压制动器基础上发展而来的，主要由制动踏板单元、电控单元（ECU）、液压控制单元（HCU）以及一系列的传感器组成。它以电子元件替代了部分机械元件，制动踏板不与制动轮缸直接相连，驾驶人的操作由传感器采集后作为控制意图，完全由液压执行器来完成制动操作，弥补了传统制动系统设计和原理导致的不足，使制动控制得到最大的自由度，从而充分利用路面附着，提高制动效率。EHB 要实现的制动动作分为基本制动和控制制动。基本制动指驾驶人根据自己的意图施加或大或小的踏板力，控制车辆的减速度并保证其期望的行驶方向，踏板力的值还达不到使车轮抱死的程度，此时的 EHB 要充分反映驾驶人的意图，给车轮施加驾驶人期望的制动力，控制制动指在必要的附加干预下施行的制动。即当驾驶人欲对车辆采取紧急的全力制动，而大力并快速地踩下制动踏板时，EHB 应该识别出这一要求，在给车轮足够大的制动压力的同时，对车轮上的制动压力进行控制，防止车轮抱死、车辆的制动稳定性下降等情况的出现。

EMB 由电源系统、中心控制单元、电控制器的控制器、制动踏板模拟器、4 个车轮的独立电控制动器、轮速传感器、车速传感器等组成。

制动力矩完全由安装在 4 个车轮上由电动机驱动的执行机构产生，因此相应地取消了制动主缸、液压管路等，可以提高响应速度、增加制动效能等，同时大大简化了结构、降低了装配和维护的难度，对环境的污染大大降低了。另外，由于结构简洁、质量小、体积小，便于发动机舱其他部件的布置，有利于减小整车质量和整车结构的设计与布置。EMB 采用了电控，易于并入车辆综合控制网络（CAN 总线）中，并且可以同时实现 ABS、TCS、ESP、ACC 等多种功能，这些电子装备的传感器、控制单元等部件可以与 EMB 共用，而无需增加其他的附加装置。

五、新型制动材料的应用

制动过程中，制动器温度上升后，制动器产生的摩擦力矩会显著下降，新型的摩擦材料对制动器制动效能的恒定性影响很大。

碳纤维摩擦盘具有比重小、强度高、热膨胀系数小、耐高温、环保和耐磨的优点，可以作为摩擦材料，但是由于价格昂贵，只用在高档汽车上，例如 F1 赛车上。它能够在 50m 的距离内将汽车的速度从 300km/h 降低到 50km/h，此时制动盘的温度会升高到 900℃以上，制动盘会因为吸收大量的热能而变红。碳纤维制动盘能够承受 2500℃的高温，而且具有非常优秀的制动稳定性。

无石棉有机制动材料存在耐热性问题，半金属摩擦材料存在密度较大、攻击对偶、产生噪声等缺点，碳纤维复合材料能解决上述问题，但其成本较高。陶瓷摩擦材料具有密度适中、耐高温、耐腐蚀、价格适宜等优点，已被广泛地应用于制动领域。

一般来说，陶瓷基摩擦材料中陶瓷的体积分数应大于 45%，有的甚至达到 80%~90%。常用的性能优良的陶瓷有 SiC、B_4C、Si_3N_4、Al_2O_3、AlN 等。表 4-6 为使用陶瓷制动盘的保时捷 911 轿车的制动性能与雷克萨斯轿车制动性能的比较。

表 4-6　陶瓷制动盘的应用效果

性能参数	保时捷 911　冷/热	雷克萨斯 SC430　冷/热
制动距离/m	34.1/34.1	39.4/44.3
$a_{max}/(m \cdot s^{-2})$	11.3/11.3	9.8/8.7
前轮温度/℃	228/480	180/685
后轮温度/℃	214/278	118/365

目前在国外，有一种添加陶瓷纤维作为增强材料，利用改性树脂和橡胶为粘合剂，以多种人工合成的有机和无机材料作为摩擦性能调节剂制成的非金属摩擦材料，称为陶瓷基摩擦材料。

思　考　题

1. 汽车制动跑偏是由哪些原因造成的？

2. 汽车制动性能有哪些评价指标？

3. 作图分析论述"后轮侧滑比前轮侧滑更危险"。

4. 什么是汽车制动效能恒定性？如何评价？

5. 什么是汽车的同步附着系数？某汽车在空载和满载两种工况下的同步附着系数是否相同？请分析说明理由。

6. 通常，轿车的同步附着系数和载货汽车的同步附着系数的大小是否相同？为什么？

7. 某汽车在良好的水平路面上行驶，当驾驶人采取紧急制动时，汽车发生严重的侧滑现象。请从汽车结构因素和使用因素两方面分析产生此种现象的原因。

8. 某汽车装有前、后制动器分开的双管路制动系统，在汽车前部制动管路失效或后部制动管路失效两种工况下，汽车制动性能评价指标有什么变化？请分析说明其原因。

9. 已测得某车制动时车轮转速为 120r/min，此时汽车车速为 36km/h，若该车的车轮半径为 0.5m。请问：此时该车车轮的滑动率是多少？

10. 某轿车满载质量为 3780kg，轴距 $L = 2.8m$，满载时质心至前轴距离 $a = 1.8m$，质心高度 $h_g = 835mm$，当该车在附着系数 $\varphi = 0.7$ 的水平路面上紧急制动时，前、后车轮的地面制动力均达到附着力，求此时作用于前轮的地面法向反作用力。

11. 试说明防抱死制动系统（ABS）的理论依据。

12. 分析 EBD 系统在汽车制动系统中的作用。

13. 分析制动辅助（EBA）系统的工作过程。

第五章

汽车操纵稳定性能的评价

汽车的操纵稳定性是指在驾驶人不感到过分紧张、疲劳的条件下，汽车能遵循驾驶人通过转向系统及转向车轮给定的方向行驶，且当受到侧向力（如侧向风力、汽车在横坡上行驶时重力的侧向分力等）的干扰时，汽车能抵抗干扰而保持稳定行驶的能力。

一辆操纵稳定性能良好的汽车必须具备以下的能力：

1）根据道路、地形和交通情况的限制，正确地遵循驾驶人通过操纵机构所给定的方向行驶的能力——汽车的操纵性。

2）在行驶过程中具有抵抗力图改变其行驶方向的各种干扰，并保持稳定行驶的能力——汽车的稳定性。

汽车的操纵稳定性是汽车的主要使用性能之一，随着汽车平均速度的提高，操纵稳定性显得越来越重要。它不仅影响着汽车的行驶安全，而且与运输生产率和驾驶人的疲劳强度有关。

通过本章的学习应达到以下学习目标：

1）掌握汽车操纵稳定性能的评价指标。

2）掌握汽车行驶时纵向稳定性和横向稳定性的分析及计算方法。

3）掌握轮胎侧偏特性的含义，了解轮胎刚度的影响因素。

4）掌握操纵稳定性与底盘的悬架、转向系统及传动系统的关系。

5）掌握稳态转向特性的概念及特征参数，了解瞬态转向特性。

6）了解与操纵稳定性有关的新技术的应用。

第一节　汽车操纵稳定性能的评价指标　　◄◄◄

汽车操纵稳定性涉及的问题较为广泛，与前面讨论过的几个性能有所不同，它需要采用较多的物理量从多方面来进行评价。表5-1给出了汽车操纵稳定性的基本内容及评价所用物理参量。

在汽车操纵稳定性的研究中，常把汽车作为一个控制系统，求出汽车曲线行驶的时域响应与频域响应，并用它们来表征汽车的操纵稳定性能。

汽车曲线行驶的时域响应指汽车在转向盘输入或外界侧向干扰输入下的侧向运动响应。转向盘输入有两种形式：一种是给转向盘作用一个角位移，称为角位移输入，简称角输入；另一种是给转向盘作用一个力矩，称为力矩输入，简称力输入。驾驶人在实际驾驶车辆时，对转向盘的这两种输入是同时进行的。外界侧向干扰输入主要是指侧向风和路面不平产生的侧向力。

表 5-1　汽车操纵稳定性的基本内容及评价所用物理参量

基 本 内 容	主要评价参量
转向盘角阶跃输入下进入的稳态响应——转向特性,转向盘角阶跃输入下进入的瞬态响应	稳态横摆角速度增益——转向灵敏度,反应时间、横摆角速度波动的无阻尼圆频率
横摆角速度频率响应特性	共振峰频率、共振时振幅比、相位滞后角、稳态增益
转向盘中间位置操纵稳定性	转向灵敏度、转向盘力特性——转向盘转矩梯度、转向功灵敏度
回正性	回正后剩余横摆角速度与剩余横摆角、达到剩余横摆角速度的时间
转向半径	最小转向半径
转向轻便性(原地转向轻便性、低速行驶转向轻便性、高速行驶转向轻便性)	转向力、转向功
直线行驶性能(直线行驶性、侧向风敏感性、路面不平敏感性)	转向盘转角和(累计值)、侧向偏移
典型行驶工况性能(蛇形性能、移线性能、双移线性能——回避障碍性能等)	转向盘转角、转向力、侧向加速度、横摆角速度、侧偏角、车速等
极限行驶能力(圆周极限侧向加速度、抗侧翻能力、发生侧滑时的控制性能等)	极限侧向加速度、极限车速、回至原来路径所需时间

　　表 5-1 中的转向盘角阶跃输入下进入的稳态响应及转向盘角阶跃输入下的瞬态响应,就是表征汽车操纵稳定性的转向盘角位移输入下的时域响应。回正性是指一种转向盘力输入下的时域响应。

　　横摆角速度频率响应特性是指在转向盘转角正弦输入下,频率由 0 增加到正无穷时,汽车横摆角速度与转向盘转角的振幅比及相位差的变化规律。它是另一个重要的表征汽车操纵稳定性的基础特性。表 5-2 为最大质量小于或等于 6t 的汽车,汽车横摆角速度响应时间 T 的下限值 T_{60} 与上限值 T_{100}。

表 5-2　汽车横摆角速度响应时间 T 的下限值 T_{60} 与上限值 T_{100}

车型	指标/s	
	T_{60}	T_{100}
轿车(最高车速>120km/h)	0.20	0.06
轿车(最高车速>120km/h)客车和货车(最大总质量≤2.5t)	0.30	0.10
客车和货车(2.5t<最大总质量≤2.5t)	0.40	0.15

　　转向盘中间位置操纵稳定性是指转向盘小转角、低频正弦输入下汽车高速行驶时的操纵稳定性。

　　转向半径是评价汽车机动灵活性的物理参量。

　　转向轻便性是评价转动转向盘轻便程度的特性。

汽车的直线行驶性能是评价汽车操纵稳定性的另一个重要指标。其中，侧向风敏感性与路面不平敏感性是汽车直线行驶时在外界侧向干扰输入下的时域响应。

典型行驶工况性能是指汽车通过某种模拟典型驾驶操作的通道的性能。它们能更真实地反映汽车的操纵稳定性。

极限行驶性能是指汽车在处于正常行驶与异常危险运动之间的运动状态下的特性。它表明了汽车安全行驶的极限性能。

本章只讨论上述内容的最基本部分：转向盘角阶跃输入下的稳态响应及瞬态响应。

第二节　汽车行驶的纵向和横向稳定性能 ◂◂◂

一、汽车行驶的纵向稳定性

汽车在纵向坡道上行驶，例如等速上坡时，随着道路坡度增大，前轮的地面法向反作用力不断减小。当道路坡度大到一定程度时，前轮的地面法向反作用力为零。在这样的坡度下，汽车将失去操纵稳定性，并可能产生纵向翻倒。汽车上坡时，坡度阻力随坡度的增大而增大，在坡度大到一定程度时，为克服坡度阻力所需的驱动力超过附着力时，驱动轮将滑转。这两种情况均使汽车的行驶稳定性遭到破坏。

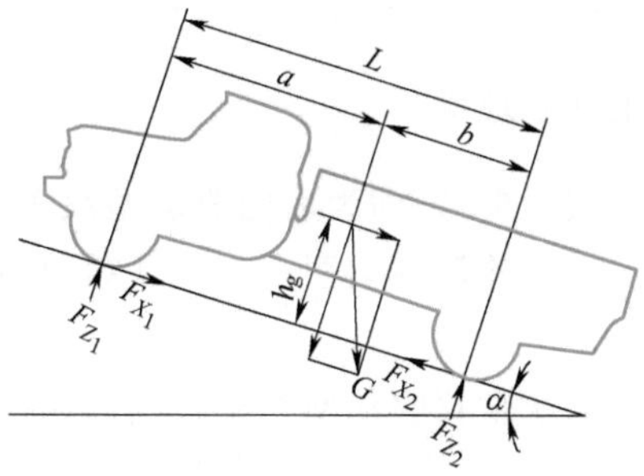

图 5-1　汽车上坡时的受力图

图 5-1 所示为汽车上坡时的受力图。如果汽车在硬路面上以较低的速度上坡，空气阻力 F_w 可以忽略不计，由于剩余驱动力用于等速爬坡，即汽车的加速阻力 $F_j = 0$，加速阻力矩 $M_j = 0$，而车轮的滚动阻力矩 M_f 的数值相对比较小，可不计入。

分别对前轮着地点及后轮着地点取力矩，经整理后可得

$$\left. \begin{array}{l} F_{Z_1} - \dfrac{bG\cos\alpha - h_g G\sin\alpha}{L} = 0 \\[3mm] F_{Z_2} - \dfrac{aG\cos\alpha + h_g G\sin\alpha}{L} = 0 \end{array} \right\} \tag{5-1}$$

当前轮的径向反作用力 $F_{Z_1} = 0$ 时，即汽车上陡坡时发生绕后轴翻车的情况，由式（5-1）可得

$$bG\cos\alpha - h_g G\sin\alpha = 0$$

由上式可得不发生翻车的最大坡度角 α_{max} 为

$$\tan\alpha_{max} = \frac{b}{h_g} \tag{5-2}$$

当道路的坡度角 $\alpha \geq \alpha_{max}$ 时，汽车即失去操纵并可能后轴翻倒。汽车重心至后轴的距离 b 越大，重心高度 h_g 越小，则汽车越不容易绕后轴翻倒，汽车的纵向稳定性越好。在正常装载情况下，式（5-2）是能够满足的。

在上述稳定分析中，尚未考虑驱动轮滑转的可能性。后轮驱动的汽车，以较低速度等速

上坡时，驱动轮不发生滑转的临界状态为

$$F_{tmax} = G\sin\alpha_{\varphi max} = F_{Z_2}\varphi \qquad (5-3)$$

式中 $\alpha_{\varphi max}$ ——汽车后轮不发生滑转所能克服的最大道路坡度角。

驱动轮滑转与附着系数、汽车重心的位置及汽车的驱动形式有关。

将式（5-1）代入式（5-3）中，整理得

$$\tan\alpha_{\varphi max} = \frac{a\varphi}{L - \varphi h_g} \qquad (5-4)$$

显然，如果 $\tan\alpha_{\varphi max} < \tan\alpha_{max}$

即 $\alpha_{\varphi max} < \alpha_{max}$

则当汽车遇到坡度角为 α_{max} 的坡道时，驱动轮因受附着条件的限制而滑转，地面不能提供足够的驱动力以克服坡度阻力，因而无法上坡，也就避免了汽车的纵向翻倒。所以，汽车滑转先于翻倒的条件是

$$\frac{a\varphi}{L - \varphi h_g} < \frac{b}{h_g}$$

将上式整理得

$$\frac{b}{h_g} > \varphi \qquad (5-5)$$

式（5-5）即为后轮驱动型汽车的纵向稳定性条件。

对于前轮驱动型汽车，其纵向稳定性条件为

$$L > 0$$

对于全轮驱动型汽车，其纵向稳定性条件为

$$\frac{b}{h_g} > \varphi$$

由于现代汽车的重心位置较低，因此上述条件均能满足而且有余。但是对于越野汽车，其轴距 L 较小，重心较高（h_g 较大），轮胎具有纵向防滑花纹因而附着系数较大，故其丧失纵向稳定性的危险增大。因此，对于经常行驶于坎坷不平路面的越野汽车，应尽可能降低其重心位置，而前轮驱动型汽车的纵向稳定性最好。

二、汽车横向稳定性

汽车横向稳定性的丧失表现为汽车的侧翻或横向滑移，由于侧向力作用而发生的横向稳定性破坏的可能性较多，也较危险。

图 5-2 所示为汽车在横向坡道上作等速弯道行驶时的受力图。

随着行驶车速的提高，在离心力 F_c 作用下，汽车可能以左侧车轮为支点向外侧翻。当右侧车轮法向反力 $F_{Z_R} = 0$ 时，开始侧翻。因此，汽车绕左侧车轮侧翻的条件为

$$F_c\cos\beta h_g \geq F_c\sin\beta \frac{B}{2} + G\cos\beta \frac{B}{2} + G\sin\beta h_g \qquad (5-6)$$

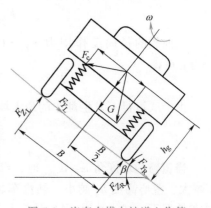

图 5-2　汽车在横向坡道上作等速弯道行驶时的受力图

如果汽车转弯半径为 R，行驶速度为 v，则

$$F_c = \frac{Gv^2}{gR}$$

将 F_c 代入式（5-6），可求出在横向坡道上不发生向外侧翻的极限车速 v_{max} 为

$$v_{max} = \sqrt{\frac{gR(B+2h_g\tan\beta)}{2h_g-B\tan\beta}} \tag{5-7}$$

由式（5-7）可见，当横向坡度值 $\tan\beta = \dfrac{2h_g}{B}$ 时，式中分母为零，$v_{max} = \infty$，说明汽车在此坡度弯道行驶时，任意速度都不会使汽车绕外侧车轮侧翻。因此在公路建设上常将弯道外筑有一定的坡度，以提高汽车的横向稳定性。

若在水平路面上（$\beta = 0$），汽车转弯行驶不发生侧翻的极限车速为

$$v_{max} = \sqrt{\frac{gRB}{2h_g}} \tag{5-8}$$

比较式（5-7）和式（5-8），式（5-7）的 v_{max} 显然比式（5-8）中的大。

汽车在横向坡道上行驶发生侧滑的临界条件为

$$F_c\cos\beta - G\sin\beta = (F_c\sin\beta + G\cos\beta)\varphi$$

式中　φ——附着系数。

整理后得汽车在侧滑前允许的最大速度为

$$v_{\varphi max} = \sqrt{\frac{gR(\varphi+\tan\beta)}{1-\varphi\tan\beta}}$$

当 $\tan\beta = \dfrac{1}{\varphi}$ 时，$v_\varphi = \infty$，则以任何车速行驶也不发生侧滑。在 $\beta = 0$ 的水平道路上，汽车侧滑前所允许最大速度为

$$v_{\varphi max} = \sqrt{gR\varphi} \tag{5-9}$$

为了行驶安全，应使侧滑发生在侧翻之前，即 $v_{\varphi max} < v_{max}$：

$$\sqrt{\frac{gR(\varphi+\tan\beta)}{1-\varphi\tan\beta}} < \sqrt{\frac{gR(B+2h_g\tan\beta)}{2h_g-B\tan\beta}}$$

整理后得

$$\varphi < \frac{B}{2h_g} \tag{5-10}$$

比值 $\dfrac{B}{2h_g}$ 称为侧向稳定性系数。侧翻只能在附着系数大于侧向稳定性系数的道路上才能发生。在干燥沥青路面上，$\varphi = 0.7 \sim 0.8$，一般满足式（5-10）的条件。只有当汽车重心提高后，减小了横向稳定性系数，才增加了翻车的危险。

第三节　轮胎的侧偏特性　<<<

轮胎侧偏特性是轮胎的重要力学特性。侧偏特性指侧偏力、回正力矩与侧偏角间的关系，它是研究汽车操纵稳定性的基础。

一、轮胎的侧偏现象

汽车在行驶过程中，由于路面横向倾斜、侧向风或曲线行驶等所产生的离心力的作用，使车轮中心在垂直于车轮平面的方向上有时受到侧向力 F_y 的作用（图 5-3），同时还有地面对轮胎产生侧向反作用力 F_Y（相对于 F_y），F_Y 通常被称为侧偏力。

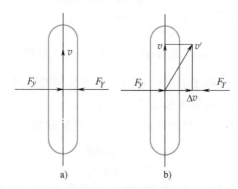

图 5-3 刚性车轮滚动时受侧向力的受力情况

a) 没有侧向滑移 b) 有侧向滑移

若车轮是刚性的，则车轮在受到侧向力作用时，有两种情况：

1) 当侧偏力未超过车轮与地面间的附着极限时，车轮与地面间没有滑动，车轮仍沿其本身平面的方向行驶，如图 5-3a 所示。

2) 当地面侧向反作用力达到车轮与地面间的附着极限（$F_y \geq F_Y$）时，车轮发生侧向滑动，若滑动速度为 Δv，车轮便沿合成速度的方向行驶，偏离了车轮平面方向，如图 5-3b 所示。

实际车轮的轮胎是有弹性的，当车轮中心受到侧向力作用时（无论大小），轮胎便会产生侧向变形（图 5-4a），即使没有达到附着极限，车轮滚动的行驶方向将偏离车轮平面 $c—c$ 的方向，这就是弹性车轮的侧偏现象。

具有侧向弹性的车轮在垂直载荷的条件下车轮中心受到侧向力作用，地面相应地有侧偏力时的两种情况：

1) 如果车轮静止不滚动，则侧向力 F_y 将使具有侧向弹性的车轮发生侧向变形，轮胎胎面接地印迹的中心线与车轮平面不重合，轮胎接地印迹长轴线 $n-n$ 侧向位移 Δh（图 5-4a）。

2) 如果车轮向前滚动，在轮胎胎面中心线上标出 A_0、A_1、A_2、A_3…各点，随着车轮向前滚动，各点将依次落于地面上相应的 A'_1、A'_2、A'_3…各点上。由图 5-4b 的主视图可见，靠近地面的胎面上，A_1、A_2、A_3…各点连线是一条斜线，因此它们落在地面相应各点 A'_1、A'_2、A'_3…的连线并不垂直于车轮旋转轴线，即与车轮平面 cc 的延长线有夹角 α。当轮胎与地面间没有侧向滑动时，A'_1、A'_2、A'_3…的连线就是接地印迹的中心线，也是车轮滚动时在地面上留下的痕迹，即车轮并没有按照车轮平面 cc 的方向向前滚动，而是沿着 aa 的方向滚动。aa 和 cc 平面之间的夹角称为侧偏角 α。显然，侧偏角 α 值与侧向力 F_y 的大小有关，即侧偏角 α 值与侧偏力 F_Y 的大小有关。

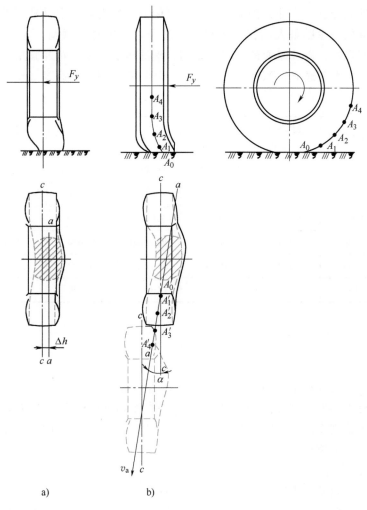

a)   b)

图 5-4　弹性轮胎的侧偏

二、轮胎侧偏特性

由试验可测出侧偏力-侧偏角关系。图 5-5 表示的是不同载荷和不同道路上某轮胎的侧偏力-侧偏角（F_Y-α）关系曲线。曲线表明，侧偏角 α 不超过 5° 时，F_Y 与 α 成线性关系。汽车正常行驶时，侧向加速度不超过 0.4g，侧偏角不超过 4°~5°，可以认为侧偏角与侧偏力成线性关系（曲线的 OA 段）。F_Y-α 曲线在 $\alpha = 0°$ 处的斜率称为侧偏刚度 k，单位为 N/rad 或 N/°。F_Y 与 α 的关系式为

$$F_Y = k\alpha \qquad (5-11)$$

轿车轮胎 k 值为 28~80kN/rad。表 5-3 所列为轮胎在干燥良好路面上的侧偏特性数据。

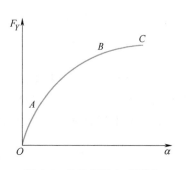

图 5-5　轮胎侧偏力-侧偏角
关系曲线

侧偏力较大时，侧偏角以较大的速率增长，即侧偏刚度逐渐减小（曲线的 AB 段）。这时，轮胎在接地面处已发生部分侧滑。最后，侧偏力达到附着极限（曲线的 BC 段）时，整个轮胎侧滑。显然，轮胎最大侧偏力取决于附着条件，即垂直载荷，轮胎的胎面花纹、材料、结构、充气压力，以及路面的材料、结构、潮湿程度以及车轮外倾角等。通常最大侧偏力越大，汽车极限性能越好，汽车沿圆周方向行驶的极限侧向加速度就越高。

表 5-3 轮胎在干燥良好路面上的侧偏特性数据

轮胎	车轮载荷/N	轮胎气压 /×10⁵Pa	侧偏刚度 /（N/rad）	轮胎	车轮载荷/N	轮胎气压 /×10⁵Pa	侧偏刚度 /（N/rad）
5.20-13	2 452	1.6	17 893	155SR15	3 924	2.1	29 049
6.00-13	2 943	1.4	17 690	6.50-16	5 886	2.5	49 310
6.40-13	3 924	1.7	20 626	9.00-20	19 620	5.5	132 687
165R14	3 924	1.9	31 799	9.00R20	19 620	5.5	168 205
175HR14	3 433	2.0	38 382	11R22.5	16 180	7.75	112 815
5.60-15	2 943	1.8	29 332	12.00-20	29 430	6.4	187 371

三、侧偏刚度的影响因素

1. 轮胎的尺寸、型式和结构

轮胎的尺寸、型式和结构对其侧偏刚度有显著影响。尺寸较大的轮胎有较高的侧偏刚度，具体数据见表 5-3。子午线轮胎接地面宽，一般侧偏刚度较高。钢丝子午线轮胎比尼龙子午线轮胎的侧偏刚度高。高宽比对轮胎侧偏刚度的影响很大，采用高宽比小的宽轮胎是提高侧偏刚度的主要措施。

2. 轮胎垂直载荷

汽车行驶时，轮胎垂直载荷常有变化。例如转向时，内侧车轮轮胎的垂直载荷减小，外侧车轮轮胎的垂直载荷增大。垂直载荷的变化对轮胎的侧偏特性有显著影响。垂直载荷增大后，侧偏刚度随垂直载荷的增大而增大；但垂直载荷过大时，轮胎与地面之间接触区的压力变得极不均匀，使轮胎侧偏刚度有所减小。

3. 轮胎充气压力

轮胎充气压力对侧偏刚度有显著影响。气压增加，则侧偏刚度增大，但气压过高时刚度不再变化。行驶速度对侧偏刚度的影响很小。

4. 路面状况

路面及其粗糙程度和干湿状况对轮胎侧偏特性，尤其是最大侧偏力影响很大。路面的附着系数越大，车轮的侧偏刚度越大。

在有薄水层的路面上，会出现完全丧失侧偏力的情况，汽车极易发生滑水现象。

四、回正力矩

轮胎转向或受到侧风等侧向力作用发生侧偏时，会产生作用于轮胎绕 OZ 轴的回正力矩 T_Z，如图 5-6 所示。T_Z 是圆周行驶时使转向车轮恢复到直线行驶位置的主要恢复力矩之一。

1. 侧偏角影响回正力矩

随着侧偏角的增大，侧偏力增大，因而 T_Z 开始时逐步增大，当 $\alpha = 4° \sim 6°$ 时达到最大值；α 继续增大，T_Z 减小，当 $\alpha = 10° \sim 16°$ 时 T_Z 为零；α 继续增大，T_Z 成为负值。试验结果表明，T_Z 随垂直载荷的增大而增大。

2. 轮胎型式及结构影响回正力矩

轮胎的型式及结构参数对回正力矩有重要影响。相同侧偏角的条件下，大尺寸轮胎的回正力矩一般较大；子午线轮胎的回正力矩比斜交轮胎大。

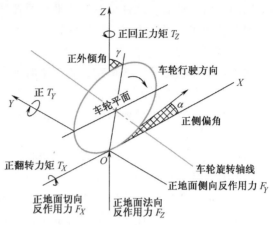

图 5-6 车轮滚动时的运动和受力情况

3. 轮胎气压影响回正力矩

轮胎的气压低，接地印迹长，轮胎拖距大，回正力矩就大。

4. 驱动力和制动力影响回正力矩

随着驱动力的增大，回正力矩 T_Z 达最大值后开始下降。在制动力作用下，回正力矩 T_Z 不断减小，制动力 F_b 增加到某一值时，回正力矩 T_Z 由正值变为负值。

五、车轮外倾对车轮侧偏的影响

汽车两前轮有外倾角 γ 时，车轮具有绕各自旋转轴线（主销）与地面的交点 O 滚动的趋势（图 5-6）。若不受约束，则车轮将偏离正前方而各自向左、右两侧滚动。由于转向机构的约束，两个车轮实际上只能一起向前行驶。因此，车轮中心必作用有侧向力 F_y，把车轮约束至同一方向并向前滚动。与此同时，轮胎接地面中产生一个与 F_y 方向相反的外倾侧向力。

随着外倾角的增大，胎面与路面的接触情况越来越差，因影响侧向附着力而降低了汽车的极限性能（降低极限侧向加速度）。所以，高速轿车特别是采用超宽断面轮胎的赛车，在转弯行驶时承受大部分前侧向力的前外轮应尽量垂直于地面，即外倾角等于零。摩托车在转弯时，其车轮外倾角很大，为了保证最大地面侧向反作用力，摩托车轮胎具有圆形断面；同时，车轮有外倾角时会产生回正力矩。

第四节　汽车操纵稳定性能与底盘的关系　<<<

一、汽车操纵稳定性与悬架的关系

汽车沿曲线行驶时，前、后轴左右两侧车轮的垂直载荷要发生变化；同时车轮常有外倾角，且由于悬架导向杆系的运动及变形，外倾角将随之发生变化。这些原因使得轮胎的侧偏刚度发生变化，从而影响到汽车的操纵稳定性。即使转向盘转角固定不动，由于路面的颠簸或高速转弯造成车厢侧倾时前悬架导向杆系和转向杆系的运动及变形，前轮平面也可能发生绕主销的小角度转动。车厢侧倾时后悬架导向杆系的运动及变形，会使后轮发生绕垂直于地面轴线的小角度转动。这种车轮轮辋平面的转动称为侧倾转向与变形转向，它们与轮胎的弹性侧偏角叠加在一起，决定了汽车的转向运动。

1. 侧倾时垂直载荷在左、右两侧车轮上的重新分配

在正常工作状态下，汽车左、右车轮的垂直载荷大体上是相等的；但当曲线行驶或路面颠簸时，由于侧倾力矩的作用，作用在左、右车轮上的垂直载荷是不相等的。这将影响轮胎的侧偏特性，导致汽车稳态响应发生变化，有时汽车甚至会从转向不足变为过度转向。

2. 侧倾及外倾

车厢侧倾或在不平整地面上直线行驶时，车轮的上、下跳动使车轮外倾角不断变化，引起外倾侧向力或轮胎侧偏角的改变，将影响汽车稳态与瞬态的响应。另外，随着外倾角的增加，轮胎的侧向附着性能降低。所以，外倾角的变化会影响汽车极限侧向加速度。若要保持高的极限性能，则在急速转弯行驶时承受大部分垂直载荷的外侧车轮应尽量垂直于地面。在悬架设计中采用等长双横臂式独立悬架，可恰当控制车厢侧倾引起的外倾角。

3. 侧倾转向

在侧向力作用下车厢发生侧倾，由车厢侧倾所引起的前转向轮绕主销的转动、后轮绕垂直于地面轴线的转动，即车轮转向角的变动，称为侧倾转向。

转弯行驶时，车厢侧倾，外侧车轮与车厢的距离缩短，处于压缩行程；内侧车轮与车厢间的距离增大，处于复原行程。因此，装有独立悬架的汽车，其外侧车轮的前束减小，车轮向外转动；内侧车轮的前束增加，车轮向汽车纵向中心线方向转动。

具有侧倾转向效应的汽车在直线行驶时，路面不平引起车轮相对于车厢的跳动会使车轮产生一定的转向角，从而影响汽车直线行驶的稳定性。

4. 变形转向

悬架导向杆系各元件在各种力和力矩的作用下发生的变形，会引起车轮绕主销或垂直于地面轴线的转动，称为变形转向。

外倾受到侧向力作用的独立悬架杆系的变形会引起车轮外倾角的变化，从而影响汽车的稳态与瞬态响应。

二、汽车操纵稳定性与转向系统的关系

1. 转向系统与悬架的运动干涉引起转向轮摆振

图 5-7 所示为纵置半椭圆板簧前悬架与转向系统布置简图。板簧的固定吊耳在前轴前面，活动吊耳及转向机在前轴的后面。前轴和万向节等固定在板簧上，随板簧一起上下运动。转向机固定在车架上。当板簧发生变形时，车轮相对于车架有上、下两个方向的运动，万向节上的球销作为前轴上的点绕点 O_2 摆动，其运动轨迹为 bb；但 c 与纵拉杆相连，这样 c 将绕转向机垂臂下端球关节 O_1 摆动，运动轨迹为 aa 弧（实际上是以点 O_1 为圆心，以纵拉杆长度为半径作球面运动）。点不能同时满足这两个运动要求，于是万向节将相对主销发生转动，以满足 c 点沿 aa 弧的运动。从俯视图可以看出，当前轮向上运动时，点 c 向前移，万向节绕主销向左转。为了减少这种干涉摆动，可将转向机与固定吊耳尽可能地靠近，使 aa 和 bb 两弧轨迹接近。

2. 转向系统刚度不足引起的变形转向

转向系统的刚度不够大时，会产生过多的不足转向量。为了全面满足操纵稳定性的要

求，特别是为了获得轿车在高速行驶时的"良好路感"，转向系统的刚度应大些，尤其是转向盘中间位置小转角范围内应有尽可能大的刚度。

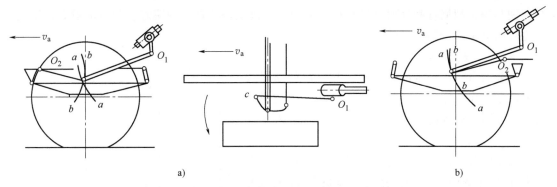

图 5-7　纵置半椭圆板簧前悬架与转向系统布置简图

三、汽车操纵稳定性与传动系统的关系

由于轮胎的侧偏特性受到地面切向反作用力的影响，所以操纵稳定性与传动系统有密切的关系。不仅如此，切向反作用力还被认为是改善极限工况下操纵稳定性的一项有效手段。

地面切向反作用力与不足/过多转向特性的关系如下：

1）当汽车在弯道上以大驱动力加速行驶时，前轴垂直载荷明显减小，后轴垂直载荷相应增大。一般载荷范围内，轮胎侧偏刚度是随载荷的增大和减小而增减的。因此，加速时前轴侧偏角增大，后轴侧偏角减小，汽车有转向不足增加的趋势。

2）车轮驱动时，随着驱动力的增大，同一侧偏角下的侧偏力减小。因此，汽车在弯道上加速行驶时，为了提供要求的侧偏力，前轮侧偏角必然增大，这是前驱汽车有转向不足趋势的另一个原因。地面条件差时，如冰雪路面，这种现象更加突出。

3）前轮受半轴驱动转矩的影响会产生不足变形转向，增加了前驱汽车转向不足的趋势。

4）随着驱动力的增加，轮胎回正力矩增大，增加了转向不足的趋势。

综上所述，驱动力的作用是增加前驱动汽车转向不足的趋势。

显然，当发动机进行制动时，上述 1）、3）、4）项的影响将使汽车有增加过多转向的趋势。因此，大功率的前驱动汽车在加速过程中，若将加速踏板踩到底后突然松开，则汽车的转向特性会发生明显变化，甚至变为转向过多。因此汽车会发生突然驶向弯道内侧的"卷入"现象。可以通过采用自动变速器、有限差速作用的差速器（LSD）和使驱动轮在制动时能产生不足变形转向的悬架来减少或消除"卷入"现象。

第五节　汽车操纵稳定性能的评价方法及改善措施　<<<

一、汽车的稳态响应与瞬态响应评价

汽车的时域响应可分为不随时间变化的稳态响应和随时间变化的瞬态响应。例如，汽车

等速直线行驶时是一种稳态；若在汽车等速直线行驶时，急速转动转向盘至某一转角时，停止转动转向盘并维持此转角不变，即给汽车转向盘以角阶跃输入，一般汽车经短暂时间后便进入等速圆周行驶，这也是一种稳态，称为转向盘角阶跃输入下进入的稳态响应。在等速直线行驶与等速圆周行驶这两个稳态运动之间的过渡状态便是一种瞬态，相应的瞬态运动响应称为转向盘角阶跃输入下的瞬态响应。

1. 汽车稳态转向特性

一般而言，以一定的前轮转角和一定的速度行驶的汽车将作一定半径的等速圆周运动。通过研究汽车等速圆周运动的特性，可以较好地理解汽车运动的基本性质。

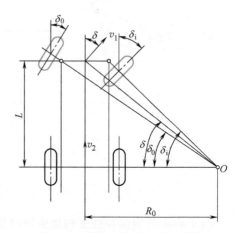

汽车的等速圆周行驶稳态响应是评价汽车操纵稳定性的重要特征之一，称为汽车的稳态转向特性。汽车的稳态转向特性分为 3 种类型：不足转向、中性转向和过多转向。在圆周行驶时，驾驶人使转向盘保持一个固定的转角，令汽车以不同固定车速行驶。若行驶车速高时，汽车的转向半径增大，这种汽车具有不足转向的特性；汽车的转向半

图 5-8 刚性车轮转向运动简图

径不变，这种汽车具有中性转向的特性；汽车的转向半径减小，这种汽车具有过多转向的特性。

汽车本身或外界使用条件的变化，会使中性转向的汽车转变为过多转向而失去稳定性，因此中性转向的汽车操纵稳定性也不好。只有具有适度不足转向的汽车，才有良好的操纵稳定性。

2. 刚性车轮转向时的几何关系

图 5-8 所示为刚性车轮转向运动简图（弹性车轮车速很低时不考虑侧向力对轮胎侧向变形的影响），转向时所有车轮作纯滚动，绕同一瞬时转向中心 O 作圆周运动，此时满足：

$$\cot\delta_0 = \frac{R_0 + 0.5d}{L}$$

$$\cot\delta_i = \frac{R_0 - 0.5d}{L}$$

$$\cot\delta_0 - \cot\delta_i = \frac{d}{L} \tag{5-12}$$

式中　δ_0、δ_i——前外轮、前内轮的转角；

$\quad d$——主销间的距离；

$\quad R_0$——从转向中心 O 到汽车纵向轴线之间的距离，称为转向半径；$R_0 = \dfrac{L}{\tan\delta}$；

$\quad \delta$——前轴中点速度方向与汽车纵轴线间的夹角，称为前轮转角，取 $\delta = 0.5(\delta_0 + \delta_i)$，当前轮转角不大时，可简化计算 $\delta = \dfrac{L}{R_0}$。

汽车的转向梯形机构应尽量满足式（5-12）中的几何关系，由转向梯形机构确定的 δ_i

和 δ_0 的关系可以保证车轮作纯滚动。在汽车使用过程中，通常转向梯形臂的长度及左、右主销之间的距离是不会发生很大变化的，因此，汽车转向半径是恒定不变的，称为中性转向。如果横拉杆的长度发生改变，就会改变转向梯形的底角（梯形臂与汽车前轴的夹角），使理论转角关系被破坏，故使用中应定期进行检验和调整。由于梯形机构的局限性，理论转角关系在实际车辆中无法得到保证，在转向角较大时表现尤为明显。

3. 弹性车轮转向时的几何关系及稳态转向特性

安装弹性车轮的汽车处于转向运动状态时，由于轮胎的侧偏现象，使汽车的运动轨迹不同于刚性车轮。弹性车轮在汽车转向时的运动轨迹和受力情况如图5-9所示。

汽车通过转向操纵机构给予前轮一定的转角 δ 作圆周运动，此时由于离心力的作用使弹性车轮出现侧偏，而导致前、后车轮的运动方向偏离车轮平面方向，前、后车轮分别产生侧偏角 α_1、α_2，前轴中点的运动速度由 v_1 变为 v_1'，后轴中点的运动速度由 v_2 变为 v_2'，汽车瞬时转向中心的位置由 O 点相应地移到 O' 点。转向半径为 $O'E$。在转角 δ 不大时，近似存在以下几何关系：

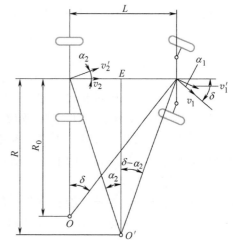

图5-9　弹性车轮在汽车转向时的
运动轨迹和受力情况

$$R = \frac{L}{\delta - (\alpha_1 - \alpha_2)} \qquad (5\text{-}13)$$

可见，在同样的前轮转角情况下，弹性车轮由于侧偏特性，其转向半径与刚性车轮的转向半径有差别。

当转向盘转角固定时，前轴中心的 δ 不变，但是随着汽车圆周速度的变化，汽车的离心惯性力和侧向加速度发生改变，使前、后车轮的侧偏力变化，引起侧偏角 α_1 和 α_2 改变，导致转向半径发生变化。

4. 汽车瞬态转向特性

汽车的操纵稳定性除了与稳态转向特性有关外，还与汽车的瞬态转向特性有关。常用汽车对转向盘突然转动或加力后的瞬态响应来表征汽车的瞬态转向特性。图5-10给出了汽车等速行驶时，驾驶人突然将转向盘转过一定角度 δ_{sw_0} 并维持此转角不变（转向盘转角阶跃输入）时的汽车瞬态横摆角速度响应曲线。

可以看出，给汽车转向盘转角阶跃输入后，汽车经过一个过渡过程后达到稳态横摆角速度 ω_{r_0}，此过渡过程即为汽车的瞬态响应。通常用瞬态响应中的几个参数来表征响应品质的好坏，这些参数包括下面几项：

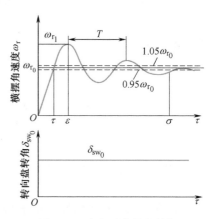

图5-10　汽车瞬态转向特性

（1）反应时间 τ　反应时间是指角阶跃输入后，横摆角速度第一次达到稳定值所需的时间，也有取达到 $0.9\omega_{r_0}$ 或 $0.63\omega_{r_0}$ 值所需的时间。τ 值小些较好。

（2）峰值反应时间 ε　通常用达到第一次峰值 ω_{r_1} 时所需的时间 ε 作为评价汽车瞬态横摆角速度响应反应快慢的参数，称为峰值反应时间。

（3）超调量　最大横摆角速度 ω_{r_1} 常大于稳态横摆角速度值 ω_{r_0}。$\omega_{r_0}/\omega_{r_1}\times100\%$ 称为超调量，它表示汽车执行指令误差的大小。

（4）横摆角速度 ω_r 波动时的固有（圆）频率 ω_0　在汽车瞬态响应中，横摆角速度 ω_r 以频率 ω_0 在稳定值 ω_{r_0} 处上下波动。

（5）稳定时间 σ　横摆角速度达到稳态值的 95%~105% 时的时间称为稳定时间。它表明进入稳态响应所经历的时间。稳定时间越短越好。

二、与汽车操纵稳定性相关的新技术应用

过去一直只限于改进轮胎、悬架、转向和传动系统（被动地）来提高汽车固有的操纵稳定性。20 世纪 80 年代中叶以来，随着支持控制系统的计算机与传感器、执行机构的迅速发展，各汽车公司陆续开发并生产了多种能显著改善操纵稳定性的电子控制系统。不断开发出价格更低廉、性能更优良的电子控制系统，已成为提高汽车操纵稳定性的一条重要途径。

1. 电控助力转向系统（EPS）

理想的助力转向系统应能在停车状态下给汽车提供足够的助力，使其原地转向容易；当车速升高时，助力逐渐减小，进入高速状态时应助力较轻或无助力，以使驾驶人有一定的路感。

电控助力转向系统能够以较简单的控制方式可靠而精确地实现理想控制。电控助力转向系统主要由传感器、控制单元和助力电动机三部分组成。控制单元接收来自传感器的信号（车速、转矩、转向状态、侧向加速度等），经过分析处理后由助力电动机实现操作。电控助力转向系统根据汽车的运行状态，随时按照驾驶人的意图提供不同程度的转向助力，从而提高汽车（特别是在高速行驶时）的稳定性。

2. 四轮转向系统（4WS）

随着高速公路的增多，车辆高速行驶和车辆并行的机会有了大幅度增加。为了使汽车具有更好的操纵稳定性，一些汽车在后轮上采用了转向系统，能够提高汽车转向时的机动灵活性和高速行驶时的操纵稳定性。

四轮转向是指前、后轮都能转向，并且根据不同的行驶条件，前、后轮转向角之间遵循一定的规律。

1）低速转向行驶或者转向盘转角较大时进行逆相位操作，后轮的偏转方向与前轮的偏转方向相反，且偏转角度随转向盘转角的增大而在一定范围内增大（后轮最大转向角一般为 5°~8°）。这种转向方式可改善汽车低速行驶时的操纵轻便性，减小汽车的转向半径，提高汽车的机动灵活性，便于汽车调头转弯，避障行驶，进、出车库或停车场。对轿车而言，后轮逆相位转向 5° 可减少最小转向半径约 0.5m，如图 5-11a 所示。

2）中、高速行驶转向时进行同相位操作，后轮

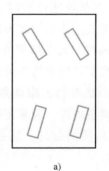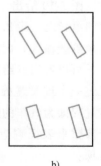

a)　　　　　　　b)

图 5-11　四轮转向汽车的前、
后车轮偏转规律

的偏转方向与前轮的偏转方向相同，靠车轮的偏转来抵消轮胎的侧偏角。这种转向方式可使汽车车身的横摆角速度大大减小，可减小汽车车身发生动态侧偏的倾向，保证汽车在高速超车，进、出高速公路、高架引桥或立交桥时，处于不足转向状态，以提高车辆转弯时的操作稳定性和安全性，如图 5-11b 所示。

电控四轮转向系统主要由传感器、控制单元和执行器三部分组成。控制单元接收来自传感器的信号（车速、轮速、转向盘转角、油压等），进行分析处理，由执行器实现后轮转向。

3. 电控悬架

悬架对汽车的操纵稳定性影响很大。悬架决定着汽车在行驶中遇到障碍或者转弯时车轮与地面的接触情况，决定着汽车的侧倾和侧滑，决定着车轮的侧偏。汽车在不同的行驶状态对悬架有不同的要求。一般行驶时，需要相对柔和的悬架以求舒适感；在急转弯及制动时，需要相对较硬的悬架以求稳定性，两者之间相互矛盾。理想的悬架应在不同的条件下具有不同的弹簧刚度和减振阻力，既能满足行驶平顺性要求和操纵稳定性要求，又能达到安全行驶的目的。

电控悬架系统能根据不同的路面状况、不同的装载质量、不同的车速和不同的行驶状况控制悬架系统的刚度和阻尼力，调节车身高度。目前比较常见的是电控空气悬架系统。典型的电控悬架系统由电控单元（ECU）、空气压缩机、车高传感器、转向角度传感器、速度传感器、制动传感器、空气弹簧元件等组成。该系统能够根据汽车的瞬时驾驶条件自动调节悬架组件的性能，即通过各种传感器对汽车的运行状况进行检测，当悬架 ECU 接收到传感器检测到的转向和制动状况信号后，能自适应地处理车辆的侧倾、前倾、后倾，并自动调整减振器的阻尼力，能防止车体倾斜并提高车轮的地面附着力。该系统使汽车更易于控制，并具有更好的操纵稳定性。

4. 车辆稳定性控制系统（VSC）

VSC 又称 ESP，是以 ABS 为基础发展而来的。该系统主要控制处于极限工况下的汽车运动，使驾驶人可以按正常驾驶方法顺利通过原本令人难以驾驭的危急状况。ESP 利用左、右两侧制动力之差产生的横摆力偶矩来防止出现难以控制的侧滑现象，如在弯道行驶中因前轴侧滑而失去路径跟踪能力的驶出现象及后轴侧滑甩尾而失去稳定性的激转现象。从图 5-12a 可以看出，当汽车转向行驶时发生不足转向甚至失去转向时，VSC 可以通过 ABS 对后内侧车轮进行制动，产生一个向内侧的横摆力矩，协助汽车转向；当汽车转向或者受侧向力

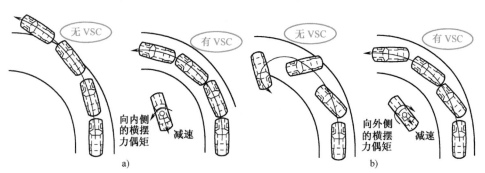

电子车身稳定系统

图 5-12　汽车稳定性控制

a）前车轮侧滑的抑制　　b）后车轮侧滑的抑制

作用发生过多转向甚至侧滑急转时，VSC可以通过ABS对前外侧车轮进行制动，产生一个向外侧的横摆力矩，抵消汽车转向。

VSC可根据驾驶人开车时的转向盘角度、加速踏板位置与制动系统油压，判断驾驶人的行车意图；根据汽车横摆角速度、侧向加速度，判断汽车的真实行驶状况；调节发动机功率、由左右侧制动力差构成的横摆力矩及总制动力，以操纵汽车，使汽车行驶状况尽可能地接近驾驶人的行车意图。

思 考 题

1. 什么是汽车的操纵稳定性？
2. 汽车在纵向坡上避免出现纵翻的条件是什么？
3. 什么是侧偏现象和侧偏特性？
4. 什么是轮胎侧偏刚度？影响侧偏刚度的主要因素有哪些？
5. 什么是汽车的稳态转向特性？
6. 什么是中性转向、不足转向和过多转向？
7. 中性转向、不足转向和过多转向对汽车的操纵稳定性各有什么影响？为什么汽车一般选择不足转向？
8. 如何评价汽车的稳态转向特性？
9. 什么是瞬态响应？
10. 表征瞬态响应的指标参数有哪些？
11. 电控助力转向系统、四轮转向系统、稳定性控制系统是如何提高汽车的操纵稳定性的？

第六章

汽车行驶性能的评价

汽车在一般行驶速度范围内行驶时，行驶过程中产生的振动和冲击会使人感到不舒服、疲劳，甚至损害健康，或者使货物损坏。研究汽车平顺性的主要目的是控制汽车振动系统的动态特性，使振动的"输出"在给定工况的"输入"下不超过一定界限，以保证乘员的乘坐舒适性。

汽车的通过性（越野性）是指汽车能以足够高的平均车速通过各种坏路和无路地带（如松软地面、凹凸不平地面等）及各种障碍（如陡坡、侧坡、壕沟、台阶、灌木丛、水障等）的能力。通过性是汽车的主要使用性能之一，它不仅影响汽车的运输生产率，而且有时直接决定汽车能否进行运输工作。军用、农用以及在矿山、建筑工地、林区等使用的汽车，因为要在路面情况较差的道路或无路条件下行驶，要求具有良好的通过性。

通过本章的学习应达到以下学习目标：

1）掌握汽车平顺性的概念。

2）掌握平顺性的评价指标及评价标准。

3）掌握平顺性的主观、客观评价方法。

4）了解汽车平顺性的影响因素。

5）掌握汽车通过性的概念。

6）掌握轮廓通过性几何参数的分析及计算。

7）掌握牵引支撑通过性的分析及计算。

8）了解通过性的影响因素。

第一节　汽车平顺性的评价　　　　　≪≪≪

一、汽车平顺性的评价指标及评价方法

汽车平顺性是指汽车在正常行驶速度范围内行驶时，保证乘员不会因车身振动而引起不舒服和疲劳的感觉，以及保持所运货物完整无损的性能。由于平顺性主要根据乘员的舒适程度来评价，故又称为乘坐舒适性。平顺性不仅是决定汽车舒适性的最重要因素，它本身也是评价汽车性能的重要指标。

汽车的平顺性可通过图6-1所示的"路面-汽车-人"系统的框图来分析。路面的不平度和车速形成了对汽车振动系统的输入，经过由轮胎、悬架等弹性、阻尼元件和悬挂、非悬挂质量构成的振动系统的传递，得到振动系统的输出——车身经座椅传递至人体的加速度，通过此加速度与

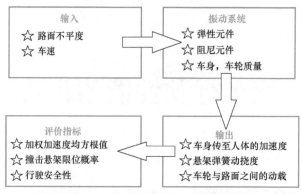

图 6-1 "路面-汽车-人" 系统框图

人体对振动的反应——舒适性之间的对应关系来评价汽车的平顺性。通常还会综合考虑车辆悬架弹簧的动扰度和车轮与路面间的动载，其分别影响撞击悬架限位的概率和行驶安全性。

驾驶或乘坐汽车时，汽车的振动应在一定范围内，确保驾驶人和乘员的生理和心理反应是正常的，尤其是长途客车和旅游客车。由于技术的不断提高和道路情况的不断改进，汽车的速度越来越快，对汽车乘坐舒适性也提出了更高的要求。

车辆平顺性不是孤立的，它不仅影响驾驶人和乘员的疲劳强度、舒适、安全和运输货物的可靠性，而且影响车辆的其他性能。如果实际使用的车辆平顺性差，驾驶人会因车辆强烈的振动被迫降低车速，从而导致车辆平均速度和运输效率下降，而且车速被迫降低之后，发动机无法在最适当的转速下工作，将导致汽车燃油经济性恶化，增加运输成本。

振动产生的动载荷会加速汽车零件的磨损，而动载荷产生的交变应力会导致构件的疲劳损伤，这些都会严重影响汽车的使用寿命。汽车振动时，车轮与路面之间的接地力的波动会影响其附着效果，从而影响汽车的操纵稳定性。

1. 汽车平顺性的评价指标

汽车平顺性通常是根据人体对振动的生理反应及对保持货物完整性的影响来评价的，并用振动的物理量（如汽车车身振动的固有频率、振幅、加速度、加速度变化率等）作为平顺性的评价指标。

（1）人体对振动的反应　人体对振动的反应主要取决于振动频率和强度、振动作用方向和暴露时间。

人对步行时身体上下运动的这种振动是适应的，其振动频率约为 60~85 次/min（1~1.4Hz）。当车身振动频率低于 0.6Hz 时，乘员会有晕车的感觉；当振动频率过高时，则会有明显冲击的感觉。

振动强度经常用振动加速度来表征。车身振动加速度不宜过大，如果加速度过大（到 $1g$ 及以上），则会导致乘员或者货物离开车座或车厢。因此，客车车身振动加速度的最高极限为 $0.2~0.3g$，货车车身振动加速度极限应低于 $0.6g$。

（2）平顺性评价标准　国际标准化组织在进行大量调查研究的基础上，提出了 ISO 2631《人体承受全身振动评价》。我国制订的 GB/T 4970—2009《汽车平顺性随机输入行驶试验方法》主要用于货车平顺性的试验，QC/T 474—2011《客车平顺性评价指标及极限》用于客车。

ISO 2631 用加速度均方根值给出了在 1~80Hz 振动频率范围内人体对振动反应的 3 个不同界限。

1）暴露极限。当人体承受的振动强度在这个极限之内时，乘员将保持身体健康和生命安全，因此通常把此极限作为人体可以承受振动量的上限，超过此极限就意味着不安全或有害健康。

2）疲劳-工效降低界限（T_{FD}）（图 6-2）。该界限与保持工作效能有关。当驾驶人承受的振动强度在此界限之内时，驾驶人能准确灵敏地反应，安全、正常地进行驾驶操作。

从图 6-2 可以看出，对于每一个给定的暴露时间都相应的有一条疲劳-工效降低界限曲线，它表明不同频率下，同一暴露时间达到疲劳即人体对振动强度的感觉相同时，加速度允许值不同。该曲线也称为等感觉曲线。从这些曲线可以看出，人体对振动最敏感的频率振动范围（垂直方向为 4~8Hz，水平方向为 1~2Hz）的加速度允许值最小。

如果将图 6-2a、图 6-2b 重叠加以比较可以看出，在同一暴露时间下，水平方向在

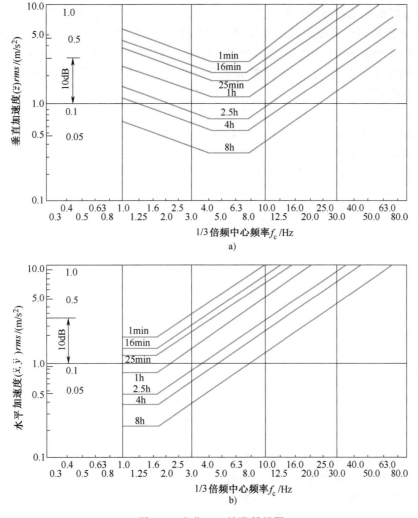

图 6-2 疲劳—工效降低界限

a）垂直方向 b）水平方向

2.8Hz 允许加速度值与垂直方向最敏感频率范围 4~8Hz 的允许的加速度值相同，2.8Hz 以下水平方向允许加速度值低于垂直方向 4~8Hz 的允许值，水平方向最敏感频率范围 1~2Hz 比垂直方向 4~8Hz 允许值低 1.4 倍。对于汽车的振动环境，2.8Hz 以下的振动所占的比重相当大，故应对于由俯仰运动引起的水平振动的影响给予充分重视。

人体达到一定反应的界限，如疲劳、不舒适等，都是由人体感觉到的振动强度大小和暴露时间长短两者综合的结果。从图 6-2 可以看出，在一定频率下，随着暴露时间加长，疲劳-工效降低界限曲线向下平移，即加速度的允许值减小。亦即在实际行驶过程中振动加速度越大，人体感觉达到某一振动强度界限的时间越短；反之，若振动加速度越小，人体感觉达到某界限所需时间越长。故人体感觉到的振动强度的大小可以用暴露时间的长短来衡量。

3）舒适降低界限（T_{CD}）。此界限与保持舒适有关，在这个界限之内，人体对所暴露的振动环境主观感觉良好，能顺利地完成吃、读、写等动作。超过此界限时舒适性会大大降低。

对于舒适降低界限和暴露极限而言，两个界限的振动允许值随频率的变化趋势完全与疲劳-工效降低界限相同，只是振动加速度均方根允许值不同。其中，暴露极限为疲劳-工效降低界限的 2 倍（增加 6dB）；舒适-降低界限为疲劳-工效降低界限的 1/3.15（降低 10dB）。

（3）平顺性评价方法　ISO 2631 推荐两种评价方法，即 1/3 倍频带分别评价法和总加速度加权均方值评价法。

1）1/3 倍频带分别评价法。该方法即直接分别评价法，是把疲劳-工效降低界限及由计算或频谱分析仪处理得到的 1/3 倍频带的加速度均方根值绘在同一张频谱图上，然后检查各频带的加速度均方差是否都保持在那个感觉界限之内。

1/3 倍频带上限频率 f_u 与下限频率 f_i 的比值为

$$f_u/f_i = 2^{\frac{1}{3}} \tag{6-1}$$

中心频率 f_c 为

$$f_c = \sqrt{f_u/f_i} = 2^{\frac{1}{6}} f_i \tag{6-2}$$

上、下限频率与中心频率的关系为

$$\begin{cases} f_u = 1.12 f_c \\ f_i = 0.89 f_c \end{cases} \tag{6-3}$$

分析带宽 Δf 为

$$\Delta f = f_u - f_i \tag{6-4}$$

将振动传至人体加速度的功率谱密度 $G_p(f)$ 所对应的 1/3 倍频带中心频率 f_{ci} 在带宽 Δf_i 区间积分，得到各个 1/3 倍频带的加速度均方值分量 σ_{pi}，即

$$\sigma_{pi} = \sqrt{\int_{0.89 f_{ci}}^{1.12 f_{ci}} G_p(f) \, df} \tag{6-5}$$

带宽加速度均方根值分量 σ_{pi} 的大小，不能真正反映人体感觉振动强度的大小。为此，采用人体对不同频率振动敏感程度的频率加权函数，将人体最敏感以外各 1/3 倍频带加速度均方根值分量进行频率加权，即按人体感觉的振动强度相等的原则折算为最敏感频率范围。其大小可以反映人体对振动强度的感觉。

加权加速度均方根值分量 σ_{pwi} 的计算式为

$$\sigma_{pwi} = W(f_{ci}) \sigma_{pi} \tag{6-6}$$

式中　f_{ci}——第 i 频带的中心频率，单位为 Hz；

　　　$W(f_{ci})$——频率加权函数。

垂直方向振动的频率加权函数 $W_N(f_{ci})$ 为

$$W_N(f_{ci}) = \begin{cases} 0.5\sqrt{f_{ci}}, 1 < f_{ci} \leqslant 4 \\ 1, 4 < f_{ci} \leqslant 8 \\ \dfrac{8}{f_{ci}}, 8 < f_{ci} \end{cases} \tag{6-7}$$

水平方向振动的频率加权函数 $W_L(f_{ci})$ 为

$$W_L(f_{ci}) = \begin{cases} 1, 1 < f_{ci} \leqslant 2 \\ 2/f_{ci}, 2 < f_{ci} \end{cases} \tag{6-8}$$

加权加速度均方根值分量 σ_{pwi} 反映了人体对各 1/3 倍频带振动强度的感觉。1/3 倍频带分别评价法的评价指标就是 σ_{pwi} 中的最大值 $(\sigma_{pwi})_{max}$。

此法认为，当有多个频带的振动能量作用于人体时，各频带的作用无明显联系，对人体的影响主要由单个影响最突出的频带造成。因此，要改善行驶平顺性，主要避免振动能量过于集中，尤其是在人体最敏感的频率范围内，不应该有突出的尖峰。

2）总加速度加权均方值评价法。该方法采用传至人体振动的加速度均方根值 σ_p 或车身振动的加速度均方根值 σ_z 作为评价平顺性的指标。其特点是方法简单，适用于振动频率分布相似的条件下进行对比。σ_p 和 σ_z 值等于 1～80Hz 中的 20 个倍频带加速度均方根值分量 σ_{pi} 和 σ_{zi} 平方和的平方根，即

$$\sigma_{p,z} = \sqrt{\sum_{i=1}^{N} (\sigma_{pi,zi})^2} \tag{6-9}$$

式中　N——频带数。

总加权值反映了全部振动能量的大小，而且振动加速度均值为零，所以 σ_p 和 σ_z 代表加速度幅值波动的范围。

当各 1/3 倍频带加速度加权均方根值分量 σ_{pwi} 彼此相等时，1/3 倍频带分别评价指标 σ_{pwi} 和总加速度加权均方根值 σ_p 的关系为

$$\sigma_p = \sqrt{n}\ (\sigma_{pwi})_{max} \tag{6-10}$$

式中　n——总的频带数。

在只有一个 1/3 倍频带有值的窄带振动条件下 $(n=1)$，能量分布都集中在该 1/3 倍频带内。总加速度加权均方根值 δ_p 就是前面 1/3 频带分别评价方法所考虑的，对人体影响最突出的那个频带的加速度均方值。

$$\sigma_p = (\sigma_{pwi})_{max} \tag{6-11}$$

只是此值已折算到人体最敏感的频率范围，所以，可将 σ_{pwi} 值与疲劳-工效降低界限上人体最敏感频率范围的容许值比较来进行评价。

汽车座椅传递给人体的振动主要是 10Hz 以下的宽带随机振动，总频带数 n 约为 10。若各 σ_{pwi} 都相等，则

$$\sigma_p = \sqrt{10}(\sigma_{pwi})_{max} = 3.16(\sigma_{pwi})_{max} \tag{6-12}$$

实际上，各 1/3 倍频带的 σ_{pi} 不相等，实际测算为

$$\sigma_{pi} = 2(\sigma_{pwi})_{max} \tag{6-13}$$

因 ISO 2631 中给出的界限值是针对 1/3 倍频带分别评价法给的，用总加速度加权均方根值 δ_p 进行评价时，允许界限值要相应调整，即比 ISO 2631 给的允许值大 1 倍，否则会偏于保守。

总加速度加权均方值评价法假定人作为一个整体接受带宽随机振动，这样会导致在某窄带中加速度均方根值远远超过了允许值，但在其他频带中加速度均方根值较小，由于补偿作用，使总的加权值不大，存在一定计算误差。

2. 汽车平顺性的主观评价及客观评价方法

汽车平顺性评价方法有主观评价法和客观评价法。主观评价法依靠评价人员乘坐的主观感觉进行评价，主要考虑人的因素。客观评价法借助仪器设备来完成随机振动数据的采集、记录和处理，通过得到相关的分析值与对应的限制指标相比较，作出客观评价。

人对振动的反应可以分为两个过程：1）当振动传递给人时，引起人体各个部位直接的生理反应，例如身体各部位（四肢、内脏等）跟随车身、座椅一起振动；2）由于这些直接的生理反应进一步引起的生理反应（反胃、气闷、晕车等）和心理反应（产生烦躁、不舒适等一些负面情绪）。通常情况下，两个过程对应着两种不同的评价方法。第一个过程，往往通过客观的物理量做出定量的评价，一般通过试验测量的方法，得到所需测量点的能反映其振动情况的物理量。因此，试验条件和方法、测量点的选取和采集数据的处理是影响客观评价结果的关键。第二个过程，更多的是主观的感觉评价。主观评价主要反映了人的因素，需要通过大量的重复试验，对不同的乘员进行统计学分析，从而对车辆作出最后的评价。

尽管已经出现很多种平顺性评价方法，但国内外学者和学术团体在平顺性评价问题上所持观点不尽相同，存在很大争议。近些年来，许多新的理论方法引入到平顺性评价中来，实现了对主观、客观因素的综合评价，其中较典型的包括汽车综合振动舒适度法、模糊评价法和烦躁率分析法等。

（1）主观评价方法　进行汽车平顺性主观评价时，由有经验的驾驶人和乘客组成的专门小组按预定方式驾驶或乘坐一组车辆来主观评价行驶平顺性的水平或特征，然后完成相应的主观评价表，最后综合确定车辆的平顺性。现行的主观评价方法主要是模糊层次分析法。主观评价法需要根据经验认真规划、需要统计上的无偏见采样，但人们对振动感觉的复杂性使得到的数据存在差异。一般来说，仅使用定性的说明或描述不容易评价平顺性。

（2）客观评价方法　目前，世界上主要有 4 种汽车平顺性客观评价方法，分别是吸收功率法、总体乘坐值法、VDI 评价法和 ISO 2631 评价法。

二、汽车的振动

1. 汽车振动的简化

为了便于对汽车振动的情况进行分析，需要对由多质量组成的汽车振动系统进行简化。图 6-3 所示为四轮汽车的振动简化模型，汽车由当量系统代替，即把汽车视为由彼此联系的悬架质量与非悬架质量组成。汽车的悬架质量 M 由车身、车架及其上的总成构成。悬架质量由减振器和悬架弹簧与车轴、车轮相连。车轮、车轴构成非悬架质量为 m。车轮经过具有一定弹性和阻尼的轮胎支承于路面上。因此，悬架结构、轮胎、悬架质量和非悬架质量是影

响汽车平顺性的重要结构因素。

2. 汽车振动的振源及其传递路径

汽车振动的发生源主要有路面凹凸不平的变化、不平衡轮胎的旋转、不平衡转动轴的旋转以及发动机的转矩变化等。这些因素引起的振动大多与车速相关，尤其是路面凹凸不平引起的振动，随着车速的变化，振动的频率和强弱会产生相应的变化。

上述诸多信号不断地输入行驶中的汽车，而汽车可以看作是由轮胎、悬架、坐垫等弹性阻尼元件和悬架质量及非悬架质量构成的振动系统，各种输入信号沿不同的路径传至乘员本身。汽车行驶振动传递路径如图 6-4 所示。

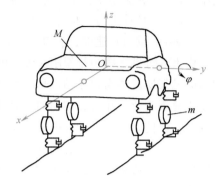

图 6-3　四轮汽车的振动简化模型

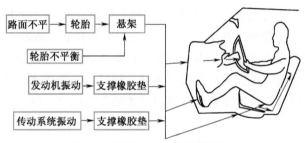

图 6-4　汽车行驶振动传递路径

由路面、轮胎产生的振动先传到悬架，受悬架自身的振动特性影响后传给车身，通过车底传到乘员的脚部，同时通过座椅传给乘员的臀部和背部，还通过转向系统以转向盘抖动的形式传到驾驶人手部。由发动机、传动系统产生的振动，通过支承发动机、变速器和传动轴的缓冲橡胶块，经衰减后传给车身，再经上述途径传至人体各个部位。

作为系统的输出是人体或货物受到的振动，其中最重要的是振动的频率和振动加速度。由物理学知识可知，任何一个振动系统均有一个固有频率，当外界激振信号的频率接近或等于固有频率时，将出现共振现象，产生剧烈的振动。研究汽车行驶平顺性实际上要解决两方面的问题：一方面是如何避免汽车这个振动系统的共振现象，这既要影响到汽车的操纵稳定性，也要影响行驶平顺性；另一方面是使振动系统输出的振动频率避开人体敏感的范围，振动加速度不超过人体能承受的强度。

三、汽车平顺性的影响因素分析

1. 结构因素

（1）悬架结构的影响　悬架主要由弹性元件、导向装置和减振装置组成，其中弹性元件和悬架系统的阻尼对汽车平顺性的影响较大。

1）弹性元件对车身振动频率起着决定性的作用。将汽车车身看成一个在弹性悬架上作单自由度振动的质量时，其固有频率 f_0 为

$$f_0 = \frac{1}{2\pi}\sqrt{\frac{gC}{G}} \quad \text{（Hz）}$$

式中 C——悬架刚度，单位为 N/mm；

   G——悬挂重力，单位为 N；

   g——重力加速度，$g = 9\ 810 \text{mm/s}^2$。

由上式可见，减小悬架刚度 C，可降低车身的固有频率 f_0，改善平顺性，但刚度减小会增加非悬架质量的高频振动位移。大幅度的车轮振动有时会使车轮离开地面，前轮定位角也将发生显著变化，在紧急制动时会产生严重的汽车"点头"现象。转弯时因悬架侧倾刚度的降低，会使车身产生较大的侧倾角。

另外，使用中汽车的有效载荷变化较大（特别是公共汽车和载货汽车）时会出现空载振动频率较高或满载振动频率较低的现象。

为了改善上述情况，现代汽车多采用非线性悬架（也称变刚度悬架），即其刚度可随载荷的变化而变化，如采用空气弹簧、空气液力弹簧和橡胶弹簧等具有非线性特性的弹性元件，或增设副簧、复合弹簧。

2）为了衰减车身的自由振动，并抑制车身和车轮的共振，以减少车身的垂直振动加速度和车轮的振幅（防止车轮跳离地面），悬架系统中应具有适当的阻尼。

悬架的阻尼主要来自于减振器、钢板弹簧叶片和轮胎变形时橡胶分子间的摩擦等。钢板弹簧悬架系统中的干摩擦较大，而且钢板弹簧叶片越多，摩擦越大，故有的汽车采用钢板弹簧悬架时，可以不装减振器，但弹簧摩擦阻尼的数值很不稳定，钢板生锈后阻尼过大，不易控制；而采用其他内摩擦很小的弹性元件（如螺旋弹簧、扭杆弹簧等）的悬架，必须采用减振器，以吸收振动能量而使振动迅速衰减。

采用减振器不仅可以提高汽车的平顺性，而且可以增大悬架的刚度，改善车轮与道路的接触情况，防止车轮跳离地面，因而能改善汽车的稳定性，提高汽车的行驶安全性。改善减振器的功能对提高汽车在不平道路上的行驶速度有很好的作用。悬架系统的干摩擦可使悬架的弹性部分或全部被锁住，使汽车只在轮胎上发生振动因而增大振动频率，且使路面冲击容易传给车身。为减少钢板弹簧叶片间的摩擦，叶片间应加润滑脂或摩擦衬垫，结构上采用少片弹簧。

3）采用主动悬架与半主动悬架改善汽车的行驶平顺性。一般悬架的特性参数（悬架刚度 K 和阻尼系数 C）是在一定条件下进行优化确定的，这种悬架的特性参数一旦选定便无法更改，称为被动悬架。其缺点是不能适应使用工况（如载荷变化引起的悬架质量变化，车速和路况决定的路面输入等）的变化进行控制调整，无法满足汽车较高性能的要求。

利用电控技术与随动液压技术的主动悬架和半主动悬架能较好地改善汽车的平顺性。图 6-5 所示为车身与车轮两个自由度主动悬架或半主动悬架模型。主动悬架一般用液压缸作为主动力发生器，代替悬架的弹簧和减振器，由外部高压液体提供能源，用传感器测量系统运动的状态信号，反馈到 ECU，然后由 ECU 发出指令控制主动力发生器，产生主动控制力作用于振动系统，构成闭环控制。半主动悬架的核心部分是可调阻尼式减振器，其控制逻辑有的和主

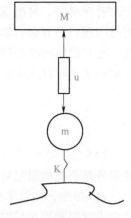

图 6-5　车身与车轮两个
自由度主动悬架或半
主动悬架模型

动悬架类似，是闭环的，也有根据车速等参数进行开环控制的，它消耗的全部能量只用来驱动控制阀，故能耗很低。

（2）非悬架质量的影响 非悬架质量对汽车的平顺性影响较大，减小非悬架质量可降低车身振动频率，提高车轮的振动频率，而使高频共振移向更高的行驶速度，这个对平顺性有利。另外，非悬架质量减小可有效减小冲击力。非悬架质量可因悬架导向装置类型的不同而改变，采用独立悬架可使非悬架质量减小。

非悬架质量对行驶平顺性的影响，常用非悬架质量与悬架质量之比 m/M 来评价。比值越小，则汽车的行驶平顺性越好。现代轿车的比值大多为 $m/M = 10.5\% \sim 14.5\%$，这样可以有良好的行驶平顺性。

（3）悬架质量的影响 公共汽车和载货汽车的悬架质量减小，车身振动的低频和加速度增加，会大大降低行驶平顺性。在此情况下，为了保持良好的行驶平顺性，应采用等挠度悬架，使悬架刚度随悬架质量的减小而减小。

（4）轮胎的影响 轮胎的弹性使悬架换算刚度减小。当汽车在不平道路上行驶时，由于轮胎的弹性作用，轮胎位移曲线较道路断面轮廓圆滑平整，跳跃长度较道路坎坷不平的长度大，而跳跃曲线的高度较道路不平的真正高度小（即所谓轮胎的展平能力），它可使汽车在高频共振时振动减小。轮胎内摩擦引起的阻尼作用可吸收振动能量，使振动衰减，从改变汽车平顺性考虑，轮胎的径向刚度应尽可能小；但轮胎刚度过低会增加轮胎侧偏，影响汽车的操纵稳定性，还会使滚动阻力增加，并降低轮胎的使用寿命。

（5）底盘旋转件不平衡的影响 底盘旋转件（如传动轴、车轮等）的不平衡，在汽车行驶过程中极易产生周期性的激振力，而后通过悬架传递到车身，影响汽车的平顺性。提高旋转件动平衡度，对改善汽车的平顺性有一定的作用。

（6）轴距的影响 在汽车行驶过程中受到路面不平的冲击力时，汽车车身的俯仰加速度随轴距的加大而减小。对于垂直振动加速度，随轴距的加大除了前、后轴上方没有变化外，其他各处都减小。所以，轴距加长对汽车平顺性的改善是非常有利的。

（7）乘坐位置与座椅的影响 座椅的位置对平顺性的反应差别很大。试验和实际感受表明，接近车身中部的座椅振动量最小。与汽车质心的距离越大，车身振动对乘员的影响越大。对于载货汽车和公共汽车，为了减小水平纵向振动的振幅，座位在高度上应尽量减小与质心的距离。座椅垫的弹性也应适当，若汽车的悬架较硬，可采用较软的坐垫；若汽车的悬架较软，则采用较硬的坐垫，以防因乘员在座位上的振动频率与车身的振动频率重合而发生共振。另外，坐垫需要一定的阻尼，以衰减振动。

总之，影响行驶平顺性的结构参数很多，且关系错综复杂，必须对这些参数进行综合分析，以便正确选择参数，提高汽车的行驶平顺性。

2. 使用因素

道路不平是引起车身振动的主要因素，这就决定了汽车运行过程中的平顺性与路面状况和车速有着密切的关系。此外，汽车悬架系统在汽车使用过程中的技术状况对汽车的平顺性有着重要的影响。

（1）路况和车速 汽车在不平道路上行驶时，前、后车轮连同车身都要受到来自路面的冲击作用。对某一汽车来说激振的强度和频率主要取决于路面状况和车速，这就相应决定了汽车振动响应的强弱。

（2）悬架系统的技术状况　悬架系统的固有频率和阻尼系数对汽车的平顺性有着重要的影响。汽车在使用过程中由于受各种因素的影响，这些参数可能发生变化，如钢板弹簧各片之间润滑不好或减振器阻尼过大，都会使弹簧部分或全部被锁住，引起车身振动频率增大。当汽车通过不平路面时，就会使汽车产生剧烈的冲击。

第二节　汽车通过性的评价 ◁◁◁

一、汽车通过性的评价指标

汽车操纵稳定性
和舒适性测试

通过性与汽车的动力性、操纵稳定性、平顺性等有着密切的联系。为了克服松软地面阻力和各种障碍与不平路面构成的阻力，汽车需具有足够大的驱动力和相应的附着力；要顺利通过较大侧向坡，需要汽车有良好的稳定性；汽车具有较好的平顺性才能保证在坎坷不平路面上维持较高的速度行驶。

通过性可分为轮廓通过性和牵引支撑通过性。通过性主要取决于地面的物理性质及汽车的结构参数和几何参数，因此，将汽车的通过性几何参数和牵引支撑参数作为汽车在各种路面条件下通过性的评价指标。汽车轮廓通过性是表征车辆通过坎坷不平路段和障碍（如陡坡、侧坡、台阶、壕沟等）的能力；牵引支承通过性是表征车辆能顺利通过松软土壤、沙漠、雪地、冰面、沼泽等地面的能力。

二、汽车轮廓通过性分析

汽车越野行驶通过不规则（小丘、凸起、沟洼、坡道以及壕沟等）地面时，由于汽车与不规则地面的间隙不足，可能会出现车被托住而无法通行的情况，称为间隙失效。当车辆中间底部的零件碰到地面而被顶住时称为顶起失效。汽车前端或车尾触及地面而不能通过时则分别称为触头失效和托尾失效。

与间隙失效有关的汽车整车几何尺寸称为汽车通过的几何参数。它们主要包括最小离地间隙、接近角、离去角、纵向通过角等（图6-6）。另外，汽车的最小转弯直径和内轮差、转弯通道圆及车轮半径也是汽车通过性的重要轮廓参数。

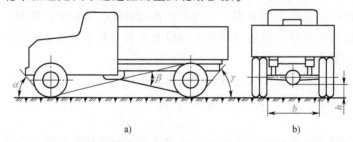

a)　　　　　　　　　　　　b)

图6-6　汽车的通过性参数

h—最小离地间隙　b—两侧轮胎内缘间距　α—接近角　γ—离去角　β—纵向通过角

（1）最小离地间隙 h　最小离地间隙指汽车除车轮外的最低点与路面之间的距离。它反映了汽车无碰撞越过石块、树桩等障碍物的能力。汽车的前桥、飞轮壳、变速器壳、消声器、后桥主减速器外壳等通常有较小的离地间隙，结构上应尽可能保证有较大的最小离地间隙值。

汽车前桥的离地间隙一般比飞轮壳的要小，以便利用前桥保护飞轮壳免受冲击。后桥内装有直径较大的主传动齿轮，一般离地间隙最小。在设计越野汽车时，应保证有较大的最小离地间隙，如图6-7所示。

（2）接近角α和离去角γ　接近角和离去角是指自车身前、后突出点向前、后车轮引切线时，切线与路面之间的夹角（最小锐角）。它表征了汽车接近或离开小丘、沟洼地等障碍物时，不发生碰撞的能力。接近角和离去角越大，则汽车的通过性越好。

（3）纵向通过角β　纵向通过角是指在汽车空载、静止时，在汽车侧视图上通过前、后车轮外缘做切线交于车体下部较低部位形成的最小锐角β，如图6-8所示。它表征汽车可无碰撞地通过小丘、拱桥等障碍物的轮廓尺寸。纵向通过半径越小，汽车的通过性越好。

图6-7　最小离地间隙

图6-8　纵向通过角

（4）横向通过半径ρ　横向通过半径是指汽车在正视图上所作与左、右轮及两轮间轮廓线相切的圆的半径，如图6-9所示。它表明汽车通过小丘及凸起路面的能力，横向通过性半径越小，汽车的通过性越好。

（5）最小转弯直径　车辆在转向过程中，转向盘向左或向右转到极限位置时，车辆外转向轮印迹中心在其支承面上的轨迹圆直径中的较大者，称为车辆的最小转弯直径。它表征车辆在最小面积内的回转能力和通过狭窄弯曲地带或绕过障碍物的能力，如图6-10所示。

（6）转弯通道圆　当转向盘转至极限位置时，车体上所有点在支承平面上的投影均位于圆周以外的最大内圆，称为转弯通道内圆；车体上所有点在支承平面上的投影均位于圆周以内的最小内圆，称为转弯通道外圆，如图6-11中所示的两圆。转弯通道内、外圆半径的

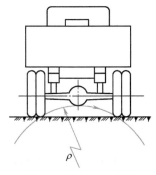

图6-9　横向通过半径

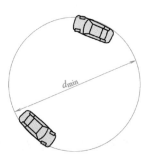

图6-10　最小转弯直径

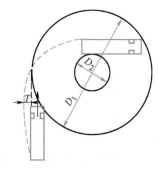

图6-11　转弯通道圆直径与外摆值

D_1—转弯通道内圆直径　D_2—转弯通道外圆直径　T—外摆值

差值为汽车极限转弯时所占空间的宽度，此值决定了汽车转弯时所需的最小空间。它越小，汽车的机动性越好。

（7）车轮半径　越野车辆行驶中需克服一些垂直障碍物（如台阶、壕沟等），其能力与车轮半径有关。对于后轮驱动的汽车，能克服的垂直障碍物的最大高度 $H \approx 2r/3$ （图6-12a）；对于双轴驱动的汽车 $H \approx r$ （图6-12b）。如果壕沟边沿足够结实，单轴驱动汽车能越过壕沟的宽度 $b \approx r$；对于双轴驱动的汽车 $b \approx 1.2r$ （图6-12c）。

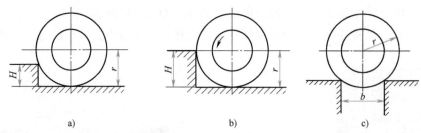

a)　　　　　　　　　　　b)　　　　　　　　　　　c)

图 6-12　车轮半径与汽车越过障碍物壕沟能力的关系

各类汽车通过性几何参数的数值范围见表6-1。

表 6-1　各类汽车通过性几何参数的数值范围

汽车类型	驱动形式	最小离地间隙 h /mm	接近角 α/ (°)	离去角 γ/ (°)	最小转弯直径 d/m
轿车	4×2	120~200	20~30	15~22	14~26
	4×4	210~370	45~50	35~40	20~30
货车	4×2	250~300	25~60	35~45	16~28
	4×4、6×6	260~350	45~60	35~45	22~42
越野车(乘用)	4×4	210~370	45~50	35~40	20~30
客车	6×4、4×2	220~370	10~40	6~20	28~44

三、汽车牵引支承通过性分析

汽车支承通过性的主要评价指标包括挂钩牵引力、牵引系数、驱动效率、附着质量、附着质量系数、车轮接地比压、最大动力因数、最低稳定车速等。

（1）挂钩牵引力和牵引系数　牵引车的挂钩牵引力等于土壤最大推力与土壤阻力之差，它表征了土壤强度的贮备能力。它可用于车辆加速、上坡、克服道路不平的阻力和牵引与挂钩连接的挂车等装备，它也反映了汽车通过无路地带的能力。

单位车重挂钩牵引力又称为牵引系数，表明汽车在松软地面上加速、爬坡及牵引其他车辆的能力。

（2）驱动效率　驱动效率指驱动轮输出功率与输入功率之比。它反映了车轮功率在传递过程中的能量损失，这部分损失是由于轮胎橡胶之间的摩擦生热及轮胎下土壤的压实和流动造成的。

（3）附着质量和附着质量系数　附着质量指轮式车辆驱动轴载质量 m_φ，即车辆附着质量。车辆附着质量 m_φ 与总质量 m_a 之比，称为附着质量系数 K_φ。

为了满足车辆行驶的附着条件的要求，应有

$$m_\varphi g \varphi \geq m_a g \psi \tag{6-14}$$

式中　ψ——道路阻力系数；

　　　φ——车轮和地面间的附着系数。

由式（6-14）得

$$K_\varphi = \frac{m_\varphi}{m_a} \geq \frac{\psi}{\varphi} \tag{6-15}$$

显然，K_φ 值大时有利于汽车在坏路面上行驶，丧失通过性的可能性就小。为了保证车辆的支承通过性，应对车辆附着质量有明确的要求。

（4）车轮接地比压　车轮接地比压指车轮对地面的单位压力，即作用在车轮上的垂直负荷与轮胎接地面积之比。

车辆在松软地面上行驶的滚动阻力系数和附着系数都与车轮接地比压直接有关。车轮接地比压小，轮辙深度小，车轮的行驶阻力和车轮沉陷失效的概率就小。

汽车在松软地面上行驶时，适当减小轮胎气压可降低车轮对地面的单位压力，使车辙深度减小，从而降低汽车的行驶阻力。同时，因轮胎与地面的接触面积增大，可使附着系数提高，使车轮不易打滑。

（5）最大动力因数　由汽车的动力性获知，汽车头档的最大动力因数标志着汽车的最大爬坡能力和克服道路其他阻力的能力。汽车在坏路或无路地带行驶时，要克服较大的行驶阻力并表现出良好的通过性，必须提高其驱动力。所以许多越野汽车的传动系统中增设了副变速器或低档分动器，以增大传动系统的传动比，保证在驱动轮上获得足够大的驱动力。

（6）最低稳定车速　当汽车的行驶速度降低时，土壤的剪切作用和车轮滑转的倾向减小。因此，用低速档行驶可改善汽车的通过性。

越野汽车的最低稳定车速可按表 6-2 选取，其值随汽车总质量而定。

表 6-2　越野汽车的最低稳定车速

汽车总质量/t	<19.6	<63.7	<78.4	>78.4
最低稳定车速/(km/h)	≤5	≤2	≤1.5	≤0.5

四、汽车通过性的改善途径

1. 增大发动机的动力性

汽车越野行驶时阻力较大，为了使汽车具有良好的通过性，应设法减轻车重、减小行驶阻力，还应提高汽车的动力性。

2. 增大传动系统的最大总传动比

在相同的发动机转速下，传动系统的传动比增大可使汽车的驱动力增大，同时可使相应的汽车行驶速度降低。当汽车的行驶速度降低时，土壤的物理特性会有所改善，土壤剪切和车轮滑转的可能性减小。所以较大的传动系统传动比可改善汽车的通过性。越野汽车在结构上往往采用增加副变速器或使用两档分动器的结构形式，以增大传动系统的最大总传动比，得到较大的驱动力和更低的最低稳定车速。

副变速器或分动器的低档传动比往往选得比附着条件所限制的值要大，使汽车能在极低的速度下稳定行驶，因为在低速下汽车能够克服较大的道路阻力而不发生土壤的剪切破坏，从而得到较高的附着力。

3. 选用液力传动

装有液力变矩器或液力偶合器的汽车可维持低速（0.5~1km/h）行驶，从而可减小滚动阻力和提高附着力，改善汽车在松软路面上的通过性。

装有普通机械式传动系统的汽车在突然起动时，驱动轮转矩急剧上升，并产生对土壤起破坏作用的振动，即使在缓慢起步时，驱动转矩也比滚动阻力矩大得多。在松软地面上起步时，这种过大的驱动转矩并不能使汽车得到较大的加速度，相反地却使土壤被破坏，轮辙加深，汽车起步困难；液力传动能保证驱动轮转矩逐渐而平顺地增长，从而避免汽车起步时对路面的冲击，避免破坏土壤而导致车轮滑转。装有机械式有级变速器的汽车，在恶劣地面行驶时，常会在低速换档时动力中断而停车，重新起步时可能引起土壤破坏而使起步困难；液力传动的汽车不用换档就可提高转矩，可消除因换档引起的功率传递间断现象，因而使汽车通过性显著提高。

液力传动还能消除机械式传动系统经常发生的扭振现象。这种扭振现象会引起驱动力产生周期性冲击，减少土壤颗粒间的摩擦，增加轮辙深度，并减少轮胎与土壤间的附着力，因而使车轮滑转的可能性大大增加。转矩脉动引起的土壤内摩擦力的减小，会使汽车前轮造成的轮辙立即展平，使后轮滚动阻力增大。

4. 合理选用差速器

为了保证各驱动车轮能以不同的角速度旋转，在传动系统中装有差速器。普通齿轮差速器由于具有使驱动车轮之间转矩平均分配的特性，当某一侧驱动车轮陷入泥泞或冰雪路面上时，只有较小的附着力，则与之对应的另一侧驱动车轮只能以同样小的附着力限制其驱动力。为了避免这种情况的发生，某些越野汽车上装有差速锁，以便必要时能锁止差速器。

在实际道路条件下，各驱动车轮上的附着力差别很小，汽车总驱动力的增加一般不超过20%，而且长时间使用差速锁会使半轴过载引起功率循环。当驱动车轮滑转导致停车后挂差速锁起步时，有时会因滑转处土壤表面已被破坏或因全部转矩突然传至另一驱动车轮引起土壤破坏而失去效果。有些汽车上装有电子差速锁，实际上不是锁止差速器，而是利用 ABS 对打滑车轮进行制动来使汽车驶出泥泞。

对普通齿轮差速器，由于差速器的内摩擦力矩很小，可以忽略不计，故差速器左、右半轴的转矩近似相等。如果某一驱动轮与路面的附着较差（例如陷入泥泞中或在冰面上），作用在此车轮上受附着力限制的驱动力为 $F_{\varphi xb}$，在另一驱动轮上得到的驱动力只能是 $F_{\varphi xb}$，因此，总的驱动力 F_t 的可能最大值为

$$F_t = 2F_{\varphi xb} \tag{6-16}$$

由于汽车的驱动力的极限值受较小的附着力限制，致使汽车常因驱动力过小而失去通过性。

装有高摩擦式差速器的汽车，由于差速器的内摩擦力矩 T_f 较大，传给差速器的转矩不是平均分配到各驱动轮上。若一个驱动轮由于附着力不足而开始滑转，转速加快，传给它的转矩就会减少 $0.5T_f$，而另一车轮的转矩增加 $0.5T_f$，结果在两个驱动轮上的总驱动力可能达到的最大值为

$$F_{tmax} = 2F_{\varphi xb} + \frac{T_f}{r} \tag{6-17}$$

可见，允许的汽车驱动力最大值增加了 $\dfrac{T_f}{r}$。越野汽车常采用高摩擦式差速器，总的牵引力可增加 10%~15%，提高了汽车的通过性。

5. 选用驱动防滑系统

ASR 是防止驱动轮加速打滑的控制系统，目的是防止车辆尤其是大功率的汽车在起步、加速情况下驱动轮打滑，以维持车辆行驶的方向和稳定性，保持好的操控及最适当的驱动力，达到行车安全的目的。

汽车在泥泞道路或冰雪路面行驶时，因路面的附着系数小，常会出现驱动轮滑转现象。当驱动轮滑转时，产生的驱动力很小，特别是驱动轮原地空转时，驱动力接近零。例如，汽车驱动轮陷入泥坑时，汽车不能前进即汽车的驱动轮一侧或两侧滑转后，汽车的总驱动力不足以克服行驶阻力，使汽车通过坏路的行驶能力受到限制。汽车驱动轮胎滑转限制了汽车动力性的发挥，增加了轮胎的磨损，降低了轮胎的使用寿命；使汽车抗侧向力的能力下降，当遇到侧风或横向斜坡时容易发生侧滑，影响汽车行驶的横向稳定性。

ASR 可以自动调节发动机转矩到驱动轮的驱动力，使驾驶人的工作强度减小，稳定性和操纵性得到安全的调节，驱动力的发挥得以改善。ASR 保持驱动轮处于最佳滑转范围内的控制方式有以下几种：

（1）发动机输出转矩控制 如果驱动过程中左、右驱动轮同时滑转，ASR 的控制系统可根据前、后车轮速度传感器传来的转速差极大的信息判断出左、右车轮均在空转，于是对发动机控制阀（油门）发出指令，通过发动机控制直接操纵发动机供油量控制杆，相应降低其输出转矩，使驱动轮的转速降低，直到驱动轮停止滑转。

（2）驱动轮制动控制 汽车行驶中出现一侧车轮滑转超过规定值时，控制系统向差速器制动阀和制动压力调节器发出控制指令，对滑转的车轮施加制动，使滑转的车轮减速，当减速至规定值后，停止对其控制。若又开始滑转，则重复上述循环过程。整个过程中，一方面对滑转的车轮施加制动，另一方面对另一侧无滑转车轮施加正常驱动力，其效果相当于差速锁的作用，车辆在滑路上的方向稳定性和起步能力均可得到改善。

（3）发动机输出转矩调节和驱动轮制动控制综合进行 当汽车在滑路转弯行驶时，如果驱动力过大，会引起驱动轮空转，使车辆在离心力的作用下甩尾侧滑。遇到这类情况，控制系统会自动控制驱动轮制动和调节发动机输出转矩，使二者同时或单独工作，保证汽车稳定行驶。

6. 选择越野轮胎和合适的轮胎气压

车轮对汽车通过性有着决定性的影响。为了提高汽车的通过性，必须正确选择轮胎的花纹尺寸、结构参数、气压等，使汽车行驶滚动阻力较小、附着力较大。常采取的措施有：选择粗而大的轮胎花纹或加装防滑链；增大轮胎直径与宽度；适当降低轮胎的气压；合理设置前、后对地压强。

为了增大相对附着重量系数而使汽车的驱动力得到充分发挥，还可增加驱动轮数目。另外，增加驱动车轮的数目可使汽车前轮越过台阶和壕沟的能力显著提高。因此，越野汽车一般都采用全轮驱动。

7. 采用独立悬架和平衡式悬架

6×6 型和 8×8 型多轴驱动的越野汽车在坎坷不平的地面上行驶时，常会因独立悬架的结构引起某驱动车轮的垂直载荷大幅度减小，乃至离开地面而悬空的现象，使驱动车轮失去与地面的附着而影响通过性。独立悬架和平衡式悬架允许车轮与车架间有较大的相对位移，使驱动车轮与地面经常保持接触，以保证有较好的附着性能。同时，独立悬架可显著地提高汽车的最小离地间隙，从而提高汽车的通过性。

8. 合理拖带挂车

汽车拖带挂车后，由于总质量增大，动力性将有所降低，即汽车列车的最大动力因数将比单车的最大动力因数小。因而，汽车列车的通过性随之变差。

为了保证汽车列车有足够高的通过性，经常拖挂车工作的汽车应该有较大的动力因数。增大传动系统的总传动比可以加大动力因数，但汽车的最大行驶速度将会降低；加大发动机功率会增大动力因数，但汽车在一般道路上行驶时功率利用率低，将使汽车燃料经济性变坏。

在汽车列车总重力相同的条件下，拖带半挂车时其部分质量作用在牵引车上，则相对附着质量比拖带全挂车时的大，因而半挂车汽车列车的通过性较好。

将汽车列车做成全轮驱动式是提高相对附着质量最有效的方法，可以在挂车上装动力装置（动力挂车），或将牵引车的动力通过传动轴或液压管路传输到挂车的车轮上（驱动力挂车）。

全轮驱动汽车列车的通过性较高，这不仅因其相对附着质量最大，同时，由于道路上各点的附着系数一般是不同的（如道路上有积水小坑），驱动车轮数量增多后，各驱动车轮均遇到附着系数小的支承面的可能性大大减小，因而对汽车列车的通过性有利。此外，与相同质量的重型载货汽车相比，全轮驱动汽车列车的车轮数一般较多，因而车轮对地面的比压较小。另外，可以把各轴轮距做成相等的，以减少滚动阻力，提高通过性。

9. 提高驾驶技术

驾驶方法对汽车通过性的发挥有很大影响。在通过沙地、泥泞、雪地等松软地面时，应该使用低速档，以保证车辆有较大的驱动力和较低的行驶速度。在行驶中应避免换档和加速并保持直线行驶，因为转弯时将引起前、后轮辙不重合而增大滚动阻力。

后轮双胎的汽车常会在两胎间夹杂泥石，或使车轮表面黏附一层很厚的泥，因而使附着系数降低，增大车轮滑转趋势。遇到这种情况，驾驶人可以适当提高车速，将车轮上的泥甩掉。汽车传动系统装有差速锁时，驾驶人应该在进入可能使车轮滑转的地区前就将差速器锁住。因为车轮一旦滑移后，土壤表面就会被破坏，附着系数下降，这时再锁住差速锁不会有显著作用。当汽车离开坏路地段后，驾驶人应将差速锁脱开，避免由于功率循环现象使发动机、传动系统和轮胎磨损增加，燃油经济性和动力性变坏，以及通过性降低等不良后果。

此外，为了提高越野汽车的涉水能力，应注意发动机的分电器总成、火花塞、曲轴箱通气口等的密封，并提高空气滤清器的位置，保证不会浸入水中。

思 考 题

1. 什么是汽车的通过性？
2. 通过性的几何参数有哪些？
3. 通过性的支承和牵引参数有哪些，这些参数的含义是什么？
4. 影响汽车通过性的结构因素有哪些，它们各是如何影响通过性的？
5. 如何驾驶能提高通过性？
6. 轮胎的气压会对汽车的哪些运行性能产生影响？

第七章

汽车安全性能和舒适性能的评价

汽车安全性能一般分为主动安全性能和被动安全性能。汽车主动安全性能是指汽车本身防止或减少道路交通事故发生的性能；汽车被动安全性能是指交通事故发生后，汽车本身减轻人员伤害和货物损失的能力。汽车的舒适性是指汽车行驶中，保证货物不受损坏或保证乘客乘坐舒适的能力。行驶平顺性是影响汽车舒适性能的最主要因素，除此之外，车内的空间、内饰、汽车噪声以及车内气候舒适性等因素都会影响汽车的舒适性能。

通过本章的学习应达到以下学习目标：

1）掌握汽车主动安全性能和被动安全性能的概念。

2）掌握汽车安全性能的试验评价方法。

3）掌握汽车主动安全技术和被动安全技术的应用。

4）了解汽车舒适性能的主要影响因素。

5）了解轮胎的特性对汽车安全性能和舒适性能的影响。

6）了解灯光系统对汽车安全性能和舒适性能的影响。

第一节　汽车安全性能的评价　<<<

一、汽车安全性能概述

汽车主动安全性能（Active Safety）也称为"一次安全性"，主要取决于汽车的总体尺寸、制动性、行驶稳定性、操纵性、信息性以及驾驶人工作条件（操作元件人机特性、座椅舒适性、噪声、温度和通风、操纵轻便性等）。此外，汽车动力性（特别是超车的时间和距离）也是很重要的影响因素。

汽车被动安全性能（Passive Safety）也称为"二次安全性"，可分为汽车内部被动安全性（减轻车内乘员受伤和货物受损）以及外部被动安全性（减轻对事故涉及的其他人员和车辆的损害）。汽车的被动安全系统主要包括安全车身结构、乘员安全约束系统以及行人碰撞保护系统等。

二、汽车安全性能评价

汽车安全已成为全社会关注的重要问题，引起了世界各国政府的高度重视。为了减少交通事故伤亡率，提高汽车对乘员的保护能力，各国政府相继制定了各种强制性汽车安全法规。

汽车安全性法规（标准）中比较有代表性的是美国联邦机动车安全法规（FMVSS）和

欧洲经济委员会汽车法规（E.C.E），我国参照部分国外法规制定了国家强制标准 GB 11551—2014《汽车正面碰撞的乘员保护》、GB 1589—2016《汽车、挂车及汽车列车外廓尺寸、轴荷及质量限值》、GB 20071—2006《汽车侧面碰撞的乘员保护》及 GB 20072—2006《乘用车后碰撞燃油系统安全要求》。

法规（标准）的出台给汽车制造商提出了明确的技术要求，促使制造商加大在汽车安全技术上的研发力度，汽车安全性有了基本的保障。但是法规只规定了市场准入的门槛性要求，也是对汽车安全性最基本的要求，随着汽车安全技术的不断发展，安全法规已不能满足人们对汽车安全所期望的要求，为了更加直观量化地区分汽车安全性能的优劣，新车评价规程（New Car Assessment Program，NCAP）应运而生。

NCAP 是以一套高于法规技术要求的评价规程，对新上市畅销汽车的安全性能进行测评，并将测评的结果以星级形式向公众公布。NCAP 一般由国家政府部门、行业协会、第三方检测机构及保险公司等发起，不依附于任何汽车企业和团体，独立运作。由于 NCAP 要求更苛刻，评价更全面，并得到社会和公众的认同，评价结果直接影响车辆生产商的品牌形象及消费者的购车选择，因此 NCAP 的推出极大地刺激了汽车厂商加大安全研发投入的积极性，给汽车安全技术的发展注入了新的动力，推动了汽车安全技术研发水平的快速发展。随着各国道路交通条件的变化以及车辆安全技术水平的提升，原有的 NCAP 评价体系对汽车主动安全性和被动安全性的区分度一直在降低，各国也在不断更新各自的 NCAP 测试项目与评价方法，综合被动安全技术以及主动安全装置等多方面因素。

由于各个国家实际情况存在差异，各国的汽车安全标准不尽一致，评价方法、试验项目以及使用的设备也不完全相同，但归纳起来，汽车安全性试验方法可分为以下 3 类：台架试验、模拟碰撞试验和实车碰撞试验。台架试验和模拟碰撞试验基本上是以实车碰撞试验的结果为基础确定其试验条件，适于评价零部件或由零部件组成的安全系统，试验费用较低，试验稳定性好。

1. 台架试验

台架试验包括台架冲击试验和静态强度试验。台架冲击试验用于评价零部件对冲击能量的吸收性能；静态强度试验主要用于评价对速度不敏感零部件的安全性能，可作为动态试验的补充。

零部件台架试验包括车顶及侧门强度、安全带固定点、门锁及门铰链、安全带、座椅及头枕、燃油箱、安全方向柱（转向柱）以及内部突出物等零部件的台架试验。车顶强度台架试验如图 7-1 所示。

车顶静压试验

2. 模拟碰撞试验

从降低成本、方便对某专项进行重复性试验、人为改变试验环境等需要出发，汽车安全性试验往往采用模拟试验方法。例如台车、台架试

图 7-1　车顶强度台架试验

验，就是在试验台上模拟汽车碰撞事故来进行试验的。模拟碰撞试验主要模拟实车碰撞的减速度波形，进行乘员保护装置的性能评价及零部件的耐惯性力试验。

（1）滑车冲击试验　以实车碰撞试验中在车身上测得的减速度波形为依据，采用与其相似的梯形波或半正弦波为标准波形，用冲撞式模拟试验设备或发射式模拟试验设备进行模拟试验。其试验具有不损坏实车、经济、重复性好等优点。液动及气动模拟碰撞试验台如图 7-2 所示。

（2）挥鞭测试　将试验车辆驾驶人侧座椅及约束系统仿照原车结构固定安装在移动滑车上，滑车以特定加速度波形发射，模拟后碰撞过程。座椅上放置假人，通过测量后碰撞过程中颈部受到的挥鞭伤害情况（图 7-3）来评价车辆座椅头枕对乘员颈部的保护效果。

图 7-2　液动及气动模拟碰撞试验台

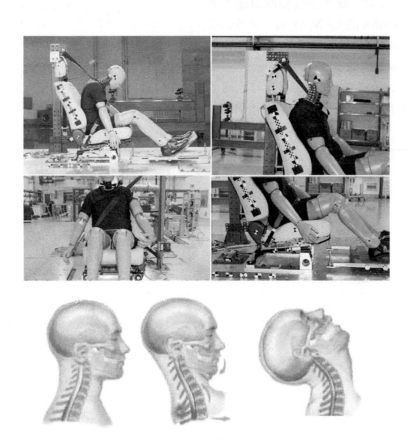

图 7-3　挥鞭测试

3. 实车碰撞试验

实车碰撞试验是综合评价汽车碰撞安全性能的最基本、最有效的方法。实车碰撞试验与事故的情况最接近，其试验结果说服力最强。

汽车四分之一
撞击试验

侧面撞击测试

路虎欧洲NCAP
汽车撞击测试

实车碰撞试验从乘员保护的角度出发，通过再现交通事故，来分析汽车碰撞前、后乘员与车辆的运动状态及损伤状况，并以此为依据改进汽车的结构安全性设计，增设或改进车内、外乘员保护装置。同时，它还是滑车模拟碰撞、计算机模拟碰撞等试验研究的基础。虽然，实车碰撞试验费用昂贵、周期较长，但却是不可替代的试验方法。实车碰撞试验如图7-4所示。

4. NCAP 评价规程对比

除了新车碰撞标准的创立者 NHTSA 的 US-NCAP 外，其他国家和地区陆续制定了自己的 NCAP 规程，如美国公路安全保险协会的 IIHS，欧洲的 Euro-NCAP 以及日本的 J-NCAP，我国的 C-NCAP 由中国汽车技术研究中心（CATARC）推出。

图 7-4　实车碰撞试验

中国新车评价规程（C-NCAP）与欧洲的 Euro-NCAP 以及美国的 US-NCAP，在测评指标、测评方法及测评项目等方面略有不同，三者的对比见表 7-1、表 7-2、表 7-3。

表 7-1　C-NCAP 与 Euro NCAP、US-NCAP 正面碰撞对比

正面碰撞	Euro NCAP	US-NCAP	C-NCAP	
试验形态	正面40%偏置碰撞	正面100%刚性壁障	正面40%偏置碰撞	正面100%刚性壁障
碰撞速度	64km/h	56km/h	50km/h	64km/h
假人安放	前排两个 Hybrid III50th 假人，后排 P3、P1.5 儿童假人	驾驶人 Hybrid III50th 假人，乘员侧 Hybrid III5th 假人，后排无假人	前排两个 Hybrid III50th 假人，后排 Hybrid III5th 假人和 P3 儿童假人	前排两个 Hybrid III50th 假人，后排左侧 Hybrid III5th 假人
假人测点	头、颈、胸、大腿、小腿	头、颈、胸、大腿	头、颈、胸、大腿、小腿	
伤害评价	取驾驶人和乘员伤害更严重的指标进行评价	驾驶人和乘员单独评价，取二者平均值做评价结果	取驾驶人和乘员伤害更严重的指标进行评价	

注：P1.5 和 P3 分别指 P 系列的 1 岁半和 3 岁儿童假人；Hybrid III50th 指混合 III 型 50 百分位男性假人；Hybrid III5th 指混合 III 型 5 百分位女性假人。

表 7-2 C-NCAP 与 Euro NCAP、US-NCAP 侧面碰撞对比

	Euro NCAP	US-NCAP	C-NCAP
侧面碰撞	EURO NCAP www.euroncap.com	nhtsa "People Saving People"	C-NCAP 中国新车 评价规程
试验形态	①可移动变形壁障侧碰撞 ②侧面柱碰撞	①可移动变形壁障侧碰撞 ②侧面柱碰撞	可移动变形壁障侧碰撞
碰撞速度 与角度	①90°侧面碰撞 50km/h ②90°侧面柱碰撞 29km/h	①27°斜角侧碰撞 50km/h ②75°斜角侧柱撞 32km/h	90°侧面碰撞 50km/h
假人安放	①驾驶人 ES-2,后排 P1.5、P3 ②仅驾驶人侧 ES-2 假人	①驾驶人 ES-2re,驾驶人后侧 SID-IIs ②仅驾驶人侧 SID-IIs	驾驶人 ES-2,驾驶人后侧 SID-IIs
台车质量	950kg	1368kg	950kg
假人测点	ES-2:头、胸、腹、骨盆 P1.5、P3:头、胸	ES-2re:头、胸、腹、骨盆 SID-IIs:头、骨盆	ES-2:头、胸、腹、骨盆 SID-IIs:头、胸、骨盆
伤害评价	成人保护评价中,两种侧碰形式各占总分的 2/9	前排评价:柱碰撞和 MDB,权重 1:4;后排根据 MDB 结果,平均前、后排结果得到总体侧碰评价结果	前、后排乘员假人单独计分

注:ES-2—用于侧面碰撞试验的碰撞假人;SID-IIs—侧碰假人;MDB—移动可变形壁障(Movable Deformable Barrier)。

表 7-3 C-NCAP 与 Euro NCAP、US-NCAP 其他试验与总体星级评价方法对比

	Euro NCAP	US-NCAP	C-NCAP
试验项目	EURO NCAP www.euroncap.com	nhtsa "People Saving People"	C-NCAP 中国新车 评价规程
行人保护	成人、儿童头部冲击、大腿冲击、小腿冲击试验	无	无
挥鞭伤害 台车试验	动态+静态评价,低、中、高 3 种强度碰撞脉冲动态评价指标:NIC,NIP,回弹速度、上颈部 F_x、上颈部 F_z、T_1 加速度、头枕接触时间	挥鞭测试	仅动态评价,中强度碰撞脉冲动态评价指标:NIC,上颈部 F_x、上颈部 F_z、上颈部 M_y、下颈部 F_x、下颈部 F_z、下颈部 M_y
翻滚试验	无	根据静态稳定系数和动态试验评价	无
主动安全	电子稳定控制(ESC)、安全带提醒装置(SBR)、限速装置(SLD)、后碰撞自动紧急制动、车道偏离预警(LDW)	ESC、LDW、预碰撞(FCW)为加分项	ESC、安全带提醒装置
总体星级评价	成人保护、儿童保护、行人保护与主动安全装置得分以 5:2:2:1 权重得出总分数对应不同星级	根据正碰、侧碰以及翻滚试验的星级按照 5:4:3 的权重计算得出总体星级	根据正碰、侧碰、挥鞭伤、主动安全装置等得分累加,对应不同的星级

注:F—力;M—力矩;NIC—颈部伤害指数(neck injury criterion);NIP—颈部伤害预测指标(neck injury predictor);T_1—自上往下第 1 个胸椎(thorax)。

三、汽车安全技术的应用

从 20 世纪 60 年代开始，汽车安全性开始真正受到人们重视，当时人们尚未形成主动安全的概念，而将主要精力放在提高汽车的被动安全性，即致力于提高汽车安全带、安全气囊和能量吸收式转向柱等设备的性能上。1966 年美国参众两院颁布《国家交通和汽车安全法》，自此汽车安全性得到广泛重视，相关安全技术及设备也迎来了快速发展的局面。20 世纪 70 年代，儿童安全座椅、安全头枕、安全门锁、广角后视镜以及安全轮胎等设备的应用进一步提高了汽车的被动安全性。

进入 20 世纪 80 年代以后，人们开始相信相对于在事故发生后设法降低事故伤害与财产损失，在事故前对车辆运动状态进行实时监测并在必要时进行干涉或预警，具有更深远的现实意义。在此契机下，汽车主动安全性迎来重要发展机遇。人们主要从提高车辆制动性能的角度来提高车辆的主动安全性能，其中最大的技术成就是防抱死制动系统（ABS）。ABS 在 20 世纪 90 年代得到普及，且陆续发展了牵引力控制系统（TCS）、驱动防滑系统（ASR）、制动辅助系统（BAS）、电子制动力分配系统（EBD）以及车身稳定系统（ESC）等，极大地提高了汽车的制动安全性。

20 世纪 90 年代后，汽车安全技术迅猛发展，随着电子技术、通信技术和传感技术的快速发展，陆续出现了预碰撞警示系统（FCW）、车道偏离警示系统（LDW）、自适应巡航系统（ACC）、并线辅助系统、城市安全系统（City Safety）、胎压监测系统（TPMS）以及智能驾驶信息系统（IDIS）等新的技术，汽车安全技术迎来了日新月异的发展，成为社会与科技进步的重要标志。这些新技术的广泛应用最大程度地解放了驾驶人，汽车的智能化让驾驶更安全、更舒适和更快捷。总的来说，汽车安全技术的应用包括：行人保护系统（或低速碰撞安全结构）、安全车身结构、乘员安全约束系统以及电子安全装置等，如图 7-5 所示。

图 7-5　汽车安全技术应用

1. 行人碰撞安全保护

采用汽车低速碰撞（8km/h）安全结构的目的是保护行人和骑车人的安全，降低对他们的伤害程度；保护汽车重要部件免遭损坏，节省因撞车造成的维修费用。

行人伤害一般包括保险杠和一次碰撞时产生的下肢伤害，与发动机罩、风窗玻璃等二次碰撞时的伤害，以及与路面三次碰撞产生的伤害。设计车身时，应就避免或减小这三方面的伤害采取相应的措施。

（1）保险杠安全结构 为达到降低对行人下肢伤害的目的，在车身结构设计时多采用吸能式保险杠，它由保险杠外板、吸能体（能量吸收体）和骨架构成。按吸能体的不同，这种保险杠可分为三种类型：

① 筒状吸能装置。该装置基本上有三种吸能方式：利用油液的阻尼力抵抗碰撞，吸收撞击能量；利用油气混合或油液阻尼力—橡胶迟滞变形抵抗碰撞，吸收撞击能量；利用气体压缩抵抗碰撞，吸收撞击能量。

② 利用泡沫材料制成的吸能装置。与前面的吸能体相比，这种装置具有结构简单、质量小、成本低，在上、下、左、右各个方向的碰撞均具有吸收撞击能量的能力等特点。该装置的吸能元件一般采用聚氨酯类或聚丙烯类发泡树脂材料。

③ 蜂窝状吸能装置。该装置由蜂窝状的聚乙烯等树脂制作而成，其特点是吸能效率较高，但开模费用大，变形后修复困难。

以上结构在汽车发生低速碰撞时，既能够对行人起到保护作用，又能避免汽车上重要部件的损坏，减少了因撞车造成的维修费用。

（2）发动机罩、风窗玻璃边框等安全结构 行人的二次碰撞对其头部伤害最大。为了减轻行人的二次伤害，发动机罩和散热器罩过渡部位应采用吸能结构，如图 7-6 所示。在二次碰撞伤害中，风窗玻璃框架起着重要的作用，将其外部设计成软结构可以缓解对行人的伤害。

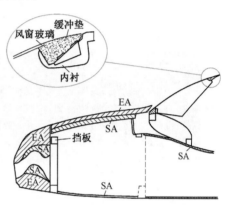

图 7-6　轿车碰撞变形和安全室构造
EA—吸收能量的泡沫　SA—隔声材料

（3）三次碰撞防护措施 对于三次碰撞防护，一般采用安装防止行人摔到路面上的救助网等接收装置。

在行人保护措施中，防止车外凸出物对行人的伤害也很重要。在车身结构设计时，尽量将门把手等装置设计成内凹式，采用具有缓冲机构的后视镜等措施，均有利于减轻对行人的伤害。

（4）行人碰撞安全性试验 汽车与行人碰撞安全性的试验评价方法通常有两种，一种是利用实车与试验用假人进行碰撞试验（图 7-7）；另一种是利用模拟假人的部件对实车或汽车部件进行冲击试验（图 7-8）。2012 年欧盟已经要求欧洲汽车制造协会（ACEA）所有成员上市的新机动车型都必须通过部件冲击试验评价。

利用实车与试验用假人进行碰撞的试验费用较高，测试过程复杂，试验结果的重复性较低，且假人的姿势及碰撞前假人相对于实车的位置等对碰撞结果影响较大。因此，该方法目前多用于与计算机仿真进行对比分析，不适用于对汽车与行人的碰撞安全性进行全面评价。

欧洲的 EEVC 首先提出了汽车与行人碰撞安全性的部件冲击试验评价方法。将行人分为下肢、上肢、头部（分为成人和儿童）3 个部分，对汽车整车或汽车前部与行人碰撞相关的部件进行冲击试验，冲击速度和角度根据车型而定，测量相应的性能参数，并进行相应的评价。该试验操作方便，试验结果重复性好。碰撞测试相关区域包括：发动机罩、风窗前支撑、A 柱以及风窗上梁等。由于不同外形结构的汽车与行人碰撞时，行人的运动特性差异较大，尤其是头部与汽车前部的冲击部位、冲击速度和冲击角度等受汽车前部结构的影响很大。因此，需要进行大量的计算机仿真，利用仿真结果对部件冲击试验进行指导修正。

图 7-7 实车碰撞假人模拟试验

2. 安全车身结构

为了满足不同情况下的碰撞安全要求，在车身结构设计时，需要从汽车的整体结构考虑，并且应将新材料、新工艺的研究成果用到汽车设计中。

安全车身的结构包括：前部、后部碰撞变形区和高强度乘员室。对前、后部碰撞变形区的基本要求是应拥有有效的吸能区，以便碰撞发生时能吸收较多能量。在正面碰撞中，车身前、后部碰

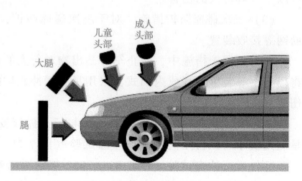

图 7-8 行人碰撞模拟冲击试验

撞变形吸能区的变形越大，吸收的碰撞能量越多，产生二次碰撞的能量越小，传到乘员室中的撞击力就越小。同时，车身采用高强度乘员室，减轻或避免乘员因乘员室空间变形受到挤压，从而降低乘员受伤的危险，确保乘员的有效生存空间，还必须保证碰撞后乘员易于逃脱和容易进行车外救护。安全车身结构如图 7-9 所示。

（1）正面碰撞车内安全结构 正面碰撞在汽车交通事故中发生频率最高，采用适当的正面碰撞保护措施可明显减少因交通事故造成的人员伤亡。正面碰撞安全结构（图 7-10）利用汽车前部的压溃变形吸收能量，以缓解碰撞的加速度；加固车身驾驶室结构，保证乘员

图 7-9　安全车身结构

有足够的生存空间；利用安全带、安全气囊等乘员保护装置，防止乘员因二次碰撞而造成的伤害。

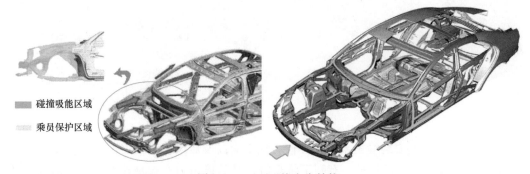

碰撞吸能区域

乘员保护区域

图 7-10　正面碰撞安全结构

汽车前部构件的碰撞能量主要依靠物件的弯曲变形和压溃变形来吸收。汽车前部（如发动机、变速器、差速器、行走装置等）质量较大，是不产生变形的部件，在发生碰撞时，并不吸收能量，从而使车身的压溃变形量变小，为防止这些部件侵入驾驶室，必须采取相应措施使其向下转移。必要时，在车轮后面安装防护装置可以防止车轮侵入驾驶室。汽车前部车身构造如图 7-11 所示。

（2）尾部碰撞安全结构　尾部碰撞吸能方式与前面碰撞基本相同（图 7-12）。尾部碰撞时乘员的减速度相对较小，一般碰撞速度较低，且尾部有足够多的碰撞吸能区间，因此其吸能设计相对前部较低。设计要求：由于乘员伤害主要是颈部冲击损伤，尾部区段应尽量软化；保证发生追尾碰撞时行李舱边缘不能穿过后窗而撞入车厢内，并保证燃油系统的完整性。

（3）侧面碰撞安全结构　侧面碰撞时车身变形空间小，所以乘员在侧面碰撞时受伤的危险性比正面碰撞高得多。为了加强对乘员的保护，车门、门槛和立柱都要设计成刚性结构，将侧面碰撞的撞击力有效地转移到车身具有保护作用的梁、柱、地板、车顶及其他部件，使撞击力被这些部件分散和吸收（图 7-13），从而最大限度地把侧面碰撞可能造成的损害降低到最小。为了提高汽车侧面抗撞能力，可采用以下措施：

1）增加车门强度，采取的具体办法有增加板厚或增加防撞横梁。

2）增加门槛梁的强度，增强措施包括增大承载面积、在梁内增加加强板以及填充发泡树脂等，以保证将撞击力有效地分散给地板等其他物件。

图 7-11　汽车前部车身构造

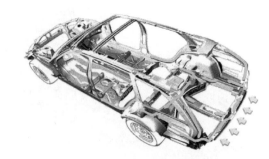

图 7-12　尾部碰撞安全结构

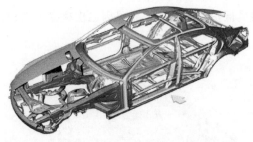

超高强度 ● 800～1400MPa
高强度 ● 270～800MPa
普通 ● ＜270MPa

图 7-13　侧面碰撞安全结构

3）在车身 B 柱上安装横梁系统，在仪表板下面以及后风窗下面安装加强横梁。

4）合理设计门锁及门铰链，有利于将车门所受的撞击力有效地传给立柱，既要防止汽车发生侧面碰撞时车门不打开，又要保证碰撞后车门易开启，以利于乘员的车外救护。

（4）翻车安全结构　在汽车行驶中，由于急转动转向盘等会导致汽车翻车，因此为确保乘员有足够的生存空间，车身结构必须加强。翻车保护的主要措施有加强车顶纵梁及立柱、在车顶设置翻车保护杆等，如图 7-14 所示。

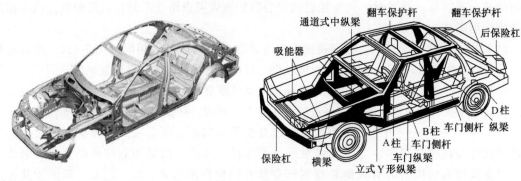

图 7-14　安全车身结构

（5）轿车与货车碰撞防护　载货汽车与轿车相比，其质量、刚度和尺寸都要大得多，与轿车迎面相撞时，轿车损坏要比载货汽车严重得多。特别是二者尺寸相差悬殊时，轿车往往"楔入"载货汽车下面，轿车的前部吸能区不能发挥作用，导致乘坐区受到破坏，如图 7-15 所示。

图 7-15　轿车与货车追尾时的"楔入"现象

行人与载货汽车相撞时造成的伤害也远比与轿车相撞时严重，因为无论是与长头还是平头驾驶室载货汽车发生碰撞，都不可能存在轿车事故中的行人身体在发动机罩上的翻转过程，而是在很短时间内被加速到货车速度，易于造成人员伤亡。驾驶室上突出的后视镜、驾驶人踏板以及保险杠也容易使行人头部、骨盆和大腿受伤。

目前，载货汽车的侧面以及前部、后部下端安装有防护装置，避免轿车"楔入"，且正在研制装于载货汽车尾部的缓冲装置，以减小与尾追的轿车相撞时的损坏。

（6）**防止火灾的措施**　汽车火灾主要是由于燃料系统泄漏的燃料遇到不正常的电气系统产生的火花或路面的火星而发生的，因此，防止火灾的措施一般有消除火源、发生火灾后防止火势扩大、采用阻燃材料等。

1）防止燃料泄漏。燃油箱在后桥上方、车轮内侧的位置最安全；为了隔热，燃油箱与发动机排气管应分别布置在汽车两侧；燃油箱的位置受到车身总布置的制约，要采取特殊的保护措施，如增加隔热板、设置防撞构件等来保护燃油箱；设计加油孔时，要考虑撞车时的泄漏问题；燃油管的布置也很重要，撞车时要尽可能使其不受损伤；采取具有阻燃性能的超高分子量聚乙烯塑料制作燃油箱，可以防止因撞车而发生的燃油箱爆炸。

2）防止火焰向车内蔓延。合理设计发动机罩的结构，以控制其在汽车发生碰撞时的变形，使其在中部发生弯折，而其根部变形很小，这样可以减小风窗玻璃的破碎面积，防止火焰向车内蔓延。

3）采用阻燃的内饰材料。

（7）**其他安全对策**

1）采用新材料。铝材、铝制构件具有规则的轴向压溃特性，所以铝制构件的单位质量吸能率高于相应的钢制冲压物件，对于质量仅为钢制管 37% 的铝管，可以吸收与钢管相同的能量。玻璃纤维增强塑料多用于外覆盖件，由带聚氨基甲酸乙酯泡沫芯的夹层材料和在两层聚酯层之间填充金属增强物质制成的夹层结构，比传统钢结构具有更高的抗撞击能力。

2）采用新的焊接工艺。激光焊接方法可显著改善焊缝的连接强度，提高了汽车整体的抗碰撞能力。

3. 安全约束系统

（1）**安全带**　汽车座椅安全带是乘员保护约束系统的重要设施。当碰撞事故发生时，安全带起作用，将乘员约束在座椅上，使乘员免受车内二次碰撞的危险，同时使乘员不被抛离座椅。安全带的使用如图 7-16 所示。

安全带使用率的大幅度提高，使汽车事故发生时乘员的伤亡率下降。统计数据表明，佩戴安全带可使碰撞事故中乘员的伤亡率减少 15%~30%。

预紧式安全带（Pretensioner seat belt）也称预缩式安全带。这种安全带的特点是当汽车发生碰撞事故的瞬间，乘员尚未向前移动时，它会首先拉紧织带，立即将乘员紧紧地固定在座椅上，然后锁止织带，以防止乘员身体前倾，有效保障乘员的安全。

图 7-16　安全带的使用

安全带未系提示：当汽车探测到驾乘人员未系安全带时，先是仪表板上的警告灯即时提示，当车速超过 20km/h 时转为通过声音来提醒驾驶人和前排乘员系好安全带，以保障驾乘人员的生命安全。

安全气囊是
如何工作的

电动汽车
碰撞试验

（2）安全气囊　安全气囊是汽车被动安全技术中的高技术产品之一。气囊设计的基本思想是汽车发生碰撞后，在乘员与车内构件碰撞前，迅速地在二者之间打开一个充满气体的气垫，使乘员扑到气垫上，以缓和冲击并吸收碰撞能量，以达到减轻乘员伤害程度的目的。汽车上各位置的安全气囊如图 7-17 所示。

根据气囊安装位置的不同，可分为以下几类：

1）驾驶人侧安全气囊。它安装在转向盘上。

2）前排乘员侧安全气囊。它安装在汽车前排乘员侧座椅前方，一般在仪表板杂物箱上方。

3）前排侧气囊。它安装在前排座椅外侧，目的是减缓侧面撞击造成的伤害。目前部分高端或高配车型上都装备了前排侧气囊。

4）后排侧气囊。它安装在后排车座上靠近窗户的一边。不同于前排侧气囊，后排侧气囊一般只会出现在高端车型上。

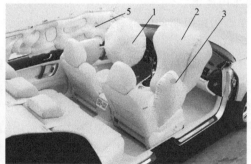

图 7-17　汽车安全气囊

1—驾驶人侧安全气囊　2—前排乘员侧安全气囊　3—前排侧气囊　4—后排侧气囊　5—头部气囊　6—膝部安全气囊

5）头部气囊。它也称为侧气帘，在汽车发生碰撞时弹出遮盖车窗，以达到保护乘客的效果。前排头部气囊通常安装在风窗玻璃两侧钢梁内侧。后排头部气囊安装在后部车顶处，用来保护后排座椅乘客。

6）行人安全气囊。它可有效减轻汽车正面与行人碰撞后行人受到的伤害，其技术原理是通过安装在前保险杠的传感器监测，与行人发生碰撞后发动机舱盖尾部自动翘起，隐藏在内部的安全气囊同时释放，并且会包裹部分前风窗玻璃和 A 柱，这样凸起的发动机舱盖与安全气囊便可有助于减轻行人的伤害，如图 7-18 所示。

7）膝部安全气囊。它用来降低乘员在二次碰撞中车内饰对乘员膝部的伤害。膝盖部分的气囊位于前排驾驶座椅内，一旦打开能够有效保护后排乘客的腰下肢体部位，从而也能缓解来自正面碰撞的前冲力。

4. 电子安全装置

（1）并线辅助系统　并线辅助也称为盲区监测，这一装置的形式是在左、右两个后视镜内或者其他地方提醒驾驶人后方有来车。

沃尔沃的 BLIS（盲点信息系统）在左、右两个反光镜下面内置有两个摄像头，将后方的

图 7-18　行人安全气囊

盲区影响反馈到行车电脑的显示屏幕上，并在后视镜的支柱上有并线警告灯提醒驾驶人注意此方向的盲区。沃尔沃 BLIS 如图 7-19 所示。

图 7-19　沃尔沃 BLIS

（2）车道偏离预警系统　车道偏离预警系统是一种通过报警的方式辅助驾驶人减少汽车因车道偏离而发生交通事故的系统。

车道偏离预警系统提供智能的车道偏离预警，在驾驶人无意识（驾驶人未打转向灯）偏离原车道时，能在偏离车道 0.5s 之前发出报警信号，或转向盘开始振动以提醒驾驶人目前汽车偏离车道的状况，为驾驶人提供更多的反应时间，大大减少了因车道偏离引发的汽车碰撞事故。

目前，在大众 CC、宝马 5 系、奔驰 E 级、菲尼迪 M 系等车型上均已配备车道偏离预警系统。车道偏离预警系统如图 7-20 所示。

（3）主动避撞系统　汽车主动避撞系统利用现代信息技术和传感技术，在紧急情况下能自动采取措施控制汽车，使汽车能主动避开危险，保证汽车安全行驶。目前，汽车主动避

撞系统主要有奔驰汽车公司的 Pre-Safe System（预防性安全系统）；本田汽车公司的 CMBS（Collision Mitigation Brake System，缓解碰撞制动系统）；丰田汽车公司的主动安全系统 Pre-Collision System（PCS，预碰撞系统）。沃尔沃汽车公司推出的防撞技术 City Safety（城市安全系统，图 7-21）帮助驾驶人避免城市交通中常见的低速行驶时的追尾事故。

图 7-20　车道偏离预警系统

图 7-21　沃尔沃城市安全系统

5. 其他安全配置

（1）溃缩式吸能转向柱　在汽车发生剧烈的撞击时，驾驶人往往会因汽车急速停止的惯性作用而向前倾，使其胸部和转向盘发生碰撞，为了使遭到转向柱冲击的驾驶人胸部承受的冲击力减小，有些汽车把转向柱设计成在撞击时因遭到外界挤压而发生二到三段的溃缩折叠，这样可以分散一些因撞击由转向柱传递到人体的冲击力。溃缩式吸能转向柱如图 7-22 所示。

（2）儿童安全座椅　国外试验证明，当 10kg 的儿童在 40km/h 的汽车上遭到正面撞击时，将会瞬间产生 30 倍（300kg）往前冲的力。如果父母抱着儿童坐在前座，即使再强壮的手臂也无法抱住孩子，儿童可能在瞬间脱离了大人的怀抱，被抛出车外或撞上风窗玻璃。

图 7-22　溃缩式吸能转向柱

根据美国高速公路交通安全局数据显示，若能正确使用儿童安全座椅，可有效降低儿童在车祸发生时的伤亡率达 70% 以上。根据固定方式的种类来区分，儿童座椅目前共分成三种：欧洲标准的 ISO FIX 固定方式、美国标准的 LATCH 固定方式和安全带固定方式，如图 7-23 所示。

LATCH 接口可以装 ISO FIX 接口的座椅，但是 ISO FIX 接口不能使用 LATCH 接口的儿童座椅。安全带固定方式的儿童安全座椅使用汽车上的安全带接口，因此可以在任何一个有安全带配置的车型上使用，在国内销售的很多儿童安全座椅都支持这种固定方式。

（3）主动式头枕　主动式头枕是一种纯机械系统，如图 7-24 所示，其上方的衬垫支撑通过一条连杆连接至座椅靠背内的压力板。当汽车遭到后方车辆追撞时，乘客的身体因撞击力的作用会撞向靠背，将压力板往后推，促使头枕向上、向前推动，以便在头颈猛烈晃动之前托住乘客的头颈，防止或降低其受伤的可能。主动式头枕的另一个优点是在其动作完成后，会自动回复到原来的位置，以备下次使用，无需进行维修。其设计目的是在汽车发生碰

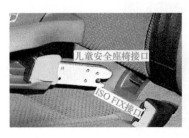
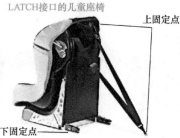
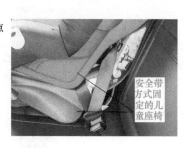

图 7-23　不同接口方式固定的儿童座椅

撞时给驾乘人员提供充分的头、颈椎保护，其效果显著，已在碰撞调查中获得充分的证明。据调查显示，配备主动式头枕时，可降低 75% 因追尾碰撞造成的颈椎伤害。

（4）转向前照灯　转向前照灯也称为自适应前照灯（Adaptive Front-lighting System，AFS）。转向前照灯能够根据行车速度、转向角度等自动调节前照灯的偏转，以便能够提前照亮汽车未到达的区域，提供全方位的安全照明，以确保驾驶人在任何时刻都拥有最佳的视觉角度。而普通前照灯具有固定的照射范围，当汽车夜间在弯道上转弯时，由于无法调节照明角度，常常会在弯道内侧出现盲区，极大地威胁了驾驶人夜间的安全驾车。转向前照灯如图 7-25 所示。

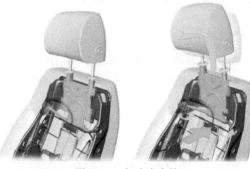

图 7-24　主动式头枕

（5）车载夜视系统　有关调查显示，大部分的汽车交通事故都发生在夜间或天气不好的情况下，尤其是在夜间没有路灯的道路上行驶，受汽车前照灯照射距离的限制，行车会有严重的安全隐患。

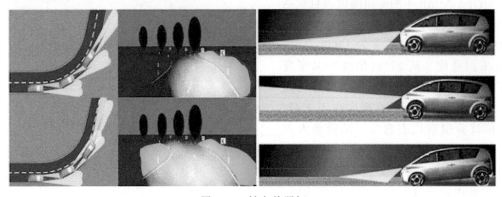

图 7-25　转向前照灯

车载夜视系统（图 7-26）给驾驶人带来了极大的安全感。据试验表明，一般汽车的前照灯只能照射 95m 左右的距离，而利用车载夜视系统驾驶人可看到 450m 以外的路况信息，其耗电量却仅是前照灯的四分之一；另一方面，即使打开汽车前照灯，也不影响图像的显示，而且迎面驶来汽车的强烈的灯光不会使车载夜视系统致盲，此外，车载夜视系统是全天

图 7-26　车载夜视系统

候的电子眼，在雨、雪或浓雾的天气状况下道路上的物体及路旁的景物都能显示，大大提高了汽车行驶的安全性。

由于受生产成本的限制，国外各大汽车生产厂只是在其顶级豪华车型上使用了车载夜视系统，如宝马 7 系、奔驰 S 级等。

四、NHTSA-NCAP 评价体系简介

2010 年发布的新版 NHTSA-NCAP 评价体系中，测试试验项目主要包括正面碰撞、侧面移动壁障碰撞、侧面柱碰撞以及滚翻试验等，另外，还增加了电子安全装置描述项。

1. 100%全正面刚性壁障碰撞

NHTSA-NCAP 中的正面测试项目是碰撞速度为 56km/h 的 100%全正面刚性壁障碰撞试验（图 7-27）。试验假人方面，驾驶人位采用 Hybrid III 50%男性假人，前排乘员位采用 Hybrid III 5%女性假人。因为实际调查数据显示，体态特征较小的女性经常坐在副驾驶位上并很容易受伤，所以 NHTSA 相信采用该女性假人可以更好地反映实际道路交通事故的特点。

2. 侧面移动壁障碰撞

NHTSA-NCAP 中的侧面测试项目包括一项侧面移动壁障碰撞试验（图 7-28），要求是用试验台车（质量为 1360kg）以 61km/h 的速度，从 27°的角度冲向车身的驾驶人一侧，模拟典型的十字路口碰撞事故。这种交通事故在现实中很普遍，因此该试验很有代表意义。试验假人方

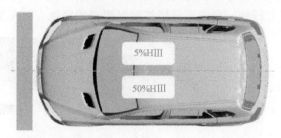

图 7-27　100%全正面刚性壁障碰撞试验示意图

面，驾驶人位采用 ES-2re 50%男性假人，前排乘员位不放假人，后排与驾驶人同侧乘员位采用 SID-IIS 5%女性假人。

3. 侧面柱碰撞

与旧版评价体系不同，新版 NHTSA-NCAP 侧面测试项中新增加了侧面柱碰撞试验（图 7-29），用以模拟实际交通事故中另一种发生比例很高的典型交通事故，即汽车撞在电线杆或树干等柱状物上，因为这种碰撞形式的致死率和重伤率都很高。试验要求车辆以 32km/h 的速度撞击静止的直径为 250mm 的柱壁障，撞击方向不是试验车辆垂直撞击，而是以 75°的角度撞击柱壁障，因为 NHTSA 认为这种试验形式能更好地模拟实际路面上的交通事故。试

验假人方面，只是在驾驶人位采用了一个 SID-IIS 5% 女性假人，前排乘员位及后排乘员位均不放置假人，这一点是与侧面移动壁障碰撞试验要求不同的。

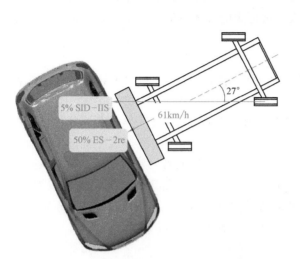

图 7-28　侧面移动壁障碰撞试验示意图

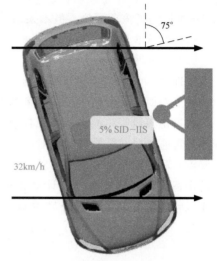

图 7-29　侧面柱碰撞试验示意图

4. 翻滚试验

翻滚试验用于评价车辆动态翻滚倾向性和道路保持能力，该项目是 NHTSA-NCAP 根据美国国情单独增加的测试项目，因为美国市场上高底盘的 SUV、皮卡车型比例很高，翻滚事故也非常多。翻滚事故的特点是具有高致命性，在所有事故中发生的概率是最低的，但是其造成的死亡率是最高的，因此 NHTSA 将车辆的翻滚试验也作为评价项的一种。这对车辆的抗翻滚性提出了很高的要求，主要包括静态评价和动态评价两项。

（1）静态评价　通过计算静态稳定系数（Static Stability Factor，SSF）完成。该系数根据车辆的几何特性测量得到，与车辆自身设计特性紧密相关，其计算公式为

$$SSF = t/2h$$

式中，t 指车辆的轮距；h 指车辆重心的高度。

（2）动态评价　通过翻滚试验（其试验轨迹外形酷似鱼钩，因此被称为 fish-hook 试验）完成。试验中，初始速度应控制在 56~80km/h。在图 7-30 所示的起始位置处，迅速进行 270° 左转向，然后在位置 2 处进行 540° 回调右转向，待试验完成后，评价结果为确定车辆在动态试验中是发生 "tip" 或者 "no tip"。其中，tip 定义为试验中车辆内侧两个轮胎同时从路面上至少上浮 2in（合 50.8mm）。

5. 电子安全装置描述

随着汽车安全技术的发展，对乘员的保护已经不局限于事故发生后的被动安全技术。预防事故的主动安全技术是

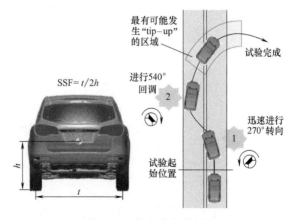

图 7-30　翻滚试验示意图

现在研究的热点，并且对于降低车祸伤害具有非常重要的意义。NHTSA 在考虑了各方的建议后，决定将电子稳定性控制（ESC）、前碰撞警告（FCW）、车道警告（LDW）列为其新的考核项目。该研究表明：这三项主动安全技术能有效降低车祸的发生，因此，在新版 NCAP 中增加了该项评价，但不采用评分或星级评定的方式，而是以文字标注的方式描述车型是否配有这 3 种主动安全配置。

6. 总体评价方法

NHTSA-NCAP 评价体系中各测试试验项的评价指标，是通过在用函数定义好的伤害风险曲线上查值，确定伤害风险概率的方式来进行评价和星级评定的。

通过伤害风险曲线查值得到各碰撞形式中驾驶人或前、后排乘员各评价指标的伤害风险概率，再通过公式转换获得相对风险得分（RRS），然后，在各碰撞形式中通过考虑前、后排权重，对正面及侧面碰撞试验分别进行星级评定。这里需要特别注意的是，翻滚试验直接通过伤害风险概率（Proll）计算相对风险得分。最后，对正面碰撞试验、侧面碰撞试验、翻滚试验的相对风险得分分别乘以各自权重系数（表 7-4）后相加获得车辆安全总得分（Vehicle Safety Score，VSS），并通过查表 7-5 对试验车辆进行总星级评定。

表 7-4 NHTSA-NCAP 星级评定：计算 RRS 的权重分配

碰撞试验项		假人	计算 RRS 的权重		VSS 星级
正面		驾驶人	50%	正面 5/12	VSS 星级
		前排乘员	50%		
侧面	柱	驾驶人	20%	侧面前排 50%	侧面 4/12
	移动壁	驾驶人	80%		
		后排乘员	侧面后排 50%		
翻滚		—	—	翻滚 3/12	

表 7-5 NHTSA-NCAP 星级与伤害风险概率分值的关系

星 级	车辆安全总得分	
	碰撞试验，RRS	翻滚试验，Proll
★★★★★	<0.667	<0.10
★★★★	0.667~1.0	0.10~0.20
★★★	1.0~1.33	0.20~0.30
★★	1.33~2.667	0.30~0.40
★	≥2.667	>0.40

第二节　汽车舒适性能的评价 ◀◀◀

一、车内空间分析

要使乘员长时间乘坐而不感到疲劳，就必须给乘员提供能够随意选择乘坐姿势的宽敞室内空间和舒适可靠的座椅。

由于汽车的外形尺寸有限，要给乘员提供宽敞的室内空间，一方面要在有限的外形尺寸条件下制造出必要的空间；另一方面要合理安排乘坐空间的形状，以更有效地发挥有限居住空间的功效。

室内空间大致分为前排空间、后排空间和行李箱空间三个部分（图7-31）。其中，前排空间的评价分为头部空间、腿部空间、乘员间距离、高度、宽度、座椅尺寸等十余项，而后排空间以及行李箱空间的评定也是通过8~10项来评价的。

1. 前排空间的舒适性

（1）前排头部空间　前排头部空间是指前排乘客在调整好坐姿的情况下，头顶到车顶的距离。

头部空间对于一辆轿车来说是比较重要的，在本来有限的车内空间内，更大的头部空间可以减轻车顶过低给驾驶人或乘员带来的压抑感。当头部空间偏小时，会给驾乘人员带来一些错觉，例如车身两侧的视野不够开阔和长时间驾驶造成的精神疲劳，这些都会给行车造成麻烦。

图7-31　汽车室内空间

（2）膝盖到转向柱的距离　在驾驶人调整好座椅和转向盘角度并保证腿部空间后，左脚放在离合器踏板上，右脚放在加速踏板上，开始测量膝盖到转向柱的距离。

从安全角度考虑，发生汽车交通事故后，更大的腿部空间可以有效地增大驾驶人自行逃生的成功概率。

（3）前排坐垫长度、坐垫宽度　在有限的空间内，提供大小适中的座椅可以达到使乘员乘坐舒适的目的。一般来说，宽的车身可以有较宽的坐垫。

长短适中的坐垫可以为驾驶人提供最佳的腿部支撑，无论任何情况都能最大限度地降低驾驶时的腿部疲劳程度，并为腰部支撑提供相应的帮助。坐垫的宽度并不是越宽越好，而应是两侧凸起部位与大腿外侧轻微贴合，这样可以有效增加座椅对驾驶人臀部的包裹程度，同时也对固定整个身体起了很大作用。

（4）靠背高度、靠背宽度　靠背的高度和宽度同样影响汽车的乘坐舒适性。过高的靠背虽然在汽车发生追尾等后方事故时能给驾驶人提供很好的颈部保护，但若驾驶人长时间驾驶，则会感到非常疲劳，而且由于驾驶人头部不能向后运动，时间一长便容易得颈椎病。

靠背的宽度以适中为好，左、右凸起部位正好与肋部和肩部轻微贴合，这样不但可以保持乘员坐姿端正，在弯道上也能限制乘员身体倾斜的程度，给乘员提供间接保护。对于驾驶人来说，坐垫和靠背都非常重要，只有它们提供最好的身体支撑，驾驶人才能更准确地操控车辆。

（5）前排的地板空间　对于驾驶人来说，足够的、形状规整的地板空间可以使腿部形成多种放松姿势，能有效降低驾驶过程中的疲劳程度。

2. 后排空间的舒适性

后排空间舒适性的常规测量数据主要是后排坐垫到车顶的高度、膝盖到前排座椅的空间、坐垫本身的长宽、靠背的宽高以及脚下地板的面积等。

（1）后排头部空间　如果后排坐垫位置较低，则后排头部空间的优势越明显。

头部位置是否宽松会直接影响到乘员乘坐的舒适性，压抑的顶篷布置会令乘员的旅途变得非常痛苦。大部分轿车都会在不影响前方视线和底盘下方管路的情况下，尽可能降低后排座椅的高度，即便是一些豪华轿车和 SUV 也不例外。

（2）后排腿部空间　头部上方的空间感是乘员进入后排车内的第二感觉，而第一感觉是腿部空间感。如果后排腿部空间比较狭窄，长时间乘坐非常容易造成乘员疲劳。

后排腿部空间与前排座椅位置有着直接的关系。后排腿部空间是指从膝盖到前排座椅靠背的距离。在测量之前，以同一人在前排调整好的标准坐姿为参考，调好前排座椅位置后再测量后排座椅空间。如果前排座椅靠背后仰弧度很大，则会使后排空间有一定的压迫感。这时只有依靠头部空间来尽量找回平衡，这也正说明了为什么新一代的经济型轿车、中级轿车都开始向高顶方向发展。有些汽车有可以后仰的后排座椅靠背，坐垫可以前、后移动，因此其后排座椅整体的表现会好一些。

（3）地板空间　地板中间位置没有隆起、左右连成一体的地板能够方便物品的放置，而且无论是左右的乘员还是中间的临时乘客，都会因此放松很多。

3. 行李舱空间

行李舱空间的优劣不仅要用容积大小来评价，其易用性还要用行李舱的长、宽、高（至行李舱盖板）、开口宽度、开口高度、开口离地高度以及行李舱是否平整、后排座椅是否能够放倒来评价。

4. GB/T 19234—2003《乘用车尺寸代码》简介

为便于与国际标准的定义和尺寸代码接轨，我国颁布了国家标准 GB/T 19234—2003《乘用车尺寸代码》。乘用车空间舒适性有关的尺寸定义如图 7-32~图 7-34 所示。

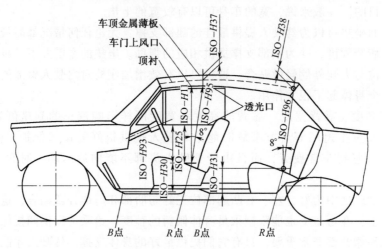

图 7-32　内部高度尺寸

（1）前舱内部尺寸　表 7-6 给出了前舱内部尺寸。所有的尺寸都是根据驾驶人座位的 R 点测量所得，除非另有规定。

（2）后舱和行李舱内部尺寸　表 7-7 给出了后舱和行李舱内部尺寸。所有的尺寸都是根据驾驶人座位的 R 点测量所得，除非另有规定。

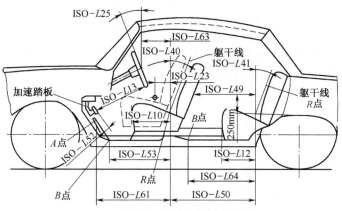

图 7-33　内部长度尺寸

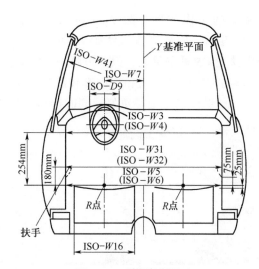

图 7-34　内部宽度尺寸

表 7-6　前舱内部尺寸

代码	术　语	代码	术　语
ISO—H11	前车门洞上缘高度	ISO—L52	制动踏板与加速踏板高度差
ISO—H25	前带高	ISO—L53	前 R 点至前踵点的水平距离
ISO—H30	前 R 点至前踵点的垂直距离	ISO—L61	前 R 点至加速踏板的水平距离
ISO—H37	前顶衬至前顶盖板的厚度	ISO—L63	前 R 点至转向盘中心的水平距离
ISO—H93	前 R 点至转向盘中心的垂直距离	ISO—W3	前舱肩部空间
ISO—H95	前舱头部空间	ISO—W5	前舱臂部空间
ISO—L10	前坐垫深度	ISO—W7	转向盘中心相对于 Y 基准平面的距离
ISO—L13	制动踏板与转向盘的距离	ISO—W16	前坐垫宽度
ISO—L23	正常驾驶和乘坐座椅的移动行程	ISO—W31	前舱肘部空间
ISO—L25	转向盘倾角	ISO—W41	侧窗玻璃曲率半径
ISO—L40	前靠背角	ISO—D9	转向盘直径

表 7-7　后舱和行李舱内部尺寸

代　码	术　　语	代　码	术　　语
ISO-$H31$	后 R 点至后踵点的垂直距离	ISO-$L64$	后 R 点至后踵点的水平距离
ISO-$H38$	后顶衬至后顶盖板的厚度	ISO-$W4$	后舱肩部空间
ISO-$H96$	后舱头部空间	ISO-$W6$	后舱臂部空间
ISO-$L12$	后坐垫厚度	ISO-$W16$	后坐垫宽度
ISO-$L41$	后靠背角	ISO-$W32$	后舱肘部空间
ISO-$L49$	腿部空间	ISO-$V10$	行李舱的参考容积
ISO-$L50$	前、后 R 点之间的距离		

5. 车内空间对比

图 7-35 所示为迈腾轿车的车内空间，图 7-36 所示为雪铁龙 C5 轿车的车内空间。图 7-35 与图 7-36 相比较可以看出：后排高度雪铁龙 C5 轿车较迈腾轿车稍小但差别不大，后排腿部空间迈腾轿车较雪铁龙 C5 轿车更大，因此迈腾轿车的后排乘坐舒适性比雪铁龙 C5 轿车稍好；而雪铁龙 C5 轿车的前排腿部空间和高度都较迈腾轿车大许多，因此其前排乘坐舒适性较迈腾轿车更胜一筹，驾驶时的舒适性更好，同时行车安全性也更好。

图 7-35　迈腾轿车的车内空间

图 7-36　雪铁龙 C5 轿车的车内空间

二、汽车内饰的评价

　　汽车的内饰包括座椅、脚垫、地毯，车门面板、车门嵌入板、车门立柱、车顶篷蒙板、后窗台板、行李舱侧壁板、驾驶座椅后壁板等覆盖物，车门储物盒、杂物箱等储物装置，安全带等。

　　汽车内饰对改善汽车的乘坐和驾驶舒适性、减轻驾乘人员的疲劳具有十分重要的作用，而且提高了汽车的行车安全性。现代汽车装饰除了更换真皮座椅、增加脚垫等传统项目外，还包括汽车声像等娱乐设备、汽车自动导航仪等信息设备。比如新一代的奔驰 S 级轿车，其转向盘除了使用了皮饰覆盖，中央扶手使用大块的木饰，进一步增加整车豪华感以外，仪表板的分屏显示技术能够使驾驶人和乘员通过中央显示屏同时看到不同的内容，在确保行驶安全的同时大幅提高了娱乐性，内饰采用的氛围灯更是升级到三种颜色，如图 7-37 所示。

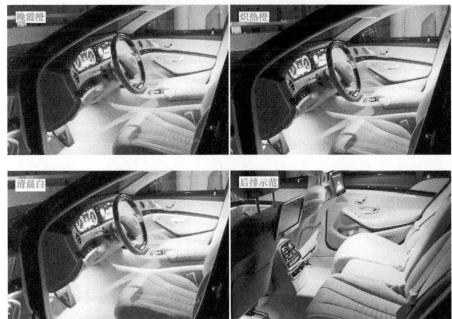

图 7-37　奔驰 S 级汽车内饰及灯光

三、汽车噪声控制

1. 噪声及其影响

（1）**噪声及其度量** 噪声是指人们不需要并希望利用一定的控制措施加以消除的各种声音的总称。噪声采用了对声音作相对变化比较的无量纲单位"声压级"来作为测量单位。声压级的单位是分贝（dB）。表 7-8 所列是各种典型环境的噪声级。

（2）**噪声的影响** 噪声会影响人与人之间的语言交谈，降低人的工作能力，并且会对人的身体健康产生不良影响，如影响中枢神经、消化系统，导致人的听力减退甚至失聪。

2. 汽车噪声的评价与控制

汽车产生的噪声按其影响范围的不同，可分为车内噪声和车外噪声两种，前者直接影响汽车舒适性，后者则会成为道路交通环境的公害。

表 7-8　各种典型环境的噪声级

声压级/dB(A)	声环境或声源	声压级/dB(A)	声环境或声源
0~10	年轻人可听见	80~90	载货汽车附近、吵闹的街道
10~20	安静的夜晚	90~100	压缩机房、发电机
20~30	很安静的房间	100~110	织布机车间、汽车发动机试验室
30~40	普通住宅的夜晚	110~120	大型柴油机和大型鼓风机附近
40~50	安静的办公室	120~130	内燃机排气口附近
50~60	轻声谈话	130~140	喷气发动机试验台附近
60~70	小客车内、安静的街道	140 以上	火箭、导弹发射，枪、炮声
70~80	公共汽车内、城市街道		

汽车噪声主要由发动机噪声、轮胎噪声、传动系统噪声和车身与空气的摩擦声（空气动力噪声）等组成，如图 7-38 所示。

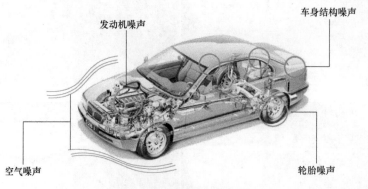

图 7-38　汽车噪声的分布

（1）**发动机噪声** 发动机噪声包括燃烧噪声、机械噪声、风扇噪声、进气噪声和排气噪声等。发动机噪声在汽车噪声中占的比重最大，因此要控制汽车噪声，对发动机噪声的控制尤为重要。

在发动机噪声中，排气噪声所占的比重最大。排气噪声往往比发动机整机噪声（排气噪声除外）还高 10~15dB（A）。很早以前汽车上就装有消声器，以此来降低排气噪声，到目前为止，消声器仍是控制排气噪声的最主要的措施。

从使用角度讲，要注意选用合适的汽油牌号、合理调整点火提前角、及时清除燃烧室积炭等，以避免燃油的不正常燃烧；提高维修质量，使曲柄连杆机构、配气机构及其他附件保持正常的间隙，以减小机械噪声等。

（2）传动系统噪声　传动系统噪声主要包括变速器噪声、传动轴噪声及驱动桥噪声等。

传动系统噪声相对来讲在汽车噪声中占的比重较小。在实际使用中，要控制传动系统噪声，主要应注意各齿轮啮合副的间隙及其啮合印迹的调整、轴承预紧度的调整，以及传动轴的动平衡、传动轴的装配记号、传动轴中间支承的松紧度等。

（3）轮胎噪声　轮胎噪声主要受轮胎胎面花纹、车速及负荷、轮胎气压、轮胎装配情况、轮胎磨损程度、路面状况等因素影响。

胎面花纹对轮胎噪声的影响见表 7-9。由此表可知，直角齿形轮胎和块状形轮胎的噪声大，直线肋条形和光面轮胎噪声小。

表 7-9　胎面花纹对轮胎噪声的影响

胎面花纹形状	噪声平均值/dB		胎面花纹形状	噪声平均值/dB	
	普通轮胎	子午线轮胎		普通轮胎	子午线轮胎
直角齿形	88	—	块状	86	80~85
一般齿形	86	84	直线肋条形	77	77
混合形	83	83	光面	76	76
肋条形	81	78			

在使用中适当提高轮胎气压，可以减小轮胎的变形，降低轮胎噪声；装配轮胎时，进行动平衡试验可消除因动不平衡引起的弹性推动，降低轮胎噪声。

对于行驶车速高且对舒适性要求高的轿车，还应采取相应措施以减少传至车体内的噪声。

3. 典型车型噪声的对比分析

迈腾轿车行驶中前舱噪声为 60.3dB，后舱噪声为 62.5dB，与表 7-8 对照，其车内噪声相当于"小客车内、安静的街道"，影响很小；而东风雪铁龙 C5 轿车对噪声的控制更为到位，其前舱噪声为 56.9dB，后舱噪声为 58.5dB，行驶中噪声更小，而前、后舱噪声差也小，具有更好的车内舒适性。

四、车内气候舒适性

汽车空气调节性能是影响汽车舒适性的重要因素。空气调节性能不好，则会引起乘员胸闷、晕车等不适感觉，造成驾驶人反应迟钝，影响行车安全。

汽车空气调节是指对车内空气质量进行调节，即不管车外的天气情况如何，都能将车内的温度、湿度和清洁度保持在满足乘员乘坐舒适性要求的范围内。

汽车空调系统能对车内空气的温度、湿度、流速和清洁度等参数进行调节，使车内空气清洁，温度适宜，使乘员感到舒适；预防或去除风窗玻璃上的雾、霜和冰雪，这不仅能为乘员提供良好而舒适的乘坐环境，减少旅途疲劳，而且能改善驾驶人的劳动条件，使其保持清醒的头脑，做到行车安全。衡量汽车空气调节性能的主要参数有温度、相对湿度、风速和清洁度等，见表7-10。

表7-10 衡量汽车空气调节性能的主要参数

项目	温度/℃		相对湿度(%)	风速/(m/s)	CO含量(%)	噪声/dB
	冬	夏				
舒适	16~18	22~28	50~70	0.075~0.2	<0.01	<45
不舒适	0~14	30~35	15~30 90~95	<0.075 >3	>0.015	>65
有害	<0	>43	<15,>95	>0.4	>0.03	>120

1. 人体对汽车车内气候舒适性的要求

（1）人体对温度和湿度的要求　人体在不断地产生和散发热量，当二者取得平衡而维持体温为36℃时人就会感到舒适；若散热过多，则人会感觉冷；若多余的热量不能及时散发，则人会感到热。试验表明，这种热平衡的实现主要受环境温度、湿度和风速三项因素的影响，即人体对温度的感觉由这三项因素决定。

当环境温度一定时，若降低空气湿度，则会使人皮肤表面的汗加快蒸发，人便感觉到凉快。增大风速也有同样的效果。在1m/s的风速下，人会感觉比无风状态温度下降约1℃；若风速达到3m/s，则人会感觉温度下降约3℃。

（2）舒适的温度和湿度范围　人体感觉舒适的环境温度随其工作内容、体质状况、性别、年龄和衣着等的不同而发生变化，另外还受到季节、昼夜等自然环境变化的影响。综合这些因素，冬季人体感觉舒适的温度范围为16~20℃，相对湿度为55%~70%；夏季时温度范围为19~23℃，相对湿度为60%~75%。

（3）人体对空气清洁度的要求　车厢内空气的清洁度对汽车舒适性会产生重要的影响。由于车厢内乘员所拥有的空间有限，乘员吸入的氧气80%变成二氧化碳排出，另外，人体散发出的气味、燃油蒸气、汽车废气、道路扬起尘埃的渗入等都会导致车内空气质量恶化，影响乘员的身体健康。

对车内空气清洁度的评价指标是按照车厢内二氧化碳的浓度来评定的，一般允许车内的二氧化碳浓度为0.5%，最好控制在0.1%以下。

（4）人体对通风换气系统的要求　换气是汽车空气调节的最基本的功能。为组织好换气，提高换气质量和效率，合理布置汽车上的空气出、入口非常重要。轿车的进气口一般开在前风窗玻璃下的发动机罩上，排气口开在后排座位的车侧。在使用中应注意对空气出、入口及通道进行清洁维护，以免因堵塞而影响换气质量。要将车内二氧化碳浓度保持在规定范围内，每个乘员应有0.3~0.5m³/min的换气量。

2. 汽车空调系统的组成

汽车安装空调系统的目的是调节车内空气的温度和湿度，改善车内空气的流动情况，并且提高车内空气的清洁度。汽车空调系统主要由以下几部分组成：

（1）制冷装置　该装置对车室内的空气或由外部进入车室内的新鲜空气进行冷却或除湿，使车室内的空气变得凉爽和舒适。

（2）暖风装置　该装置主要用于取暖，对车室内的空气或由外部进入车室内的新鲜空气进行加热，达到取暖、除湿的目的。

（3）通风装置　该装置主要用于将车外部的新鲜空气吸入车室内，起到通风和换气的作用。同时，通风对防止风窗玻璃起雾也起到良好的作用。

（4）空气净化装置　该装置主要用于除去车室内空气中的尘埃、臭味、烟气及有毒气体，使车室内的空气变得清洁。

（5）加湿装置　该装置主要用于在空气湿度较低的时候，对车内空气进行加湿，以提高车内空气的相对湿度。

（6）控制装置　该装置主要用于对制冷和暖风系统的温度和压力进行控制，同时对车室内空气的湿度、风量和流向进行控制，完善汽车空调系统的正常工作。

将上述各部分装置部分或全部有机地组合在一起并安装在汽车上，便组成了汽车空调系统（图7-39）。在一般的小型乘用车和客、货车上，通常只有制冷装置、暖风装置、通风装置和比较简单的控制装置；在高级豪华小型乘用车上，除了制冷装置和暖风装置外，还有加湿装置、空气净化装置和比较复杂的控制装置。

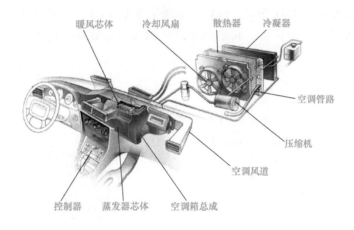

图 7-39　汽车空调系统组成

第三节　轮胎与灯光系统

一、汽车轮胎概述

汽车轮胎按胎体结构不同可分为充气轮胎和实心轮胎两种，现代汽车绝大多数采用充气轮胎。按胎内空气压力的高低，充气轮胎可分为高压胎、低压胎和超低压胎三种，各类汽车普遍采用低压胎。充气轮胎按组成结构不同，可分为有内胎轮胎和无内胎轮胎两种，轿车普遍采用无内胎轮胎。按轮胎内部帘布层和缓冲层的排列方式不同，轮胎可分为子午线轮胎和斜交线轮胎两种，汽车上普遍采用的是子午线轮胎。

子午线轮胎与斜交线轮胎的根本区别在于胎体。斜交线轮胎的胎体是斜线交叉的帘布层；子午线轮胎的胎体是聚合物多层交叉材质，其顶层是数层由钢丝编成的钢带帘布，可减少轮胎被异物刺破的概率。斜交线轮胎与子午线轮胎的结构如图7-40所示。

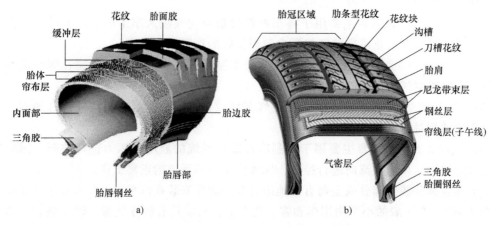

图 7-40　斜交线轮胎与子午线轮胎的结构

a）斜交线轮胎的结构　b）子午线轮胎的结构

轮胎的主要尺寸如图 7-41 所示，包括轮胎断面宽度（B）、轮辋名义直径（d）、轮胎断面高度（H）、轮胎外径（D）等。轮胎规格是轮胎几何参数与物理性能的标志数据，其含义见表 7-11。

表 7-11　汽车轮胎规格说明

轮胎规格	轮胎规格说明	
195/65 R14 88H	195	轮胎断面宽度 B 为 195mm
	65	扁平比（胎高 H 与胎宽 B 之百分比）为 65%
	R	子午线轮胎
	14	轮辋名义直径为 14in
	88	载重指数，承受 560kg
	H	速度标识，H 表示最高车速为 210km/h

图 7-41　轮胎的尺寸

二、轮胎对汽车性能的影响

1. 轮胎对汽车安全性能的影响

在汽车的高速行驶过程中，轮胎故障是所有驾驶人担心和最难预防的，也是突发性交通事故发生的重要原因。据统计，在中国高速公路上发生的交通事故中 70% 是由于爆胎引起的。据国家橡胶轮胎质量监督中心的专家分析，保持标准的车胎气压行驶和及时发现车胎漏气是防止爆胎的关键。胎压监测系统（Tire Pressure Monitoring System，TPMS）可在汽车行驶时实时对轮胎气压进行自动监测，对轮胎漏气和低气压进行报警，以保障行车安全。驾驶人从监视器上可以清楚地知道每个轮胎的气压值，当轮胎的气压低于设定的气压下限时，监视器将自动报警。驾驶人可以根据显示数据及时对轮胎进行充气或放气，发现渗漏时及时处理，减少意外的发生。

轮胎气压不足或渗漏易造成油耗和废气排放量增加，加速轮胎磨损，造成制动距离延长，严重时可能引起刮擦或追尾事故。目前常用的胎压监测系统分为两类，即直接式和间接式。间接式胎压监测系统主要通过传感器测量车轮转速判断胎压是否稳定，当某轮轮胎气压较低时，滚动半径变小，最终导致该轮转速显著高于其他车轮。直接式胎压监测系统通过安装在轮胎里的压力传感器实时监测胎压，利用无线发射技术传输压力信息，当胎压低于设定阈值时自动报警。

2. 轮胎对汽车平顺性的影响

轮胎本身的弹性可吸收部分因路面不平产生的振动，它和悬架系统共同保证了汽车的平顺性。

轮胎对行驶平顺性的影响取决于轮胎径向刚度、轮胎的展平能力以及轮胎内摩擦引起的阻尼作用。当汽车行驶于不平道路时，由于轮胎的弹性作用，轮胎位移曲线较道路断面轮廓圆滑平整，其长度比道路坎坷不平处的真正长度要大，而曲线的高度比道路不平的真正高度要小，这就是轮胎的展平能力。它使汽车在高频共振时的振动减小。由于轮胎内摩擦引起的阻尼作用，对于小轿车轮胎的相对阻尼系数 ε 可达到 $0.05 \sim 0.106$。

从提高汽车平顺性的角度出发，轮胎的径向刚度应尽可能小；但是轮胎刚度过低会增加车轮的侧偏，影响稳定性，同时还使滚动阻力增加并降低轮胎使用寿命。

随着汽车车速的提高，希望轮胎的缓冲性能越来越好。提高轮胎缓冲性能的方法有：

1）增大轮胎断面、轮辋宽度和空气容量，并相应降低轮胎气压。

2）改变轮胎结构形式，如采用子午线轮胎。子午线轮胎径向弹性大，可以缓和不平路面的冲击，并吸收大部分冲击能量，使汽车平顺性得到改善。

3）提高帘线和橡胶的弹性，使用较柔软的胎冠。车轮旋转质量的不平衡对汽车的行驶平顺性和稳定性都有影响。为了避免因转向轮不平衡而引起振动，必须对每一个车轮进行静平衡和动平衡测试。车速越高的轿车，对平衡的要求越高。

3. 轮胎对汽车通过性的影响

为了提高汽车的通过性，必须正确选择轮胎的花纹尺寸、结构参数、气压等，使汽车行驶滚动阻力较小、附着能力较大。

（1）轮胎花纹　轮胎花纹对附着系数有很大影响，正确地选择轮胎花纹对提高汽车在一定类型地面上的通过性有很大作用。轮胎花纹可分为3类：通用花纹、越野花纹和混合型花纹。

通用花纹有纵向肋，花纹细而浅，适用于较好路面，有良好的附着性和较小的滚动阻力系数，轿车、货车均可选用此种轮胎。

越野花纹宽而深，在湿路面行驶时，只有花纹的凸起部分与地面接触，轮胎对路面的单位压力高，足以挤出水分，保持较高的附着系数；在松软地面行驶时，轮胎下陷，嵌入土壤的花纹凸起增多，可以保证有良好的附着性能。

混合花纹介于通用花纹和越野花纹之间，现代重型货车驱动轮的轮胎常采用这种花纹。

（2）轮胎气压　在松软地面上行驶的汽车应相应降低轮胎的气压，以增大与地面的接触面积，降低接地面上单位面积的压力，使轮辙深度减小，降低滚动阻力。轮胎凸起部分嵌入土壤数目增多，可显著提高附着系数。

在硬路面行驶时，降低轮胎气压会使轮胎变形过大而导致滚动阻力显著上升，缩短轮胎的使用寿命。

（3）轮胎直径和宽度　增大轮胎直径和宽度能降低轮胎的接地压强。用增加车轮直径的方法来减小接地压强，增加接触面积以减小土壤阻力和减少滑转，要比增加宽度更加有效。但是增加轮胎直径会使其惯性增大，汽车质心位置提高，轮胎成本增加，带来很大的负面影响。

加大轮胎宽度不仅直接降低了轮胎的接地面比压，而且轮胎较宽，允许胎体有较大的变形，而不会降低其使用寿命。

（4）前轮距和后轮距　当汽车在松软地面上行驶时，各车轮都需克服滚动阻力，如果汽车前轮距与后轮距相等，并有相同的轮胎宽度，则前轮辙与后轮辙重合，后轮可以沿被前轮压实的轮辙行驶，使汽车总滚动阻力减小，提高汽车通过性。

（5）前、后轮对地压强　试验表明，前、后轮距相等的汽车行驶于松软地面上时，如果前轮对地面的压强比后轮小 20%~30% 时，汽车的滚动阻力最小。可在设计汽车时，将负荷按此要求分配于前、后轴，也可以使前、后轮的轮胎气压不同，产生不同的对地压强。

三、汽车轮胎的合理使用

汽车车轮承受和传递汽车与路面之间的全部作用力，轮胎在各种外力作用下产生复杂的变形，因变形发生摩擦，产生大量的内热，使轮胎温度升高、强度降低。因此，轮胎的损坏基本是力和热综合作用的结果，其损坏形式主要是帘线松散或折断、帘布脱层、胎面与胎体之间脱胶、胎面磨损以及胎体破裂。

1. 影响轮胎使用寿命的因素

轮胎负荷、气压、汽车行驶速度、气温、道路条件、汽车技术状况、驾驶方法等因素对轮胎使用寿命的影响很大。

（1）轮胎负荷的影响　超载将使轮胎变形增加，胎体承受的压力加大，胎面与路面之间的接触面积增大，相对滑移加剧，轮胎使用寿命缩短。负荷对轮胎使用寿命的影响见图 7-42 所示的曲线 b。由图可知，若轮胎超负荷 10%，轮胎使用寿命约缩短 20%。超载的轮胎若碰撞到障碍物，则易造成轮胎爆破。

（2）轮胎气压的影响　轮胎气压对轮胎使用寿命的影响见图 7-42 所示的曲线 a。轮胎气压越低，胎侧变形越大，胎体帘线产生较大的交变应力。由于帘线能承受较大的伸张变形，而承受压缩变形的能力较差，所以周期性的压缩变形会加速帘线的疲劳损坏。轮胎以低压状态滚动时，除增大胎体的应变力，还因摩擦加剧而使轮胎温度升高，降低了橡胶和帘线的抗拉强度。

当轮胎气压过高时，造成轮胎接地面积小，增大了单位面积上的负荷。同时，轮胎弹性小，因胎体帘线过于伸张，应力增大，造成胎冠磨损增加。汽车在不良路面上行驶时，由于车轮承受的动负荷大，则易使胎面剥离或爆胎。气压过高对轮胎的磨损强度比气压不足时小，但爆破的可能性增大。

试验表明，轮胎气压降低 20%，轮胎的使用寿命约降低 15%。

（3）行驶速度和轮胎温度的影响　汽车行驶速度对轮胎使用寿命的影响见图 7-42 所示的曲线 c。汽车高速行驶时，动负荷大，会造成轮胎的损伤，尤其在气温和车速均高时。

高速行驶时胎面与路面摩擦频繁，滑移量大，使胎体温度升高，导致轮胎气压增高（图 7-43）。温度不断升高，使轮胎材料的力学性能下降，磨损增加，且容易造成帘布脱层、帘线松散折断，如果胎温升至 95℃ 就有爆裂的危险。通常，轮胎温度由 0℃ 上升到 100℃，轮胎的卡普伦帘线强度大约降低 20%，而橡胶的强度及其与帘线的吸附力大约降低 50%，轮胎使用寿命会明显缩短（图 7-44）。

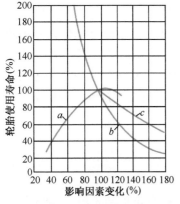

图 7-42　轮胎气压、负荷
和汽车行驶速度对轮胎
使用寿命的影响
a—轮胎气压　b—轮胎负荷
c—汽车行驶速度

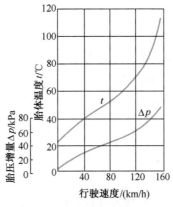

图 7-43　汽车行驶速度对
胎体温度和轮胎
气压的影响
t—胎体温度　Δp—胎压增量

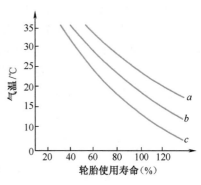

图 7-44　在不同的汽车行驶速度下，
轮胎使用寿命与气温的关系
a—车速为 35km/h　b—车速为 75km/h
c—车速为 90km/h

（4）道路条件的影响　影响轮胎使用寿命的道路因素主要是路面材料和平坦度。轮胎在良好平整的路面上行驶时，负荷的类型主要是静负荷，主要损坏形式是正常磨损。汽车在不良路面上行驶时，由于轮胎动负荷大（汽车以中速在不平路面上行驶时，车轮的动负荷为静负荷的两倍以上），轮胎使用寿命会大幅度缩短。试验证明，若设汽车在柏油路面上行驶的使用寿命为 100%，则在非铺装路面上行驶时，轮胎的使用寿命降低约 50%。

（5）汽车技术状况的影响　应保持汽车转向、制动、行驶机构技术状况良好。前轮前束、外倾过小，将使胎面内缘磨损严重；若前束、外倾过大，胎面外缘磨损严重。若制动器装配过紧，将使轮胎转动不平顺而产生滑移、拖拽、磨损增加。车轮的不平衡度过大，横拉杆球接头松旷、主销间隙过大时，会使转向轮行驶中的振动加剧，也会加速轮胎的磨损。

（6）驾驶方法的影响　紧急制动时，轮胎由滚动变为滑移，局部胎面受到剧烈摩擦产生高温，使胎面胶软化而加剧磨损。同时在缓冲层和帘布层中产生较大的切应力，会使胎面花纹发生崩裂，胎面胶脱空或胎体脱层。若转弯过急，会使车轮侧向滑移，增加胎面磨损，并使胎侧过度变形，在胎圈部位产生很大应力，可使胎圈破裂，胎体脱层，甚至爆破。行驶中轮胎碰撞障碍物时，使轮胎受到强烈冲击，会引起过度变形，损坏帘布层。

2. 合理使用汽车轮胎

通过影响因素的分析可知，若要延长轮胎的使用寿命，必须科学合理地使用轮胎，具体方法如下：

1）保持轮胎标准气压。

2）轮胎的负荷不应超过轮胎的额定负荷。在汽车使用过程中不得超载，装载要分布均匀，质心不可偏移。

3）掌握车速，控制轮胎温度。汽车行驶速度与轮胎生热的关系很大，车速越高，挠曲变形速度就越快，轮胎生热量越大，当轮胎胎体温度上升至 100℃ 以上时轮胎会分层、脱空、爆胎。

4）保持汽车转向、制动、行驶机构技术状况良好。

5）汽车应起步平稳，加速均匀，选择平坦路面，少用紧急制动。

6）合理选用和搭配轮胎。轮胎尺寸应与车型相适应，若尺寸过大，则会降低汽车的推进力；若尺寸过小，则会使轮胎超负荷。在良好的沥青、混凝土路面行驶的汽车，应选用较小花纹轮胎，在土路或其他恶劣路面行驶的汽车，应视情况选用大花纹轮胎。要综合考虑轮胎的花纹形状、花纹高度、新旧程度以及道路情况等各种因素，进行合理搭配，按期实施轮胎换位。

四、著名轮胎品牌介绍

1. 米其林轮胎

米其林轮胎起源于法国。米其林集团在 1889 年发明首条自行车可拆卸轮胎，1895 年发明首条轿车用充气轮胎，1946 年试制生产了世界上第一条子午线轮胎。米其林轮胎属于舒适性轮胎，舒适性接近马牌轮胎，抓地性、耐磨性一般。米其林轮胎销售额世界第二，仅次于普利司通轮胎。米其林轮胎主要配套一些顶级品牌汽车的中端产品，如宝马 5 系，奔驰 E 级、C 级。米其林轮胎商标与其他品牌轮胎商标如图 7-45 所示。

图 7-45　著名轮胎品牌商标

2. 普利司通轮胎

普利司通是 1931 年由石桥正二郎在日本福冈县久留米市创建的，是世界 6 大轮胎品牌中创建最晚、唯一一个 20 世纪开始做轮胎的，目前独家赞助 F1 赛事。普利司通轮胎属于比较中性的轮胎，各方面性能优良，是高端品牌中最耐磨的，其价格比米其林和固特异便宜，销售量超过米其林，目前世界第一。普利司通轮胎最近几年也能在高端车型中看见配套，如奥迪 A8、奔驰 S 级等。

3. 固特异轮胎

固特异轮胎橡胶公司始建于 1898 年，是美国品牌，抓地性能仅次于倍耐力轮胎，噪声接近倍耐力，不耐磨，价格较贵，和米其林轮胎相近。固特异轮胎配套不多，奥迪 Q7、陆虎和国产车配套比较多。

4. 马牌轮胎

德国大陆集团（Continental）始建于 1871 年，总部位于德国汉诺威市，是世界第三大轮胎制造企业，欧洲最大的汽车配件供应商。1882 年德国大陆公司将象征速度和激情的烈马标志作为公司的商标，马牌轮胎由此得名。马牌轮胎以静音舒适著称，舒适静音是马牌轮胎的最大特点，马牌轮胎不算耐磨，抓地力一般。马牌轮胎主要配套一些中级车型，如奥迪A4、A6，奔驰C级、E级，宝马3系。

5. 邓禄普轮胎

邓禄普轮胎出现在19世纪后期，起源于英国。1888年邓禄普发明了世界上第一条充气轮胎。1985年邓禄普轮胎被日本住友收购，成为日本的品牌。邓禄普是越野轮胎中最好的。邓禄普在国际上是高端品牌，配套奥迪A8，奔驰S600，宝马5系、X5和X3，大众途锐等，价格昂贵。国产邓禄普轮胎静音舒适性不如米其林轮胎和马牌轮胎，抓地力不如倍耐力轮胎，属于比较中性的轮胎。国产邓禄普轮胎针对中国的情况，适当降低了部分小型号轮胎的定位，使其能够满足几乎全部车型的需求，价格比较合适。

6. 倍耐力轮胎

倍耐力（PIRELLI）轮胎是意大利倍耐力公司的产品，1872年创立于意大利。倍耐力是全球第五大轮胎制造商，是最早的轮胎厂家之一。倍耐力轮胎抓地力强，胎噪大，其价格在高档轮胎里属于中等偏上，目前已经国产化，配套比较多。奥迪A8、宾利、法拉利、兰博基尼、宝马7系、奔驰等著名汽车品牌都指定倍耐力轮胎为原厂配套胎。

五、汽车灯光系统

1. 车灯分类

车灯是车辆照明用的工具，可以分为前车灯、后车灯、转向灯、车牌照明灯等。车灯在车辆安全行驶的过程中起了重要的作用。

（1）组合前照灯　组合前照灯在整辆车的前部，主要起照明和信号作用。前照灯发出的光可以照亮车体前方的道路情况，使驾驶人可以在黑夜里安全地行车。组合前照灯按照光源不同可分为卤素灯、氙气灯、LED灯和激光灯；按照功能可分为远光灯、近光灯、前转向灯和示廓灯。

（2）组合尾灯　组合尾灯在整辆车的后部，主要起照明和信号作用。后车灯一般由后位灯、倒车灯、制动灯、后雾灯、后转向灯、示廓灯和回复反射器组成。

（3）转向信号灯　转向信号灯用来向其他道路使用者表示左转或者右转向的灯具。法规要求转向信号灯的光色为琥珀色。

（4）车牌照明灯　车牌照明灯主要用来照亮车牌，使人们在黑夜中辨别车辆牌照。

2. 前车灯

（1）卤素灯　卤素灯是白炽灯的一个变种，属于热辐射光源。卤素灯的玻璃外壳中充有卤族元素气体（通常是碘或溴），卤族元素气体与钨发生卤化的循环反应，使灯丝可以在更高的温度下工作，使用寿命得到延长，相比于普通白炽灯有更好的亮度和更高的发光效率。

卤素前照灯特点：使用寿命长；工艺相对简单和生产费用较低；灯泡发光效率低，能量消耗大；光源汇聚性差，如图7-46所示。

卤素灯发出的光色温比较低，亮度也没有氙气灯和LED灯高，光线颜色偏暖黄。

（2）氙气灯　氙气灯（High Intensity Discharge，HID）是高压气体放电灯，它的原理是在抗紫外线水晶石英玻璃管内充填多种化学气体，其中大部分为氙气与碘化物等惰性气体，然后通过增压器将车上12V的直流电压瞬间增至23000V，经过高压振幅激发石英管内的氙气电子游离，在两电极之间产生光源，这就是气体放电。氙气灯的技术和复杂程度要高于卤素灯，如图 7-47 所示。

图 7-46　卤素灯

氙气灯色温很高，目前主流的氙气灯色温在 4200～6000K，光色更趋近于正午太阳的白光，理论上越接近太阳光的颜色越容易使人眼适应。氙气灯的优点是：亮度比卤素灯高，使用寿命比卤素灯长；节电性更好，氙气灯一般只有 35W，而发出的光的亮度是 55W 卤素灯的 3.5 倍以上。

氙气灯相比于卤素灯不论是成本还是维修费用都较高，由于其有时眩光较大，某种程度上分散了迎面车辆的注意力，提高了危险指数。一些氙气前照灯可能对人体健康有着不良影响，因为某些类型的氙气灯可能含有有毒物质，如金属汞。另外，氙气灯发光需要内部的气体达到一定的温度，这就造成了一定的延迟性；在发光后色温较高，氙气灯的灯光穿透性不好，对于复杂的环境的适应性没有卤素灯稳定。

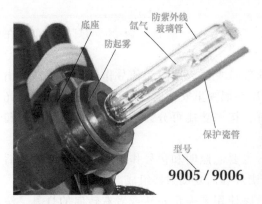

图 7-47　氙气灯

（3）LED 灯　LED 灯（Light Emitting Diode）又称发光二极管，如图 7-48 所示，LED 灯带则是指把 LED 灯组装在带状的 FPC（柔性线路板）或 PCB 硬板上。

LED 的发光原理和氙气灯有很大的区别，LED 是一种固体半导体组件，在这些半导体材料通电时，只有一部分电能会通过半导体材料流通，多余的能量以光的形式释放出来，从而把电能直接转换为光能。LED 的亮度和电压的大小没有直接的关系，车载 12V 低压电完全可以驱动 LED 发光，当加载到 LED 的电压一定时，通过 LED 的电流越大，LED 越明亮。

LED 灯的诸多优点也是汽车厂商偏爱的原因：可靠性强、使用寿命长；结构坚固简单，不易受振动影响，相同电能可产生更多的光输出；响应速度快，没有像氙气灯的发光延迟，能有效减少事故几率。

目前，单个 LED 光源的亮度仍然不及氙气灯。在多数汽车的灯组里，LED 只是氙气灯的辅助，即便是高亮度 LED 也需要多个一组才可以释放出相当于氙气灯的亮度，而这一组高亮度 LED 的成本和发热量远高于氙气灯，这也是 LED 不能在汽车前照灯上普及的主要原因。

（4）激光灯 近些年来，激光技术逐渐被应用在汽车行业。这种激光并不是传统概念中那种炫得耀眼或者切金断玉的激光，而是一种由激光发光二极管产生的蓝光平行光，相比于 LED 灯光，可控性和强度更大。

激光灯最大的缺点也是其发展最大的困难就是成本太高，比 LED 灯组要高出不少。激光前照灯除了具有 LED 灯组的效率高、使用寿命长、稳定性好、响应速度快等优点之外，最主要的优点是激光前照灯的光源（也就是激光发光二极管）的体积可以远远小于 LED 灯，这让设计师有了更大的发挥空间。激光灯并不受制于传统的形状，所以，激光前照灯往往在概念车上提出，如图 7-49 所示。

图 7-48　LED 灯

图 7-49　宝马概念车激光灯

（5）雾灯 雾灯装于汽车前部比前照灯稍低的位置，用于雨雾天气行车时照明道路。雾灯在雾中的穿透力很强，因此更容易让车辆或行人及早注意到。雾灯分为前雾灯和后雾灯，前雾灯一般为明亮的白色或黄色，后雾灯则为红色。因为雾天能见度低，驾驶人视线受到限制，灯光可增大运行距离，特别是黄色雾灯的灯光穿透力很强，可提高驾驶人与周围交通参与者的能见度，使来车和行人在较远处发现对方，如图 7-50 所示。

（6）日间行车灯 日间行车灯应在车辆发动机起动后自动开启。天黑后，驾驶人需手动开启常规照明车灯，而日间行车灯随之自动熄灭。日间行车灯可让其他道路使用者更容易看清汽车，而且与现行近光前照灯相比能耗更低。日间行车灯只配备在少数高档轿车上。

图 7-50　雾灯和日间行车灯

3. 后车灯

（1）制动灯 制动灯分为两类，即左、右制动灯（两个）和高位制动灯（一个），如图 7-51 所示。左、右制动灯是后车灯的重要组成部分，一左一右分布在两边的后车灯里。制动灯的光是红色的，红色有警示的意思，制动时制动灯就亮（包括驻车制动）。制动灯用来提示后面车辆该车要减慢速度或停车，后面的车辆就可以提前准备。现在的制动灯一般是雾灯，可以穿透浓浓的雾，也有用 LED 灯作制动灯的。

（2）倒车灯　倒车灯装于汽车尾部，用于照亮车辆后面的路面，并警告后面的车辆和行人该车正在倒车。倒车灯全部是白色的。倒车灯在驾驶人挂上倒档时自动开启，主要起提示作用和黑夜里的照明作用，如图7-52所示。

图7-51　制动灯

图7-52　倒车灯

（3）示廓灯　示廓灯也称为示宽灯，俗称小灯。示廓灯是一种警示标志的车灯，用来提醒其他车辆注意的示意灯。这种灯一般安装在汽车顶部的边缘处，这既能表示汽车高度又能表示宽度，如图7-53所示。安全标准规定车高高于3m的汽车必须安装示廓灯。

图7-53　示廓灯

4. 转向灯

转向灯是在机动车辆转向时开启以提示前后左右车辆及行人注意的重要指示灯。转向灯灯管采用氙气灯管，用单片机控制电路，左右轮换频闪不间断工作。转向灯采用闪光器，实现灯光闪烁。转向灯主要分为前转向灯、后转向灯及侧转向灯，均为琥珀色，如图7-54所示。

图7-54　转向灯

思　考　题

1. 世界主流碰撞标准有哪些？试找出几款不同级别车辆的碰撞结果。
2. 安全性试验主要包括哪几类？
3. 汽车安全新技术有哪些？试分析各安全新技术的应用情况。
4. 汽车安全性和舒适性一般包括哪些指标？
5. 试述汽车噪声的来源。
6. 试述如何对汽车噪声进行控制。
7. 车内空间包括哪几个部分？
8. 简述汽车空调系统的作用及组成。
9. 简述人体对车内气候舒适性的要求。
10. 试分析某一典型汽车的安全性和舒适性。

第八章

汽车文化与选购

汽车文化是人类在汽车发明和发展过程中创造的物质财富和精神财富的总称。简单地说，就是人们在制造和使用汽车的活动中，形成的一套行为方式、习俗、法规、价值观念等。汽车文化包括汽车发展史、汽车造型文化、汽车名人文化、名车文化、赛车文化等。

通过本章的学习应达到以下学习目标：

1）了解汽车文化的含义。

2）了解不同国家的汽车文化的特点。

3）熟悉常见的汽车品牌。

4）熟悉汽车选购的主要评价指标。

第一节　汽车文化　◀◀◀

一、汽车文化内涵

汽车是由上万个零件组合而成的机电产品，凝结了人类智慧的结晶，和谐地将科学技术与艺术相统一，绽放出绚丽的文化光芒。汽车文化是人类在社会历史实践过程中创造的精神财富和物质财富，是人类行为的精神内涵。

汽车文化的具体体现主要是汽车本身所折射出的设计理念，其中所包含的设计元素实际上就是文化元素。美国、德国、英国、法国、意大利、日本、韩国的汽车，因为其文化元素的不一样，其设计的结果便不同，当这些元素熔铸到汽车上，就表现出不同的文化。可以说每款汽车都有自己的特点，每个国家所生产的汽车，都带有各自国家的一些特点。

1. 美国汽车文化

美国社会学家说："没有汽车的出现，就不会有现代的美国"。对美国人而言，汽车与水和面包同等重要。美国汽车具有车席大、安全、舒适、悬架柔软、扭力大、空调棒的特性，成了安全舒适豪华汽车的代表；但从另一个角度讲，美国汽车因宽大而耗油，因悬架柔软而不适合高速行驶或拐弯。美国汽车的特点是：豪放、狂野、不拘小节，注意车厢宽敞，内部设施豪华，外观粗线条，给人一种自由与霸气的感觉。这与美国人注重自身形象，很看重身份、地位有关系。

2. 欧系汽车文化

欧洲是汽车的发祥地，主流汽车生产国的汽车大都有百年的历史，生产的汽车都是以精致出名。各个汽车厂家因其优秀文化传统、高超的设计能力、典雅的外观、明显的操纵个性闻名于世。欧洲汽车总的来说不如美国汽车宽大，但比美国汽车更显细腻。虽然传统的车型会显得有些中庸，却很符合欧洲人的性格：高傲而谦逊。与美国汽车相比，一般欧洲汽车以优良的发动机见长，高压缩比、高功率的发动机设计比比皆是，制动系统较佳，外形设计典雅，产品性能可靠，折旧较低，再加上优良品牌传统，受人喜爱。欧洲汽车以高速著称，悬架系统较硬，无法像美国汽车那么柔软。

1）德国汽车素以安全、结实、技术含量高而著称于世。德国的轿车给人的感觉是比较传统，冷静而深藏不露，很少以外表去"哗众取宠"，其内在表现只有那些感受过的人才能领略。德国轿车线条挺拔而有力度，造型严谨而传统，给人一种坚固耐用的感觉。汽车工业的制造水平和工艺技术在世界上处于绝对的领先地位，如闻名于世的有奔驰、宝马、奥迪、大众、保时捷等名车。

2）法国人对创新理念的重视以及其富于创造激情及想象力的气质在汽车设计上一展无遗。法国汽车的总体特点是车体较小而且设计新颖，悬架柔软，乘坐舒适，符合大众化的方向，因此在西欧成为家庭轿车的热门。但是在豪华汽车、跑车领域，法国汽车公司就不如美、德、日等国的汽车公司出色。法国汽车的造型糅合了法兰西民族的浪漫和时尚，造汽车和做衣服一样，都是当作艺术品来设计的，我行我素，造型优雅，线条简练，精巧灵活，极富动感并充满活力。就如法国香水和时装那样，法国轿车往往引导购车消费的新潮流，如闻名于世的标志、雪铁龙、雷诺等名车。

3）意大利的汽车以其卓越的品质、良好的性能、堪称先锋的科技运用、层出不穷的科技发明而领先于世界汽车工业。意大利有"跑车之乡"的美称，以豪放、性感、洒脱的外形表现吸引顾客。就汽车设计而言，意大利有一大批杰出的汽车设计公司，汽车的造型设计更是被那些享誉世界的造型设计师们演绎得炉火纯青、别具一格，他们影响的不只是意大利的汽车设计，全世界的汽车设计都以他们为标杆。在欧洲十大畅销汽车中，有六款就是由意大利人设计的，如闻名于世的法拉利、兰博基尼、马莎拉蒂、阿尔法·罗密欧、菲亚特等名车。

4）英国轿车给人一种保守而尊贵之感，比德国轿车更保守、更严肃。英国轿车注重稳重、内向且有内涵。传统汽车用料充足，更不会有夸张的外形和性能表现，令乘客有一种真实的感觉。虽然英国汽车工业现在完全掌握在其他国家的手里，但它生产的汽车依然绅士味十足，如闻名于世的劳斯莱斯、莲花、帕加尼、罗孚、美洲豹、摩根等名车。

3. 日韩汽车文化

日本和韩国的汽车工业大都在20世纪50年代后才开始发展，相比于欧美起步较晚，但是日本和韩国企业封闭型的配套机制和"短、平、快"的管理方式给汽车企业注入了活力，成为后起之秀，得以与欧美车系分庭抗礼。日韩汽车既有欧美的影子，也有自己的民族特色，多以经济型小型轿车见长；车型大都造型新颖，内饰比不上欧美的汽车，但在外观上却抢尽"风头"，吸引了大量的年轻消费群体。日本、韩国作为最大的电子消费市场，电子技术在汽车上的应用一直走在欧美前面，观察日韩汽车，总能看到一系列的仪表及庞大的电子附属器件。

1）日本汽车在世界造车史上算是后起之秀，日本人独有的专注和团队精神反映在造车工艺上，使日本汽车从廉价汽车的代表发展到目前与欧洲高级汽车平起平坐。汽车成品在初期更多以模仿英、美产品而成，后期有突破性的发展。日本汽车的优点是外观细腻优雅，经济性好，操纵性能好，极具性价比，更新换代快，但是缺乏欧洲汽车独有的品牌传统、发动机个性和外观美学设计以及美国汽车宽大、悬架柔软、大扭力的特性。

2）韩国人以其特有的民族自强意识致力于民族汽车工业的发展，虽然生产起步较晚，但它集欧、美汽车王国的技术于一身，并借鉴日本汽车风格，在汽车工业起步后很快就掌握、拥有自主开发能力。韩国汽车富有创造性，既洒脱又稳重，并具有飘逸感，越来越显出自身轻巧、简洁、善变的个性，如闻名于世的现代、起亚等名车。

4. 中国汽车文化

中国汽车工业起步较晚，国产轿车的特点是车型显得沉实而且粗线条，在用途方面注意与其外形配合，比较实用；但是从美观、高科技、使用方便、乘坐舒适性以及安全等方面来看，还有待于不断改进和完善。

二、主要品牌介绍

国内主要品牌及车标如图 8-1 所示，国外主要品牌及车标如图 8-2 所示。

保定大迪	北汽	比亚迪	昌河	长丰
长城	长安	东南	东风	福田
福迪	华普	华泰	哈飞	吉利
吉奥	江南	江淮	江铃	开瑞

图 8-1　国内部分品牌及车标

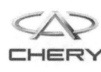

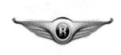

CHERY
力帆
南汽新雅途
奇瑞
荣威
瑞麒
SHANGHAI
ENGLON
双环
曙光汽车
英伦
天马
万丰
中华
威麟
一汽
中兴
众泰
中华
蔚来
理想
小鹏

图 8-1　国内部分品牌及车标（续）

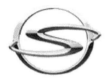

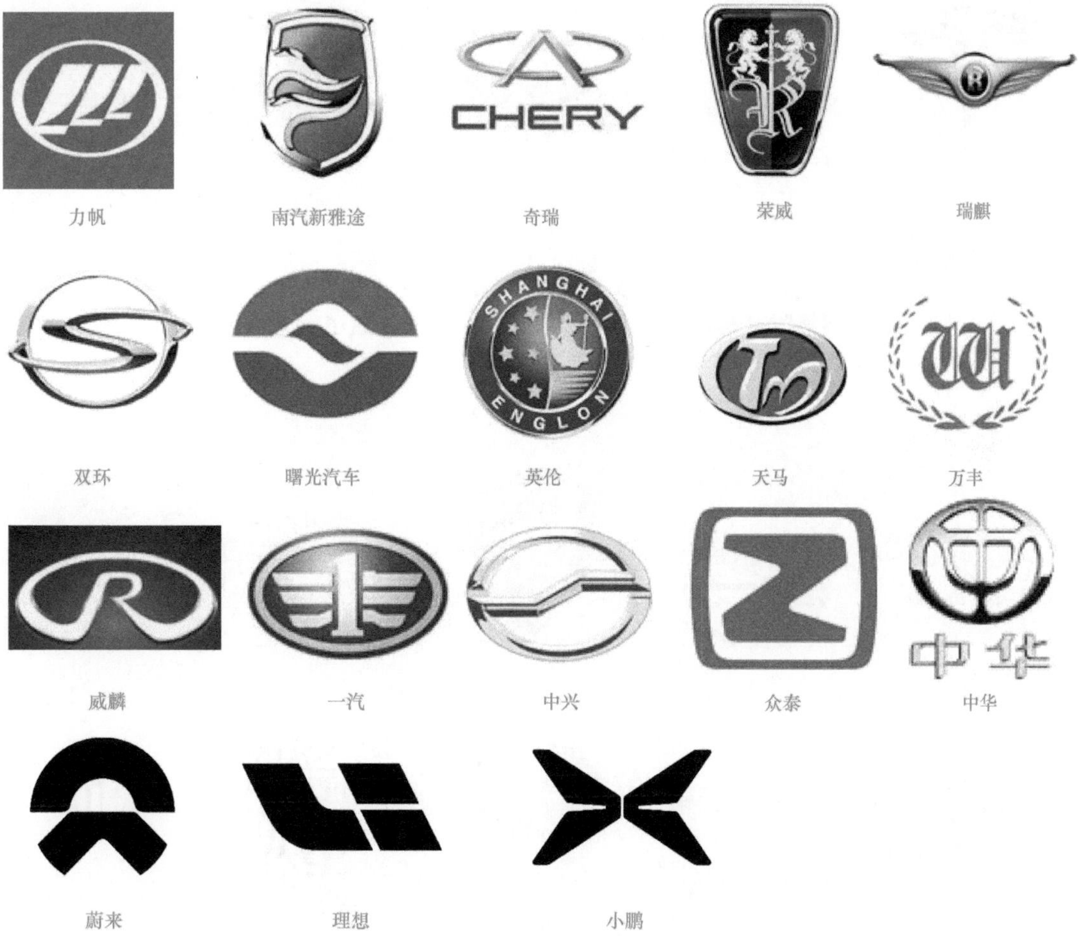

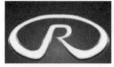

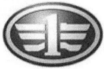

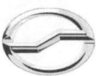

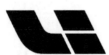

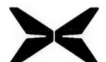

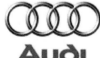

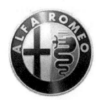

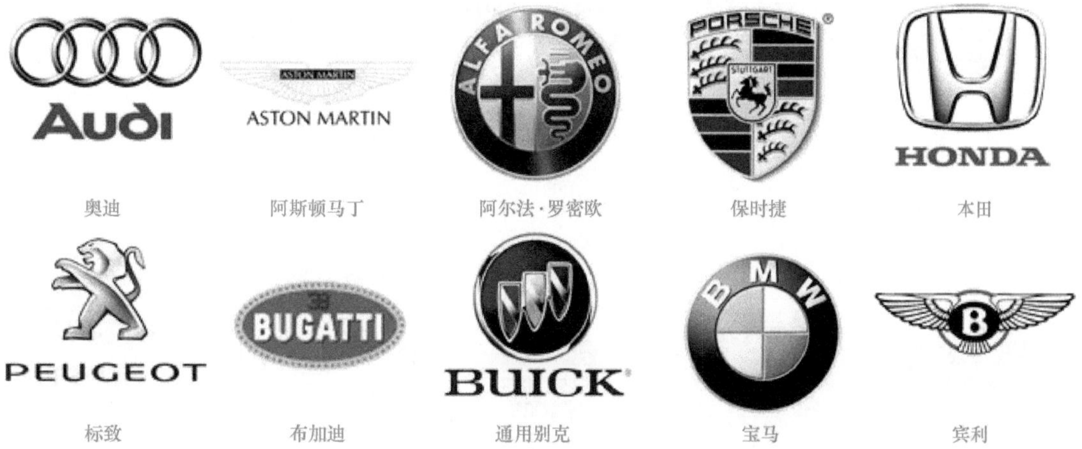

Audi
ASTON MARTIN
ALFA ROMEO
PORSCHE
HONDA
奥迪
阿斯顿马丁
阿尔法·罗密欧
保时捷
本田
PEUGEOT
BUGATTI
BUICK
BMW
标致
布加迪
通用别克
宝马
宾利

图 8-2　国外部分品牌及车标

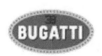

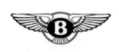

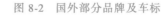

特斯拉

道奇

丰田

法拉利

福特

菲亚特

悍马

吉普

捷豹

Smart

克莱斯勒

凯迪拉克

兰博基尼

路虎

铃木

雷克萨斯

雷诺

莲花

劳斯莱斯

林肯

宝马Mini

玛莎拉蒂

马自达

迈巴赫

欧宝

起亚

日产

三菱

双龙

斯巴鲁

图 8-2　国外部分品牌及车标（续）

萨博　　　　　　　斯柯达　　　　　　沃尔沃　　　　　　现代　　　　　　通用雪佛兰

雪铁龙　　　　　英菲尼迪

图 8-2　国外部分品牌及车标（续）

三、汽车的分类

欧系分类：德国大众的轿车分类法具有代表性，将轿车分为 A、B、C、D 级，其中 A 级车可分为 A00、A0 和 A 等三级车，相当于我国微型轿车和普通型轿车；B 级车和 C 级车分别相当于我国的中级轿车和中高级轿车；D 级车相当于我国大红旗等高档轿车。

美系分类：通用汽车公司的分类比较有代表性，将轿车分为 6 级。它是综合考虑了车型尺寸、排量、装备和售价之后得出的分类。它的 Mini 相当于我国的微型轿车。我国的普通型轿车在通用分类中可找到 2 个级别，即 Small 和 LowMed；各家只对中级轿车的分类标准比较一致，即中级轿车 Interm（B 级）；中高级轿车 Upp-med，在我国相当于近几年涌现最多、销售最畅的奥迪、别克、雅阁等新型车；高级轿车相对应的是 Large/Lux 级别。

我国目前的分类法是以价格为主，技术规格为辅。即 20 万元以上的轿车为中高级轿车；15 万~20 万元的轿车为中级轿车；10 万~15 万元的轿车为普通级轿车；10 万元以下的轿车为微型轿车或经济型轿车。2002 年，我国推出了新的汽车分类统计标准。新的汽车分类标准将汽车分为商用车和乘用车两大类。在基本乘用车类别上主要以发动机排量进行划分。例如，在基本型乘用车型的分类中，按所装备发动机的排量共分为 1L 排量以下、1~1.6L、1.6~2.0L、2.0~2.5L、2.5L 以上 5 个排量区间，对应现行的轿车分类标准大致就是目前的微型轿车、普通型轿车、中级轿车、中高级轿车、高级轿车 5 个类别。

若汽车按型式分类，大致有以下几种：

1. 溜背式轿车

溜背式轿车在国际上简称为 LS 型车，也称为斜尾式或两厢式轿车。它一般空间狭小，没有行李箱，通常是中低档轿车的款式，例如奥拓、吉利和夏利两厢等。

2. 阶背式轿车

阶背式轿车在国际上简称为 L 型车，也称为三厢式轿车，具有行李箱。它通常是中高档轿车的款式，涵盖的车型最多，从捷达、奥迪一直到凯迪拉克、劳斯莱斯。

溜背式轿车和阶背式轿车并不是轿车档次的主要标志。由于中国民众喜欢汽车有个"屁股"，一些厂家就专门将溜背式轿车改装成阶背式轿车，以适应市场需要，如夏利三厢、富康 988 等。

3. 双门跑车

双门跑车在国际上简称为 CA 型车，它与普通轿车最大的区别是适合高速行驶，多被设计成发动机动力强劲，底盘和悬架适应高速行驶的要求。双门跑车通常只有两门两座。

4. 敞篷轿车

敞篷轿车在国际上简称为 S 型车，指没有顶篷的轿车，适合休闲和娱乐。随着技术的发展，国外许多轿车具有活动顶篷功能，即顶篷可以随意开合。

5. 旅行轿车

旅行轿车在国际上简称为 K 型车，指适合旅行用的轿车，其初始的款式是将三厢式轿车的尾部加上顶篷，以增大储物空间，使之更适合旅行，如桑塔纳旅行轿车等。

6. 厢式轿车

厢式轿车在国际上简称为 V 型车，通常指带有较大车厢的小轿车，包括我国的"面包车"，如松花江、昌河等。

7. 越野汽车

越野汽车在国际上简称为 G 型车，指能够适应恶劣道路环境及野外行驶的车辆，适合爬坡、涉水等恶劣环境。越野车通常采用四轮驱动，底盘和悬架的设计与普通轿车有明显区别，如北京吉普、切诺基等。

8. 小型客货车

小型客货车在国际上简称为 P 型车，也称为皮卡。它通常兼有运载人员和货物的双重功能，有两门和四门之分，如郑州日产皮卡、沈阳雪佛兰皮卡等。

随着汽车技术的发展和人们需求的提高，一些车辆的形式开始从单一向多重发展，有时甚至无法简单地将它们划归哪一类。例如 RV、MPV、SUV。

RV（Recreational Vehicle）即娱乐、休闲汽车。在国外，RV 并没有明确具体的定义和分类标准，多指一些轻型、运动型汽车。它是一个范畴较广的概念，可以包括 20 世纪 80 年代流行的 MPV 和 20 世纪 90 年代流行的 SUV，也就是除轿车和跑车之外的各种非主流的乘用车。

MPV（Multi Purpose Vehicle）在国外被称为多功能乘用车，也有的称为多用途车。一般来说，MPV 指介于轿车和轻型客车之间的一个车种，它既兼备了这两者的长处，又延伸了这两者的功能。通俗一点说，MPV 既适用于商务公务活动，也具有休闲娱乐功能，即可公用、可家用。

SUV 为运动型多用途汽车（Sports Utility Vehicles），多指造型新颖的越野车，它不仅具有 MPV 的多功能性，而且还有越野汽车的越野性和 RV 的休闲功能。因此，SUV 有时很难界定，特别是与越野汽车的区分越来越模糊。

第二节　汽车选购的主要评价指标　<<<

购车前需要考虑一些问题，如预定购车预算、选购适当的车型品牌、选择购车季节、掌握价格走势等。

一、购车的基本费用

汽车不同于一般的家电等产品，对于一般的工薪阶层来说是很大支出的耐用消费品，因此在选购之前，一定要清楚购车、养车的基本费用有多少，并选择合适的购买方式，避免造成买得起而养不起的情况。本节简单介绍各种费用的组成，具体费用及实际收费标准以各地相关政策为准。

1. 购车费用

汽车销售价格并不等于买车时的最终价格，这只是销售厂商指定的裸车款，要使汽车属于自己并能够上路行驶，还需要一些其他"入户费"。一般完成一辆汽车的购买大概要缴纳四部分的费用，一是裸车款，二是购置税，三是车险保费，四是车船税等。

（1）购置税　若是进口汽车，购置税占车价的10%；若是国产汽车，其车辆购置税为不含增值税车价的10%，即为车价除以1.17后的10%。

（2）车险保险费　一般情况下，汽车车险保险费约占车价的2%~4%。

车险包括交强险和商业保险，商业保险分为主险和附加险。主险包括机动车损失保险、机动车第三者责任保险、机动车车上人员责任保险共3个独立的险种；附加险包括附加绝对免赔率特约条款、附加车轮单独损失险、附加新增加设备损失险、附加车身划痕损失险、附加修理期间费用补偿险、附加发动机进水损坏除外特约条款、附加车上货物责任险、附加精神损害抚慰金责任险、附加法定节假日限额翻倍险、附加医保外医疗费用责任险、附加机动车增值服务特约条款。附加险条款的法律效力优于主险条款。附加险不能独立投保。

（3）车船税等　主要包括检测费、上牌费、车船使用税、车辆行驶证费，一般约1000元，有的地方费用可能通过拍卖形式来确定，费用会更高。

以一辆车价为12万元的中级轿车为例，要完成购车并能上路，必须在车价的基础上增加2万~3万元的附加费，即总价要在14万~15万元。

2. 养车费用

要使自己的爱车在购买后能够正常、良好地运行，每年还要支付一定的养车费用。养车费用包含固定费用和变动费用，固定费用有车船使用费、保险费等，这部分费用每年必须固定支付，以一辆10多万的小轿车为例，这部分费用为每年5000元左右。变动费用比较多，而且随着车况、使用频率、维护情况等不同而异，甚至相差甚远。这部分费用主要有：

（1）燃油费　这部分因使用情况不同差异很大，也跟油价有关，一般而言每月至少为几百到上千元。

（2）维修维护费　车辆的维修维护费是一笔不小的开支，一般车辆的维护周期为行驶几千km（如3500km、5000km、12000km）就要维护一次，还有一些常规耗材（如制动片等）、常规更换件（如三滤）及一些易损件等，每年也需要数千元。

（3）其他费用　包含停车费、高速费、违反交通规则的罚款等。

每年花费在养车上面的费用至少要10000元。

二、购车的基本原则

1. 选择正规途径购买车辆

随着人们购车需求的增大，汽车销售的机构越来越多，有常见的各种4S店、汽车销售服务公司，还有很多汽车销售中介。在购买汽车时，不但要看购车价格的差异，还要关注汽车销售公司的资质、规模，以判断是否能够提供长期的售后保障。

2. 买售后服务好的车型

在购车时，要考虑购车后的售后服务质量及该车的服务网络站点的数量及布局，是否交通便利、设施齐全，维修技术水平如何等基础条件。要关注所购买车辆的品牌是否普及，4S店或修理店是否布局合理，解决问题或者维护是否方便，售后服务的口碑是否良好，常规更换零部件或者易损件是否通用等一系列问题。汽车的维护及后续维修是很关键的衡量点，购车时一定要考察清楚。

3. 购买自己实际需求的功能

要明确自己购车的基本需求是什么，哪些功能是很少有需求或者根本用不到的，避免在购车过程中对功能需求茫然，在众多的汽车新功能、新技术方面受到汽车导购的"忽悠"，为一些"无用"的功能买单。

4. 购买故障率低的车辆

汽车的可靠性高意味着省钱、省时、省心。因此，在比价格、比配置的同时，要关注汽车的可靠性。

5. 汽车的性价比

汽车发动机的动力性、经济性和汽车的安全性、操作稳定性、通过性、舒适性是非常重要的，直接影响到汽车的使用。因为性能往往和价格挂钩，所以要价格和性能统筹考虑，选择性价比高的汽车。

6. 汽车的使用成本

汽车使用成本主要包括燃油费、维修及保养费、零部件购买费、各种税收、保险费等。燃油费在汽车消费的日常费用支出中占最大的比重。维修保养费用主要包括汽车日常养护的支出、购买汽车零配件的花费以及维修工时费，应主要考虑零配件的价格和维修工时费高低及质量是否有保证；也要考虑所购买车型的市场占有率和零部件的普及率，以方便维修。

7. 买零公里的汽车

零公里汽车是指车辆出厂后未经任何运营，直接销出或经专用运输车送到销售商手中，行驶里程为零的汽车。在购买时，不要选择已经行驶了一定里程的新车。

三、购车的主要评价指标

1. 汽车自身的结构参数

汽车自身的结构参数主要包括汽车的轴距、轮距、外形尺寸、车重等，这些参数体现了汽车的内部空间等，与乘坐舒适性有很大的关系。

（1）汽车自重　从节油观点来看，汽车自重与油耗成正比，即质量越大的汽车越耗油，使用经济性相对较差。小型车自重每增加40kg要多耗燃油1%，但自重大的汽车具有急转弯和紧急制动时稳定性较好的优点，不易发生"飘车"现象。

（2）内部空间　车辆的内部空间越大，乘坐时空间感强，会有良好的乘坐舒适性，避免有拥挤或者压抑感。现在的家用轿车有2座、4座、6座等，要根据需求选择适合使用要求的空间。选择两厢车还是三厢车，应考虑其主要使用用途，以满足自己的需求。

2. 汽车燃油经济性

燃油费用占整个后期费用的比重很大，应在满足使用功能的基础上尽可能选购省油、节油的车辆。

3. 动力性

（1）发动机　发动机是整车最重要的部件，也是最昂贵的部件之一，应选用知名品牌、性能稳定、故障率低的发动机。发动机按照产地可分为进口发动机和国产发动机，按照动力能源可分为汽油发动机、柴油发动机、电动发动机、天然气发动机等。一般来说，柴油发动机的经济性比较好，但选购费用较高。电动发动机、天然气发动机经济性优越，但在速度和能源补充上不如汽油发动机好。注意：不管选用哪种类型的发动机，应首选横置发动机，因为横置发动机能在事故中抵消部分冲击力，减少伤害，所以最安全。

（2）汽车驱动方式　根据动力传动方式，汽车可分为四轮驱动，发动机前置、后桥驱动，发动机前置、前桥驱动，发动机后置、后桥驱动4种。

1）四轮驱动主要用在一些越野车上，优点是使前、后轮都有驱动力，牵引力大，通过性强，附着力大，稳定性好，车身和传动系统的钢板比轿车厚、安全系数高，适于越野；其缺点是质量大，节油性差。

2）发动机前置、后桥驱动主要用在一些中、高级轿车上，优点是前、后桥承载的负荷基本一样，动力性强，牵引力大，在爬坡、泥泞道路和颠簸路上行驶时，动力性、防后轮侧滑和稳定性明显优越于"前置前驱动"的汽车。其缺点是传动轴退至后桥，导致地板凸起，几个总成分开布置，占据空间较大，很难使汽车小型化。

3）发动机前置、前桥驱动主要用在中小型汽车上，优点是省了传动轴，地板平坦，传动系统紧凑，质量减小，地板降低，重心下降。其缺点是上坡时重心向后移，前桥负荷减轻，不能产生足够的牵引力，在较滑的路面上因前桥重量不够而产生不了足够的牵引力；下坡时前桥负荷过重，特别是在下坡制动时前桥负荷会进一步加重。这种车型不宜在上、下坡较多的山区使用。

4）发动机后置、后桥驱动主要用在微型车上，优点是省去了传动轴，附着力大，牵引力也大，轴距较小，地板下没有排气管，发动机废气、噪声不会污染车厢内。其缺点是后桥负荷大，转弯易侧滑，操纵系统太长，结构复杂，冷却系统复杂，行李箱小。

（3）加速性　包含起步加速和超车加速。在汽车使用过程中，经常会有红灯过后起步、高速上超车的情况，选择加速时间短的汽车，尤其是高速超车加速时间短的汽车，一方面体现整车的性能，另一方面快速超车也能体现安全性。

4. 选择手动换档方式还是自动换档方式

自动变速器装备有自动控制装置，行车中可根据车速自动调整档位，无需人工操作，省去了许多换档及踏踩离合的工作，其缺点是价格昂贵、维修费用很高，而且比手动变速器的汽车费油。

5. 舒适性

（1）整车空间的合理选择

（2）悬架结构　汽车的悬架结构直接影响汽车的平顺性。汽车的悬架结构有两种形式，即独立悬架和非独立悬架。非独立悬架存在簧载质量大、振动频率高、车厢倾幅大、颠簸大、舒适性差的缺点，在小型汽车中已经多不使用。现代小型汽车大都采用独立式悬架，并采用螺旋弹簧、扭杆弹簧，甚至油气弹簧等结构，以获得良好的舒适性。

（3）空调的选择　制冷和制热性能、空调的调节方式、通风口的位置等对气候较差地区的舒适性影响尤其重要，选择好的空调及通风方式对整车乘坐舒适性有明显提高。

（4）汽车内饰　选购汽车，尤其是轿车、二手汽车，对汽车内置、设计、装配、装饰等细节应该特别留心，细致查验。保证所购车辆驾驶操方便灵活，零部件布置合理紧凑，检修便利，内饰赏心悦目，总体感觉舒适可人。

6. 轮胎

装有子午线轮胎的汽车与装有斜交线轮胎的汽车相比，耐磨性可以提高 50%～100%，滚动阻力降低 20%～30%，而且可以节油 6%～8%。

备胎尺寸是否是全尺寸轮胎，也是一个重要考察点。

7. 安全性

（1）车身安全配置　主要体现在车身结构上，是否有防撞梁（杆）等，车身设计是否包含防撞措施。

（2）主动安全配置　一般指 ABS（防抱死制动系统）、EBD（电子制动力分配系统）等配置，可以在交通事故发生前，通过这些配置的启用最大限度地避免交通事故的发生。

（3）被动安全配置　指是否配备安全气囊，在什么位置配备安全气囊等。在发生意外时，被动安全系统发挥作用，将伤害降低到最小。

第三节　汽车选购的主要误区　<<<

在汽车选购中，如果不了解专业知识或者准备不充分，经常会出现一些误区，往往会忽略或者忘记自己购买车时的初衷、最基本需求，而过多地关注一些不适用的细节。汽车选购的主要误区有以下几个：

一、发动机功率越大，汽车的动力性就越好

很多人都觉得选购的汽车发动机的功率越大、排量越高，汽车的动力性就越高。事实上，决定一辆汽车动力性能的因素有很多，除了发动机的功率外，变速系统、驱动桥、轮胎都会影响到汽车的动力性能。汽车的动力性能指标主要包括汽车的最高平均行驶速度和加速时间。除了发动机的最大功率外，加速时间还与汽车总重、传动系统的传动比、发动机输出转矩特性等有关。在相同条件下，汽车质量越大，加速性能就越差。最高车速与发动机最大功率、车身空气阻力系数、轮胎滚动半径、最高档位传动比有关。在最大功率一定的条件下，空气阻力系数越小、最高档传动比越小，最高车速会高一些。例如，在其他条件不变的情况下，如果最高档总传动比为 4，汽车的最高车速为 150km/h，则在最高档总传动比下降到 3 时，最高车速就可能达到 190km/h。在汽车的实际设计中，汽车设计人员常用改变主减速器及变速器传动比的方法来获得不同的动力性能需求。

二、排量小就一定省油

在一般情况下，发动机排量小的汽车，其燃油消耗量要比排量大的要小，但是汽车的本身技术水平、使用状况等也是决定汽车油耗的重要因素。现在出现的百公里油耗仅为 3L 的轿车，它的发动机排量并不仅仅是百公里油耗为 9L 的中型轿车的 1/3，实际上他们可能相差不到 0.8L，这主要是因为其采用的技术水平不同。例如柴油汽车比汽油汽车省油，增压机比非增压机省油，新车比旧车省油等。因此，在选购汽车时，不要盲目相信油耗与排量成

正比增大的说法，而要更多地了解该车采用的是什么样的发动机，代表的是哪一个技术层次的发动机技术水平，只有这样才能购到真正省油的汽车。

三、三厢车一定比两厢车好

最传统的轿车车身造型由三个明显的"厢"组成，即前置发动机的发动机舱、车身中间的乘员舱和车后部的行李箱三部分组成，即三厢车，有头有尾。两厢车将乘员舱近似等高地向后延伸，把后行李箱和乘员舱合为一体。三厢车的行李箱空间大，可放置物品较多，但是三厢车车身较长，在交通拥堵的大都市里行驶及停泊都不方便。两厢车车尾有一个大后门，能使汽车具有更大的使用灵活性和多功能性，当后排座椅放倒以后，能获得比三厢轿车大得多的载物空间。两厢车尺寸相对短小，在拥挤大都市更具有灵活机动的特点。因此在选购汽车时，应该根据日常经常坐车人数、汽车使用过程中需要放置的物品多少来选择适合空间的汽车。

四、车身钢板薄不安全

很多购车者认为汽车的车身钢板越厚，越结实，汽车的安全性越好，即所谓"车身钣金厚一分，安全多一份"，并依此认为使用的钢板薄一些，汽车的安全性就大大打折扣，发生事故时人身安全难以保证。

飞速发展的汽车科技早已说明，这样硬碰硬的安全观点已经落伍。那种又厚又重的钢板车身已经不是现代汽车设计的主流，反而有越来越多的复合式车体结构采用较薄钢板。在计算机辅助分析与设计的前提下，让冲撞时的力分散到各块车体钢板上，减轻了冲撞时对车身主体的伤害。有时这些复合式的车身钢板虽然不是很厚，但发挥出的作用却要比传统的厚钢板的大。

近些年来在车身安全设计上逐渐走上"牺牲车身，保全人身"的设计方向。这种设计思路的核心就是乘客所坐的客舱部位应该是最安全的，也是全车之中最坚固的部分。在座椅的下方有较厚的钢板衬底，车身两侧设置防撞梁，前、后有钢板相衬，车顶也有特殊设计。这种设计中，车头和车尾都列为可供"牺牲"的缓冲区，当车身受到前方或者后方冲击时，车头和车尾就会吸收撞击的能量，避免这种撞击的力传递到客舱中，确保中间的乘坐人员乘坐部位的最大安全。

五、配备越多就越豪华

现代汽车的配置越来越多，普通的轿车都配有四门电动车窗、中央遥控锁，甚至配备真皮座椅，还有一些如全景天窗、一键启动、大屏幕显示器等。是不是配置越多越豪华？这些配置是不是都很实用呢？这部分功能是否会用到呢？

购买车时一定要注意整辆车的配置单，确定哪些是基本配置、哪些是选配部分、自己的需求有哪些，根据需求选择适合自己的配置。

参 考 文 献

[1] 王建昕，帅石金. 汽车发动机原理 [M]. 北京：清华大学出版社，2011.

[2] 高谋荣. 汽车性能检测技术 [M]. 2版. 北京：机械工业出版社，2015.

[3] 刁维芹. 汽车性能与合理使用 [M]. 北京：机械工业出版社，2013.

[4] 吴东盛. 汽车性能与综合评价 [M]. 北京：机械工业出版社，2019.

[5] 陈家瑞. 汽车构造：上册 [M]. 3版. 北京：机械工业出版社，2009.

[6] 陈家瑞. 汽车构造：下册 [M]. 3版. 北京：机械工业出版社，2009.

[7] 张勇斌. 汽车性能与评价 [M]. 北京：电子工业出版社，2017.

[8] 余志生. 汽车理论 [M]. 6版. 北京：机械工业出版社，2018.